公共外交视域下的
中国—东盟人文交流研究

张斌 著

人民出版社

世界百年变局中的中国—东盟关系

（代序）

中国与东盟 1991 年启动对话进程，2003 年建立战略伙伴关系，2021 年升级为全面战略伙伴关系，合作基础日臻牢固，合作领域全面扩展，合作层次不断提升，合作前景更加广远，对双方、地区乃至全球繁荣和稳定，发挥了重要作用，做出了巨大贡献。中国—东盟关系快速发展和全面推进，与世界百年变局全面展开和不断加速同步，在世界百年变局演进与中国—东盟关系发展之间，形成密切关联和强力互动：中国—东盟关系的每一重大进展，无不植根于世界百年变局的深厚背景；世界百年变局的每一重大变化，无不凝聚着中国—东盟关系的浓重身影。中国—东盟关系发展所取得的重大成就，在很大程度上是因为其顺应和依托了世界百年变局；而中国—东盟关系发展所显现的重大趋向，也在很大程度上引领和促进着世界百年变局。顺应并引领世界百年变局，既是中国—东盟关系发展的内在动因和强劲动力，也是中国—东盟关系发展的主导目标和战略方向。

一、顺应并引领新兴市场整体崛起

一大批新兴市场与发展中国家整体上快速崛起，构成世界百年变局最重要变化趋向。关于世界面临百年未有之大变局这一重要战略判断，是习近平总书记于 2017 年底首次做出的。而作为这一重要战略判断的形成依据或主要表现，习近平总书记首先列出的就是“新世纪以来一大批新兴市场国家和发展中国家快速发展”。[①] 中国国务院新闻办公室发布的《新时代的中国与世界》也明确指出：“百年未有之大变局的最大变化，就是以中国为代表的新兴市场国家和发展中国家群体性崛起，从根本上改变了国际力量对比。”[②] 中国—东盟关系发展与世界百年变局演进之间的顺应与引领关系，首先体现于其与新兴市场整体崛起相互之间的顺应与引领关系层面。

中国是最大的新兴市场与发展中国家，在新兴市场与发展中国家整体快速崛起的历史进程中，发挥了举足轻重的引领、促进和支撑作用。依据国际货币基金组织的最新数据，从 2000 年到 2022 年，新兴市场与发展中国家在全球经济总量中所占比重，总共提升了 21.4 个百分点（由 21.2% 提升至 42.5%），中国一国即贡献了其中的 14.6 个百分点（由 3.5%提升至 18.1%），贡献率高达 68.2%。同期中国在新兴市场与发展中国家经济总量中所占的比重，亦由 16.9%提升至 42.5%，提升了 25.6 个百分点。[③] 在新兴市场与发展中国家整体崛起的历史进程中，东盟国家也占据着重要地位，扮演着重要角色，发挥了重要作用。早在 20 世纪 60 年代，新加坡即作为“亚洲四小龙”之一，成为第一批新兴工业化经济体。到 70 年代，马来西亚、印度尼西亚、泰国和菲律宾又作为“亚洲四小虎”，进一步扩大了新兴市场与发展中国家整体崛起的队伍。到 80—90 年代，越南、老挝、柬埔寨和缅甸也加入了新兴市场与发展中国家整体崛起的行列。从 2000 年到 2022 年，东盟经济总量由 6468.7 亿美元猛增至 37573.6 亿美元，22 年间增长了 4.8 倍！[④] 由此带来的直接结果，一方面是中国与东盟同时作为全球最重要的新兴市场与发展中经济体，伴随新兴市场与发展中国家整体上快速崛起，

① 《习近平谈治国理政》第三卷，外文出版社 2020 年版，第 471 页。

② 国务院新闻办公室：《新时代的中国与世界》，见 http://politics.people.com.cn/n1/2019/0928/c1001-31377956.html，2023 年 8 月 6 日登录。

③ IMF, “World Economic Outlook Database”，2023 年 4 月，见 https://www.imf.org/en/Publications/WEO/weo-database/2023/April，2023 年 8 月 6 日登录。

④ IMF, “World Economic Outlook Database”，2023 年 4 月，见 https://www.imf.org/en/Publications/WEO/weo-database/2023/April，2023 年 8 月 6 日登录。

彼此越来越将对方作为最重要经贸合作对象，从而以此为基础，推动和促进了中国—东盟关系的全面展开和快速推进。如在经贸关系层面，从2009年起，中国已连续13年成为东盟第一大贸易伙伴。从2020年起，东盟也连续3年成为中国第一大贸易伙伴。从1991年到2022年，中国—东盟贸易由79.6亿美元猛增至9753亿美元，31年间增长达121.5倍！① 另一方面，中国与东盟在通过加强合作促进双方共同发展的同时，也对新兴市场与发展中国家的整体快速崛起，产生了巨大的促进和支撑作用，并使双方在新兴市场与发展中国家总体格局中比重和地位得到快速提升，未来中国与东盟各自发展趋势和双方合作态势，还将越来越成为影响新兴市场整体崛起，从而成为影响世界百年变局演进的重要因素。从2000年到2022年，中国与东盟合在一起，占新兴市场与发展中国家经济总量中的比重由25.9%提升至51.3%，几乎整整提升一倍，② 由此也充分体现出其对目前和未来新兴市场与发展中国家总体发展态势从而崛起进程的影响，是多么举足轻重、至关重要。

二、顺应并引领世界经济中心转移

全球地缘经济布局发生重大调整，世界经济中心快速向东亚转移，也是世界百年变局的重要变化趋向。中国—东盟关系与世界百年变局之间的顺应与引领关系，也充分体现于世界经济中心快速向东亚转移层面。

① 外交部：《中国—东盟合作事实与数据：1991—2021》，2021年12月31日，见https://www.mfa.gov.cn/web/wjb_673085/zzjg_673183/yzs_673193/dqzz_673197/dnygjlm_673199/xgxw_673205/202201/t20220105_10479078.shtml，2023年8月6日登录；外交部：《中国—东盟关系（10+1）》（China-ASEAN Relations），2023年4月，见https://www.mfa.gov.cn/web/gjhdq_676201/gjhdqzz_681964/lhg_682518/zghgzz_682522/，2023年8月6日登录。

② 李克强：《在第24次中国—东盟领导人会议上的讲话》，2021年10月27日，见https://www.mfa.gov.cn/web/wjb_673085/zzjg_673183/yzs_673193/dqzz_673197/dnygjlm_673199/zyjh_673209/202110/t20211027_10413004.shtml，2023年8月6日登录。

在近现代世界经济形成与发展过程中，先是以英国为中心的西欧在欧洲地区位居前列，后是以美国为中心的北美地区后来居上，从而使欧美（西方）长期在世界经济地缘布局中占据中心地位。但到20世纪50年代，日本经济率先形成被誉为“奇迹”或“神话”的高速增长势头，并将其延续了20年之久，60年代“亚洲四小龙”随之起飞，70年代“亚洲四小虎”紧随其后，80年代中国大陆改革开放推动经济快速增长，90年代越老柬缅逐步跟进，从而形成东亚经济整体快速崛起的强劲势头。世界银行1993年曾专门发布报告，将其称之为“东亚奇迹”。伴随东亚地区经济整体快速崛起，其在世界经济地缘布局中的比重和地位快速提升，从而越来越成为世界经济的中心和重心。世界经济中心快速向东亚转移，遂成世界百年变局重要变化趋向。而在世界经济中心和重心快速向东亚转移的历史进程中，中国、东盟及其相互关系占据着重要地位，扮演了重要角色，发挥过重要作用，形成明显的顺应与引领关系。一方面，伴随世界经济中心向东亚转移，中国与东盟双方均在不断扩大的对外经贸关系中，越来越将对方视作优先方向和主要对象，从而为中国—东盟关系的全面展开和快速推进提出了强烈需要，奠定了坚实基础，注入了不竭动力。另一方面，中国与东盟通过加强合作，实现稳定增长，越来越成为促进东亚经济持续高速增长，并提升其全球经济地位的主要动力和强力支撑。史实证明，在“东亚奇迹”的展开和推进的早期阶段，日本通过推行所谓“雁型增长方式”，长期扮演了举足轻重的引领和支撑作用。随之发挥重要的继起和扩展作用的，主要是“亚洲四小龙”。而到20世纪90年代，由于日本经济深陷长期萧条，其对东亚增长的引领和支撑作用快速丧失。在此背景下，东盟尤其是中国快速取代日本，越来越成为东亚经济持续增长的主要动力和强力支撑。对此，时任中国国务院总理李克强2021年10月26日在第24次中国—东盟领导人会议讲话中明确指出：今年是中国东盟建立对话关系30周年。30年来，我们积极拥抱时代潮流，推动共同发展进步，合力创造“东亚奇迹”，维护了地区总体稳定和经济持续增长，走出了一条睦邻友好、合作共赢之路，中国东盟关系实现历史性跨越。① 直到 2000 年，日本在东亚（10+3，东盟 + 中日韩）经济总量中所占比重仍高达 67.2%，而中国和东盟合在一起，所占比重也只有 25.1%。而到 2022 年，日本所占比重已降低至 15.6%，而中国与东盟所占比重却提升至 78.3%。中国和东盟对 21 世纪头 22 年东亚（10+3）经济增长的贡献率高达 98.2%！②

三、顺应并引领全球治理体系变革

与世界百年变局始终相随相伴的一个关键议题，是如何对越来越全球化的世界，进行越来越必要的全球治理。习近平主席在金砖国家工商论坛（2018 年，约翰内斯堡）阐述"世界正面临百年未有之大变局"时，再次强调"全球治理体系深刻重塑"是这一大变局的主要趋向之一。③ 中国—东盟关系与世界百年变局之间的顺应并引领关系，也充分体现于全球治理体系变革层面。

2019 年 3 月 26 日，习近平主席在中法全球治理论坛（巴黎）明确指出，当今世界面临的最大、最严重问题是存在着四大赤字，而放在四大赤字首位的重中之重，就是"治理赤字"。④ 全球治理赤字受到如此高度重视的基本背景之一，是步入 20 世纪 90 年代之后，全球化全面提速，对全球治理的需

① 李克强：《在第 24 次中国—东盟领导人会议上的讲话》，2021 年 10 月 27 日，见 https://www.mfa.gov.cn/web/wjb_673085/zzjg_673183/yzs_673193/dqzz_673197/dnygjlm_673199/zyjh_673209/202110/t20211027_10413004.shtml，2023 年 8 月 6 日登录。

② 根据国际货币基金组织官司方网站数据计算。IMF, "Download World Economic Outlook database: April 2023"，2023 年 4 月，见 https://www.imf.org/en/Publications/WEO/weo-database/2023/April/weo-report?c=516,522,924,536,158,542,544,548,518,566,576,578,582,&s=NGDPD,&sy=2021&ey=2022&ssm=0&scsm=1&scc=0&ssd=1&ssc=0&sic=0&sort=country&ds=.&br=1，2023 年 8 月 6 日登录。

③ 《习近平谈治国理政》第三卷，外文出版社 2020 年版，第 445 页。

④ 习近平：《为建设更加美好的地球家园贡献智慧和力量——在中法全球治理论坛闭幕式上的讲话》，《人民日报》2019 年 3 月 27 日。

求空前增大，而在供给层面，以往担当全球治理主要职能的多边治理体系却陷入了困境，出现了“失灵”、“失效”甚至“失败”，越来越难以满足全球化对全球治理空前增大的需求，形成了越来越严重“供不应求”，即治理赤字。如在全球贸易投资治理领域，进入20世纪90年代后，国际贸易投资规模迅速扩大、领域不断拓展、业态全面创新、程序日趋繁杂，亟待调整、完善和强化全球贸易投资治理体系，而担当全球贸易投资治理主要职责的世界贸易组织（WTO），却因谈判进展迟缓——原定2005年即应完成的多哈回合谈判迄今尚未完成，且看不到何时能够完成的希望，几乎陷于被放弃的状态。重要机制停摆——如被誉之为“WTO皇冠上的明珠”的上诉机构，因美方阻挠陷入瘫痪，总体上陷入“前所未有的生存危机”，结果是全球贸易投资领域的保护主义重新抬头，贸易投资摩擦愈演愈烈，严重阻碍了全球贸易投资活动的顺利运转和正常扩大。又如在全球金融货币治理领域，面对20世纪90年代后以各种形式在全球蔓延的金融货币危机，担当主要治理职能的国际货币基金组织（IMF）却束手无策、鲜有作为，而为完善和强化其职能的改革又进展迟缓、停滞不前。此外，在气候变化、发展议题等层面，全球治理也存有严重问题，可谓赤字累累，亟待完善和强化。中国与东盟都是全球化和全球治理的最大受益者，从而也都是多边主义的坚定拥护者，全球治理体系变革和完善的强力推动者。共同推动和促进全球治理体系的变革和完善，践行和坚持真正的多边主义，始终是中国与东盟加强合作的优先方向和主要领域。这在双方达成的许多重要声明、倡议和协定中，都有充分体现。如在2021年6月8日发布的《纪念中国—东盟建立对话关系30周年特别外长会共同主席声明》中再次指出：重申致力于以《联合国宪章》的原则和国际法为基础的多边主义……共同应对地区和全球挑战。[①] 而中国赞赏和支持独具特色的“东盟方式”，东盟赞赏和支持中方提出的“共商、共

① 外交部：《纪念中国—东盟建立对话关系30周年特别外长会共同主席声明》，2021年6月8日，见 https:// www.mfa.gov.cn/web/wjb_673085/zzjg_673183/yzs_673193/dqzz_673197/dny-gjlm_673199/zywj_673211/202106/t20210608_9175814.shtml，2023年8月6日登录。

建、共享”的全球治理观，也越来越成为双方在变革和完善全球治理层面加强合作的主要内容。“一带一路”是中国向全球贡献的最重要的国际公共商品，在目前全球治理体系的变革和完善中，发挥着越来越重要的引领和支撑作用，而围绕高质量共建“一带一路”进行的合作，也越来越成为中国—东盟关系发展的主要领域。

四、顺应并引领区域合作格局调整

上述全球治理赤字的形成，主要是由于多边治理体系陷入困境。在多边治理深陷困境的背景下，各种形式的区域治理（区域合作）开始全面展开、快速推进。全球治理从多边体系转向区域框架，也越来越成为世界百年变局显现的重大变化趋向。而上述世界经济中心从欧美向东亚的快速转移，也与东亚地区加强合作共促增长有着密切关联。因此，顺应并引领区域合作格局调整，也成为中国—东盟关系与世界百年变局深刻互动的重要层面。

在20世纪90年代开始兴起的全球性区域合作浪潮中，与世界经济三大中心格局相适应，逐步形成了区域合作全球格局的三足鼎立之势，或所谓“三极格局”。且这一“三极格局”又显现“欧洲领先—北美跟进—东亚滞后”的基本态势。欧洲是区域治理框架起步最早（1958年）、进展最快、规模最大、层次最高的地区，欧盟（EU）是全球最具代表性的区域治理框架。20世纪90年代之前，美国通过其高度控制的多边治理框架，完全可以满足其相关利益和诉求，不屑于推动区域治理框架。当多边框架陷入困境，难以借此满足其相关利益和诉求时，美国才开始推动由其主导的区域治理框架。其中最积极也最有成效的是两任总统，一任是克林顿，在1992年建成与加拿大的“美加自由贸易区”后，1994年又把墨西哥吸收进来，共同建立了《北美自由贸易协定》（NAFTA，North America Free Trade Agreement）；另一任是奥巴马，在其全力主导和推动下，于2016年达成了《跨太平洋伙伴关系协定》（TPP，Trans-Pacific Partnership Agreement）。东亚区域治理安排直到1997年爆发金融危机后，才以“10+3”（东盟10+中日韩3）方式得以启动，之后开始多元推进，但与欧盟和北美自贸区相比，长期处于滞后状态。而这种区域合作的“三极格局”，近年正在发生显著变化：在领先的欧洲和跟进的北美遭遇波折甚至出现发动的同时，东亚合作开始快速推进、后来居上。主要标志之一，是《区域全面经济伙伴关系协定》（RCEP，Regional Comprehensive Economic Partnership）于2022年1月1日开始对部分成员生效，到2023年6月2日，伴随最后一个成员菲律宾履行完相关程序，最终对15个成员全部生效。RCEP从2012年由东盟发起谈判，随之得到中国方面的全面配合和强力支持，成为中国—东盟加强合作的主要领域。正是在中国与东盟密切配合和携手推进下，RCEP才得以完成谈判、签署协议和全面生效。2022年11月11日，在第25次中国—东盟领导人会议上，时任中国国务院总理李克强对此评价道，我们共同推动区域全面经济伙伴关系协定签署实施，合力建设全球最大规模自贸区，开放联动发展迈上新台阶。实际上，中国—东盟在促进和推动区域合作层面进行的密切合作、取得的重大成果，决不仅限于RCEP一个框架。李克强总理提出的关于中国—东盟关系的五个“第一”——中国第一个加入《东南亚友好合作条约》，第一个明确支持东盟在区域合作中的中心地位，第一个同东盟建立战略伙伴关系，第一个公开表示愿同东盟签署《东南亚无核武器区条约》议定书，第一个同东盟启动自贸区谈判，即充分体现了中国—东盟关系在东亚区域合作全面展开和快速推进，从而加速区域合作的“三极格局”调整进程中的顺应和引领作用。

广西在中国—东盟关系发展中占据独特地理优势，首府南宁在中国—东盟关系发展中担当着重要功能，“南宁渠道”受到有关各方高度关注。得地理之便，任职于广西自治区党校的张斌副教授，长期专注中国—东盟关系研究，功力深厚，著述颇丰。在很长历史时期，中国—东盟关系被限定于“2+7”框架之下，所谓“2”，指称的只是政治安全与经贸投资，人文交流因此未能受到足够重视，也成为中国—东盟关系研究的一大空白或薄弱环节。

只是到最近几年，中国—东盟关系才进一步拓展为“3+X”框架，所谓“3”，是在政治安全、经贸投资两大领域之外，又增加了社会人文。人文交流由此才在中国—东盟关系研究中受到重视，但迄今仍是明显的薄弱环节，存有诸多空白。在此背景下，即将付梓的张斌副教授的新著——《公共外交视域下的中国—东盟人文交流研究》，自然会被学界寄予厚望，通读书稿后，本人也感觉一定会不负众望。张斌副教授希望本人为其大作作序，但因专业所限，很难从公共外交或人文交流视角做出评价，只好以“世界百年变局下的中国—东盟关系”为题，谈些空洞的“大道理”，也斗胆试图对该书关于中国—东盟人文交流的扎实研究，提升丁点高度，拓宽些许视野。

是为序。

江瑞平

2023 盛夏于北京书斋

目　录

导 论

2021年11月22日，习近平总书记在中国—东盟建立对话关系30周年纪念峰会上发表《命运与共 共建家园》的重要讲话，提出了"构建更为紧密的中国—东盟命运共同体，共创更加繁荣美好的地区和世界"的倡议，描绘了与东盟共建"和平家园、安宁家园、繁荣家园、美丽家园、友好家园"的美好愿景，倡议"双方要积极考虑疫后有序恢复人员往来，使双方民众更加相知、相亲、相融"①的建议。2021年11月19日，习近平总书记在第三次"一带一路"建设座谈会上强调，"把同共建国家人民'心联通'作为重要基础，推动共建'一带一路'高质量发展"。习近平总书记的两次重要讲话精神，是在百年变局叠加世纪疫情的特殊背景下提出的，为我们推动与东盟全方位的工作提供了根本遵循、指明了前进方向。"国之交在于民相亲，民相亲在于心相通"，民众的广泛支持是国家关系稳定发展最深入、最长久、最基础的互联互通，以与东盟民众的"相知、相亲、相融"来推动更为紧密的中国—东盟命运共同体的构建，具有深远的战略意义和重要的现实价值。因此，研究如何促进中国与东盟民众的"相知、相亲、相融"问题，在当下更具有其现实意义。

① 参见《习近平谈治国理政》第四卷，外文出版社2022年版，第441—444页。

一、缘起（研究背景）

中国与东南亚国家之间通过“丝绸之路”进行友好往来和人文交流，已有 2000 多年的历史。[①] 到了近现代，由于受意识形态、历史和社会文化等方面的影响，东南亚一些国家与我国的人文交流活动受阻。东南亚国家联盟（以下简称东盟）成立后，随着国际和地区形势以及东盟各国与中国国情的变化，中国与东盟的关系在政治层面恢复正常对话。2013 年 9 月和 10 月，中国国家主席习近平在出访中亚和东南亚国家期间，先后提出了共建“丝绸之路经济带”和“21 世纪海上丝绸之路”的倡议。其中，在东盟成员国印度尼西亚国会发表了题为《携手建设中国—东盟命运共同体》的演讲时提出，中国致力于加强同东盟国家互联互通建设，愿同东盟国家发展好海洋合作伙伴关系[②]，共同建设“21 世纪海上丝绸之路”、携手建设中国—东盟命运共同体等合作倡议。落实这一宏伟构想的关键在于通过推进与东盟各国的人文交流，构筑双方之间的心灵“高铁”，正所谓“国之交在于民相亲”。“一路一带”倡议的提出就是要通过“民心相通”实现互联互通。历史启示我们，民众的广泛支持是国家关系稳定发展的基础。当今世界，人文交流已成为国家之间关系的重要基础，是国与国关系发展极为重要的桥梁和渠道。[③] 加强与东盟之间人文交流，消除双方认识差异、增进互信，才能沟通民心，凝心聚力、携手合作，共创共建丝绸之路的新辉煌。

---

① 参见张伟：《在国际舞台上讲好丝路故事》，《上海广播电视研究》2018 年第 1 期。

② 苏洁主编：《中国与东盟：互信之“梭”编织“经纬”》，《中国新闻周刊》2013 年第 10 期。

③ 参见刘梦羽：《中英两国，老伙伴的新关系》，《中国报道》2015 年第 11 期。

二、研究意义

（一）学术价值

本书综合运用国际关系学、民族学、社会学、历史学、管理学、哲学等多学科视角，梳理了公共外交与人文交流之间的共同之处与差别，探讨了其共同的使命和目标，丰富和充实了公共外交与人文交流的内涵和外延，拓展和丰富了国内对于公共外交、人文外交等相关问题的研究。本书在分析了新时代公共外交的主要特点、公共外交在中国—东盟国际关系中的新时代使命的基础上，提出了新时代面向东盟的公共外交对人文交流的要求，尝试构建了公共外交视域下的人文交流的理论框架。本书基于公共外交框架下分析人文交流的内涵外延，着力构建中国特色的人文交流理论体系，是推动人文交流理论本土化、实践化的一次有益探索，同时也为丰富和充实我国国际文化理论、跨文化交流理论，为完善中国特色的公共外交战略框架和构建中国人文交流模式研究提供探讨。

本书在理论和现实相结合的基础上，以“公共外交”为切入点，梳理中国与东盟整个区域和各个国家上到国家层面下到社会民众的人文交流的历史与现状，结合具体指标进行分析，探索了公共外交视域下的人文交流效果的评估要素、具体指标，提出了面向东盟的新时期公共外交的评估效果可从东盟民众的“中国认知”（认知度）、对中国（人）的好感度、对中国形象的认可度、对中国政策的了解度和对中国的信任度等五个细节方面进行分析，尝试构建了公共外交视域下人文交流效果的评价体系。该评价体系提出了一种解决问题的方案和理论，为国际人文交流与文化合作问题研究提供独特观察与学理探析。

（二）应用价值

本书借鉴、总结国内外人文交流与公共外交传播经验，拓展和丰富了国际人文交流与合作问题的相关研究，既为我国公共外交战略的部署提供研究基础，也为我国的外交政策提供理论依据，还为中外人文交流长效发展寻求战略支撑。

本书将国家外交结合经贸、民族融合、文化旅游、科技教育等人文交流领域进行分析，有助于探索人文交流在中国与东盟发展过程中的内在关联，解决双方在合作进程中的实际问题，基于公共外交的框架提出人文交流的路径选择和策略，对促进中国与东盟在人文交流的开展具有直接的指导意义，也可为中国与其他国家和地区进行人文交流提供经验借鉴。尤其是后疫情时期，面对风云变幻的国际形势及我国在疫情期间、疫情之后所处的国际环境，探求更行之有效的人文交流的路径和对策。

三、研究内容

（一）研究对象

本书以人文交流为主线，以中国与东盟国家为研究范围，把中国与东盟人文交流问题放在推动构建“人类命运共同体”和共建“一带一路”的宏大背景下来展开，聚焦如何才能真正促进不同国家民众之间的联通、沟通和相通，使其能更大范围、更长久、更深层次地在我国对外关系中发挥作用，真正构筑联通中国梦、各国梦和世界梦的“心灵高铁”这一重点。

（二）总体框架

1.新时代背景下促进中国—东盟人文交流的内涵及其重要意义

开展与东盟人文交流是落实我国周边外交“亲、诚、惠、容”的重要途径，是构建我国全方位对外开放的战略新格局的具体落实，对于建设“一带一路”和助推“中国梦”的实现具有深远的战略意义和重要的现实价值。通过人文交流，增进与东盟民众的情感和互信，培育中国—东盟人文共同体、和平发展责任共同体、命运共同体。人与人、心与心之间的交流，注重心灵和情感的沟通，核心是“走心”。所谓“民相亲在于心相通”，只有真正深入的深层次的交流，才能真正促进民众之间的理解和沟通，真正构筑联通中国梦、各国梦和世界梦的“心灵高铁”。

2. 基于公共外交视域中国—东盟人文交流的历史考察和现状分析

整体来说，中国与东盟的人文交流活动呈频繁化丰富化趋势，形式呈多样化趋势，领域呈拓展化深入化趋势。本书纵向上，以时间为线索分阶段（中华人民共和国成立前、与东盟 10 国建交后）梳理中国与东南亚国家人文交流的发展历程；横向上，在本书分析理论框架下分类梳理双方在青年交流、科技教育、文艺体育、医疗卫生等十多个领域（通过举办艺术节和展览、论坛研讨、人员交流等形式开展）活动的状况。

3. 新丝绸之路背景下中国与东盟人文交流优势和机遇分析

用SWOT分析方法厘清中国与东盟在进行人文交流方面的优势(S: 地缘、血缘、亲缘及历史合作渊源、经济）和外部环境带来的机遇（O: 国际大环境、思想观念、信息技术)。

4. 促进人文交流的典型案例研究

选取国际上在人文交流活动成功的典范，以文化交流、开展留学生交流项目、以推广慈善事业为纽带和主要方式等人文交流，通过对其个案研究，分析其开展人文交流的理念、战略、策略（目标确定、和客体目标层次的定位)、机制（机构设置、资源投入)、具体载体和项目活动等及其取得的成效，探讨可提升人文交流的方法、战略模式、机制及可借鉴的经验，以获得有益的启示。

5. 基于公共外交的中国—东盟人文交流的路径选择、推进策略和政策保障

提出建设新丝绸之路、中国—东盟命运共同体的倡议就是要通过“民心相通”实现与东盟的互联互通。落脚点在于推进与东盟各国的人文交流，所谓“国之交在于民相亲，民相亲在于心相通”。全球化、信息化视野下的新丝绸之路的建设是超越国际的，应从人类社会发展本身去认识它的意义。在尊重文化多样性的基础上，推动不同文明之间的互鉴、寻求与东盟文化的相容相通，加强与东盟国家的文化认同和融合，目的是交换思想、加深感情，核心是“走心”。多层次多领域开展与东盟人文交流活动、拓展人文交流的主体（非政府组织、民间组织、华侨华人、跨国企业或贸易人员、全体公民）以形成一个中国全民外交、全方位外交的局面是我们的最佳选择；以构筑互联互通的“民心相通”为最终目标，针对中国—东盟人文交流的具体状况，一方面我们需要做好自己的事情：进一步加强提升国家国际形象、提升对外开放度、提高国际话语权、提高中国文化软实力等软环境建设。另一方面，我们应以一些特殊领域、重点项目的交流与合作为抓手，重视对外交流项目实施的质量和效应，在现有的各种机制、平台的基础上，更精细化地构建我们面向东盟的人文交流平台（设立中国东盟人文交流促进办公室、专家智库等）和机制（合作协调机制、扶持机制、经费保障机制、人才培养机制），使其更精准地为拓展中国—东盟人文交流内容的深度、交流范围的广度，以及提升交流人员的参与度和感知度提供保障。

（三）研究重点

分析公共外交的使命、要求与人文交流的路径关系，构建基于公共外交框架下的人文交流理论框架；分析中国与东盟在公共外交视域的人文交流的内在优势和外部环境；探索海上丝绸之路建设背景下促进对外人文交流的发展路径、实施策略和政策保障；等等。

（四）研究难点

1. 学术理论框架的搭建是本书研究的难点

目前学界对何为“公共外交”未达成一定的共识，对于“公共外交”的理论体系尚未建立，如何构建公共外交理论框架下人文交流类型和模式是本书研究的难点。

2. 公共外交与人文交流效果的评价体系的构建是本书面临的最大挑战

目前，全球范围内没有可认可的公共外交和人文交流效果评估体系，我们需要通过理论和现实的结合分析才能确认具体指标。

3. 涉面广及多语种多语言的客观事实增加现实研究的难度

研究对象涉及东盟10个国家之多，各个国家背景复杂并各具独特性；且东盟国家语种较多、语系庞杂、各国语言千差万别，增加了与对方沟通交流及资料收集的难度。

（五）主要目标

构建基于互联互通背景公共外交的人文交流理论框架，提出人文交流的类型和模式，分析中国—东盟在各领域人文交流的状况和制约因素，探索促进中国与东盟人文交流的战略策略、路径选择、政策保障等可行性建议。

四、研究思路和研究方法

（一）基本思路

时代背景下在公共外交理论基础上构建人文交流分析框架，通过关注中国与东盟之间在各领域开展的人文交流活动的现状（分析问题），对其进行内外优势及机遇分析（提出问题），借鉴国外在此方面开展活动取得良好效果的案例，总结其具有借鉴意义的策略和做法，结合中国—东盟的实际及我国外交战略，探讨人文交流的路径选择和实施保障（解决问题）。

（二）具体研究方法

1. 坚持统筹兼顾的研究方法

既要立足我国人文交流的历史与现实，也要借鉴国际关系理论、多轨外交理论、跨文化交流理论等的研究方法；既要注意基础理论研究，也要重视实证分析与政策研究，在统筹兼顾中将研究引向深入。

2. 坚持文献法与田野调查相结合的研究方法

充分利用已有的各种资源，系统搜集整理与研究主题相关的各类资料，尤其是东盟、其他国家与此方面有关的政策文件、地方文献，以及反映东南亚国家社会发展状况等内容的各种资料。在文献资料的指导下到东盟主要国家做实地取证、问卷调查（线上线下有效问卷共569份）和深度访谈，实际参与东盟各国之间开展的相关活动中进行观察，有针对性地开展本课题研究。

3. 坚持比较研究的方法

充分利用多学科知识，从不同角度来比较中国与东盟各个国家、其他国家开展人文交流与合作的途径、方式、表现、策略、方法及制约因素之异同，探讨可供中国开展面向东盟人文交流的借鉴之处和启示。

4. 坚持历史追溯与个案剖析相结合的研究方法

针对中国与东盟各国在各领域开展的交流与合作——旅游合作、文化交流、青少年交流、科技合作、医疗合作等的分析，梳理中国对东盟人文交流的成就、不足和制约因素，分析中国对东盟国家人文交流的平台、机制、运作模式，进一步探究中国深化对东盟各国人文交流的新途径与新方法。

（三）资料收集和数据采集情况

本书立足统筹兼顾的研究理念，既重视中国与东盟人文交流的历史与现状文献、其他地区实证个案资料的收集整理，也重视通过观察体验、问卷和访谈等社会调查等方式采集信息。主要通过实地观察、典型个案分析、相关人员访谈、召开专题座谈会、发放调查问卷、筛选统计数据、查阅文件和资料等方法对菲律宾、柬埔寨、缅甸、新加坡、越南和美国及国内的广西、甘肃、贵州、浙江、福建、云南等与东盟有较多联系的省（自治区、直辖市）进行资料收集和数据采集，搜集了大量一手资料，为研究提供了足够的实证材料。以用问卷法为例：分设两次问卷（试行和正式），翻译成英语、缅甸语和越南语以纸质版和电子版的形式发放。纸质问卷主要由笔者在当地进行调研时当场发放和回收，共回收有效问卷 336 份。问卷受访对象涉面比较宽广，有研究员、学者、大（中）学生、服务从业人员、小店铺经营者、外贸工作者等。电子问卷分别依托问卷网和 WPS 文档两套系统制作成不同的问卷链接，主要通过《中国—东盟博览》杂志的海外分支机构、从事对外汉语教学工作者，以及笔者在东盟国家的关系网络进行传递。截至 2020 年 5 月底，笔者共回收电子版问卷 233 份。从回收的数据来看，问卷受访者覆盖越南、马来西亚、泰国、新加坡和柬埔寨等国家。

五、主要观点

历史启示我们，民众的广泛支持是国家关系稳定发展的基础。开展与东盟人文交流是落实我国周边外交“亲、诚、惠、容”的重要途径，是构建我国全方位对外开放的战略新格局的具体落实，对于构建“人类命运共同体”、共建“一带一路”具有深远的战略意义和重要的现实价值。通过人文交流，增进与东盟民众的情感和互信，培育中国—东盟人文共同体、和平发展责任共同体、命运共同体意识。落实这一宏伟构想的关键在于通过推进与东盟各国的人文交流，构筑双方之间的“心灵高铁”，正所谓“国之交在于民相亲”。

全球化、信息化视野下的“一带一路”建设是超越国际的，应从人类社会发展本身去认识它的意义。应该尊重文化多样性的原则，在寻求与东盟文化相容相通的基础上，加强与东盟国家的文化认同和融合，与东盟民众交换思想、加深感情，核心是“走心”。“民心是最大的政治。”争取外国民众的民心与民意是公共外交的出发点和落脚点。因此，公共外交是人文精神的外交活动，我们外交工作的落脚点应放在“人”上。人与人、心与心之间的交流，应注重心灵和情感的沟通，只有真正深入深层次的交流，才能真正促进民众之间的理解和沟通，所谓“民相亲在于心相通”。促进对外人文交流，国家的战略策略是关键，运行机制和促进平台的搭建等支持体系的构建是重要保障。新时代背景下选择全民外交、全方位外交之径，可尽早构筑联通中国梦、各国梦和世界梦的“心灵高铁”，实现真正“互联互通”。

六、研究内容及方法的创新程度、突出特色和主要建树

本书的创新程度、突出特色和主要建树主要体现在如下四个方面。

（一）人文交流问题研究视角有所创新

关于我国的人文交流研究，无论在理论上还是在实践上均是一个新课题。近年来国内关于人文交流方面的研究逐渐增加，但以公共外交为切入点的研究较少，尚未形成成熟的研究成果。本书在分析新时代公共外交的主要特点、提出新时代面向东盟的公共外交对人文交流的要求的基础上，尝试构建公共外交视域的人文交流研究的理论框架，为建构中国特色的公共外交理论体系提供探讨。

（二）人文交流问题研究内容有新意

1. 在学术思想方面

全球化、信息化视野下新丝绸之路的建设是超越国际的，应从人类社会发展本身去认识它的意义。应该尊重文化多样性的原则，在寻求与东盟文化的相容相通的基础上，与东盟民众交流思想、加深感情，从而加强与东盟国家的文化认同和融合。

2. 在学术观点方面

全民外交、全方位外交的战略路径是我们落实构建“人类命运共同体”和“一带一路”建设的不二选择。新时代背景下选择全民外交、全方位外交之径，可尽早构筑联通中国梦、各国梦和世界梦的“心灵高铁”，实现真正“互联互通”。

（三）人文交流问题研究路径有所建树

如何促进现实中的人文交流并取得良好效果，需要从理论和实践两个层面深入探讨。为此，本书确立了理论研究、实证研究和政策研究系统并进的研究思路和研究路径，主要体现在以下三个方面。

1. 在理论层面上

本书在分析了公共外交在中国—东盟国际关系中的新时代使命的基础上，提出了新时代面向东盟的公共外交对人文交流的要求，尝试构建了中国面向东盟的人文交流效果评估体系。

2. 在实证研究方面

梳理了中国—东盟人文交流的历史考察、在各领域活动的基本情况、发展趋势；引用 SWOT 分析法和构建的评估体系客观分析现实中中国—东盟人文交流的问题所在；引进国内外典型案例进行剖析，探讨其对我国公共外交的经验启示。

3. 在政策研究上

围绕“国之交在于民相亲，民相亲在于心相通”这个命题，提出以构建中国—东盟命运共同体为发展方向，以构筑互联互通的“心灵高铁”以促进“民心相通”为实施目标，提出人文交流的四大原则、主要路径和保障措施等一系列“内外兼修”的切实可行对策及推动全民外交全方位外交大格局的战略目标。

（四）人文交流问题研究方法有突出特色

引入 SWOT 分析方法梳理我国与东盟人文交流的优势和机遇，并用设计的评估体系分析现阶段面向东盟的人文交流问题所在，这在此研究领域是比较新颖的一个分析模式。此外，本书综合运用国际关系学、民族学、社会学、历史学、管理学、哲学等多学科相关理论和研究方法，将国际研究与国内研究相结合，宏观研究与微观研究相结合，总体研究与局部研究、个案研究相结合，力求以开拓的视野、多维的视角，多层次、全方位地探讨如何促进面向东盟的人文交流的策略建议，提升研究成果的学术价值与应用价值。

第一章　新时代背景下的中国—东盟公共外交视域人文交流

人文交流与政治安全、经济合作一起，并驱作为我国国家对外政策三大重点内容，也是近些年才逐渐得到重视和推广的。因此，系统梳理其研究的脉络及其相关概念内涵，显得极其重要。

一、人文交流学术史梳理

理论上看，人文交流属于跨文化交流学研究范畴，是综合了文化人类学、传播学、社会学等学科建立起来的新兴学科。此学科的奠基之作可追溯到《无声的语言》［爱德华·霍尔（Edward Holl）于1959年］提出“文化即是交流”的命题，其首次提出“跨文化交流”的概念标志着该学科的诞生。也有学者提出“交流即传播”的说法：“说服”派认为交流是把信息传给接受者以引起反应的过程；“共享”派认为交流是将独有的信息化为共享的过程。阿森特等构筑了跨文化交流的理论、研究方法等，稳固了学科发展的基础。冷战后，亨廷顿的《文明冲突论》引起了人们关注国际关系中的文化因素，之后，随着江忆恩的国家战略文化、约瑟夫·奈的“软实力”的提出，兰德斯等对文化与经济发展关系的关注、温特的社会建构主义理论的成熟，国际关系学界对文化的研究逐渐深入。现实中，跨文化交流活动的逐渐展开为人文交流的外交功能提供了坚实基础。19世纪后，文化交流受到欧洲政府的强力推动［鲁思·麦克克默里、穆纳·李（Ruth E. McMurry &

Muna Lee)，1947]。20 世纪后，英、德、美、意等国家相继开展宗教、教育、慈善等文化交流活动。20 世纪 90 年代后，发达国家、新兴工业化国家和地区展开了角逐“安全高地”、“经济高地”和“人文高地”的竞争与博弈，人文交流一时间成为各国青睐的外交新形式。相应的，人文交流的相关研究也得到逐渐推进；911 事件后更是掀起了人文交流与公共外交的研究热潮。

二、国内外研究动态

（一）国外对于人文交流的研究动态

跨文化交流作为一门学科于20世纪70年代在美国等西方国家迅速兴起，研究主要有以下几个方面。

1. 跨文化交流的相关理论

提出跨文化交际过程的复杂性及其多学科综合特征，并指出体会宽容与文化认同的重要性［拉里·萨摩瓦尔等（Larry Samovar, et al.)，2012]。通过全球传播的视角，探讨媒介、传播与文化的方方面面及其之间的关联性［詹姆斯·罗尔（James Lull)，2015]。艾瑞克·克莱默（Eric Mark Krammer)、刘杨（2015）阐述跨文化传播在全球化过程展现的丰富差异性，同时也揭示了其在传统与现代相撞融合的复杂性。

2. 对于文化交流的教育实践研究

一是围绕着关于文化交流的教育、语言教学而展开的各项细节研究［沃尔顿等（D. Walton et al.)，1998；梅利纳·波尔托（Melina Porto)，2014]；约翰娜·蕾·福尔哈特（Johanna Ray Vollhardt)，2010；二是分别论述文化交流对于个人、社会、信息判断、国际贸易和工作环境等的影响［京允（Yoon·Kyong)，2019；马丁·朱迪斯（Judith N.Martin)，2009；洛克伍德等（Lockwood, et al.)，2010]。

3. 关于人文交流的实践

Stella Ting-Toomey 等（1991）通过探讨国际传播和跨文化传播过程中各地区各国家不同民族和文化之间碰到的具体问题和案例，旨在推动相互理解。Sean MacBride（1980）分别从历史、现实和国际的维度论述了传播与社会之间的关系，探讨当今交流的现状和问题，分析专业机构交流所需，并展望国际交流的未来。

4. 关于文化、人文交流与国际关系

早期的学者认为：文化交流对国际关系的影响不大。查尔斯（F. Charles, 1969）是最早论述了文化与信息及外交三者之间的关系的学者，他提出了文化外交，指出文化交流项目包含的方式和文化政策及信息的内涵；他认为文化和信息交流对国际关系及外交的影响不大。1985 年前，大多数学者支持这样的论断。另一位强有力的支持者是马丁・怀特（Martin Wight），他认为文化对国际社会的影响远没有社会政治结构大。这个观点得到了比安基尼和巴塞特（Bianchini & Basset）从另一个角度的印证。他们在 1993 年分别研究了欧洲和英国的文化政策的发展史后，发现 20 世纪 50 年代后直至 80 年代中期，文化很少被整合到经济发展目标和其他领域中［科斯格罗夫、杰克逊（D. Cosgrove, P. Jackson），1987］。直到 90 年代后，更多的学者开始关注人文交流对国际关系和外交的影响，纷纷论述了文化交流与政治、国际关系的联系和作用［阿米索・乔治（Amiso M. George），2003；吉尔纳・加西莫娃（Gulnar Gasimova），2008；乔尼・玛雅・谢尔博（Joni Maya Cherbo），2010；达米安・普沃诺（Damien M. Pwono），2010；弗兰克・霍德索尔（Frank Hodsoll），2010］。扎哈马（R.S. Zahama, 2000）提出国际关系和跨文化交流的共同点是交流和文化，认为跨文化交流的趋势会影响国家公共关系。芬恩（Finn，2003）披露在冷战期间美国中情局和文化关系机构资助过一项关于文化外交和对外关系的研究，这表明美国曾一度致力于通过文化交流促进对外关系。Finn 的研究明确指出，如果美国想要改变其海外形象应专注于五个特定领域：鼓励国外教育改革；扩展现有的对外交流项目；让更多的外国公众了解美国及其价值观；在国内促进跨文化理解；鼓励美国志愿者到海外服务等。迈克尔·古德曼（Michael B. Goodman, 2006）提出跨文化交流的趋势会影响国家公共关系，认为国际关系活动包含一国政府对另一国政府或一个企业与其在其他国家建立的商业关系之间的政治和跨文化交流两个方面。在当今的国际社会中，比起冷战期，我们更需要双边的文化理解、尊重和信任。斯蒂芬·沃尔特（Stephen M. Walt, 2007）认为国家结成联盟主要是为了制衡威胁。而威胁依次是综合实力、地缘的毗邻性、进攻性和被认知度意图等作用的结果。路易斯·戴蒙德、约翰·麦克唐纳（Louise Diamond, John McDonald, 2006）指出第二轨道外交的说法已不再能涵盖平民参与的多样性及广度和深度，进而提出了“多轨外交”的概念。分别阐述政府、非政府、专业人士、商业、平民、研究者、培训和教育、宗教、资助、传播与媒体等多轨道外交各自的哲学，同时也指出其重叠、协作、互补的相互关联性。勒博（Richard Ned Lebow, 2012）从文化心理与认同等多重精神性动机的角度来解读国际关系，分析跨越了 2500 年从古希腊时代延伸至伊拉克战争的西方历史，辨析国家关系演变的历史进程、动力和趋向，从而揭示国际关系合作与冲突的规律。彼得·弗兰科潘（Peter Frankopan, 2016）借助丝绸之路的发展史梳理人类文明社会 2000 多年来发展的政治、商贸、人文交流等的状况和问题并提出思考。美国国务院政策规划办公室主任安妮－玛丽·斯特劳（Anne-Marie Slaughter）博士在 2009 年的研究中指出，外事联系取决于通信系统和技术。同等重要的是：文化的相互理解、尊重和信任。美国文化外交咨询委员会于 2005 年的报告指出：文化外交需要资金、专业人士、勇气和时间，尤其需要来自政府和公民社会各个层面经过训练的合格人员和资金。美国前国务卿希拉里·克林顿在 2009 年 4 月 22 日对众议院外交事务委员会发表讲话：政策和政治领袖会随着时间和时代而更换，但公民之间、非政府组织之间、商务贸易之间、学校之间的联系却会持续。所有这些，都是外交中非常有效的工具。世界政治学院院长约翰·伦乔夫斯基（John Lenczowski, 2009）认为通过人文交流搭建起联系的人们会降低使用武力的危险。美国文化资源中心的乔尼·玛雅·谢尔博（Joni Maya Cherbo, 2009）指出，艺术和人文项目可以缓和和减轻来自战争、种族大屠杀、民族冲突、人口流离带来的恐怖。弗兰克·霍德索尔（Frank Hodsoll, 2010）认为人文等因素会对决策者产生影响，呼吁当代社会需要加强人文和信息的交流。他认为文化会左右政治的制定，而人文和艺术会对决策者和民众是否走向合作起潜移默化作用。弗兰克·霍德索尔呼吁：为了世界和平、为了共同合作解决世界问题、为了美国的外交政策的目标和方向，美国民众应与他国之间的民众进行人文交流。奥巴马时代，美国改变了其传统的军事外交为重要对外处理国际关系的方式，更注重塑造良好的美国形象，其对外关系更致力于促进与他国的双边发展、相互理解和尊重，致力于通过各种跨文化活动来创造一个他们蓝图中的更美好更稳定的世界。特朗普上任后，更多的采用推特（Twitter）外交、脸书（Facebook）外交等平民化的更直接的对外交流方式，开启了信息外交新局面。

（二）国内对于人文交流的研究动态

我国对这一学科的介绍始于 20 世纪 80 年代，主要研究有以下几方面。

1. 跨文化交流学科的引进及介绍

《文化与传播》和《跨文化交际》是我国最早关于此学科的著作；关世杰（1995）梳理跨文化传播研究的理论进程，孙英春（2008）探讨开展其研究的认知视角和分析范式。

2. 关于如何开展跨文化交流

陈国明（2009）通过大量范例突出跨文化实践的方法与知识；吴建民（2010）以实际工作经验探讨如何进行跨文化交流。

3. 关于人文外交

2007 年，胡锦涛总书记在党的十七大报告中明确提出“加强对外文化交流”；2009 年，胡锦涛主席在第十一次驻外使节会议上的讲话中指出，要加强公共外交和人文外交，开展各种形式的对外文化交流活动，扎实传播中华优秀文化。① 这是中国国家领导人首次从战略高度对人文外交及其目标进行系统阐述。学者们的研究主要包含：归纳其含义、特征与性质（李智，2006），将其划分为文化外交等三种类型（赵可金，2011），从传统文化的角度探讨了新时代中国人文外交思想（张骥、邢丽菊，2018）。

4. 关于公共外交

梳理其理论和内涵（赵启正，2011；韩方明，2012），总结中国公共外交情况（陈雨露，2012）并指出其“发育不足”（吴白乙，2019），提出主动性国际传播模式策略提升中国国际形象（刘琛，2010）；总结外国对我国开展公共外交的案例（庞中英等，2013），探讨如何推进东南亚公共外交（韩方明，2012）。

5. 关于人文交流

“人文交流”作为外交术语首次被提到是在高中毅等（2001）的《审视战略大势 把握合作机遇——充实与深化中俄战略协作伙伴关系》中，而在国家层面官方的正式表达中，吴邦国 2006 年会见摩尔多瓦总统时首次确切提到“人文交流”。而在党的十八大报告中，首次明确将“推进公共外交和人文交流”列为中国外交的任务之一，这也是中国领导人首次提出“公共外交”和“人文交流”。之后，中国学界对公共外交和人文交流的研究逐渐展开。学者们的研究主要有：一是探讨了人文交流的内涵（许利平，2015；韩冬临，2017）；提出了构建中国人文交流的机制和路径（许利平，2015）以及中外人文交流的源流（张骥,2018）；庄礼伟（2017）对中国对外“人文交流”政策理念与政策实践中的基本特点和认知误区进行梳理，对相关的概念内涵和观念差异进行辨析和讨论，进而就如何有效做到“民心相通”和“夯实国家间关系的社会土壤”提出自己的看法。二是通过具体的国家或地区、或某个领域探讨人文交流存在的瓶颈和问题。如王晓玲、金都姬（2015）在回顾中韩两国人文交流的发展历史、现状以及存在问题的基础上，分析中韩人文

① 参见《胡锦涛文选》第三卷，人民出版社 2016 年版，第 243 页。

交流的特点、影响因素以及意义所在，并对未来中韩人文交流的健康发展提出建议；许利平、韦民等（2015）从理论和实践相结合的视角考察了中国与周边国家人文交流的现状、剖析中国人文交流政策和实践中存在的问题，并提出富有建设性和针对性的对策；黄平、刘作奎（2017）重在探讨中国各行业各领域与中东欧合作的现状和问题、经验与教训。三是关于人文交流的评估指标。赵可金（2019）倡议应按照区域合作架构的紧密程度，建立由联通度、熟识度、参与度、治理度和认同度五个因素构成的指标体系，系统测量民心相通建设的总体进展和建设方向。

6. 关于人文交流与外交、国际关系以及国家形象之间的关系

李智（2006）指出国家政府间的跨文化传播实质上是人际传播；张殿军（2013）指出人文交流是提升国家软实力和扩大国际话语权的重要方式；许利平、韦民（2015）探讨了人文交流在新型多边合作机制中的定位与作用；武心波、高梓菁（2018）以中日关系为例重点探讨了中国周边人文交流的“缘”；韩冬临（2017）重点探讨了人文交流与国家形象之间的关联。他在理论层面分析了人文交流对国家形象影响的机制；在实证层面一方面分析中国留学生对留学国家的国家形象的转变，以及与留学国家之间的跨国联系；另一方面细分外国来华旅游和留学人员对中国形象的影响。

（三）国外关于中国与东盟人文交流方面的研究动态

国外对于中国与东盟人文交流方面的研究主要集中于以下几方面。

1. 关于中国与东南亚的文化交流史

陈达生（Tan Ta Sen, 2008）围绕郑和与东南亚的主题，从中国与东南亚在文化交流过程中探讨外来文化的本土化过程，以及爪哇的华裔与东南亚本土化的关系，以探索文化交流模式以及这种文化融合的特征和根源；费正清（John King Fairbank）、刘广京（1985）以及费维恺（Albert Feuerwerker, 1994）在从国外学者的研究视角分别梳理了中国的晚清和民国历史，相应反射那个时期的中国对外交流情况。

2. 关于东南亚本土的政治、历史文化以及他们与其他国家的文化交流状况

苏嘉塔·博斯（Sugata Bose, 2007）通过探讨 18 世纪的南亚社会情况折射东南亚的政治和历史；尼古拉斯·塔林（Nicholas Tarling, 2004）、戴维·利姆（David C.L. Lim, 2013）、凯瑟琳·亚当斯（Kathleen M. Adams, 2019）分别通过不同的视角探讨东南亚的政治文化；皮尔维斯·曼桂恩（Pierre-Yves Manguin, 2011）通过梳理南亚与东南亚早期互动，探讨对于跨文化的相关问题；查尔斯·库普乾（Charles A. Kupchan, 2017）指出，个体成员国的文化多样性成为东盟的优势，由于它们多样化的人口，成员国被迫接受具有包容性的国家认同，这使得它们更容易接受具有包容性的地区认同。①

3. 关于中国与东盟人文交流合作及双方的文化外交

杨大力、赵立涛（Dali L. Yang，Litao Zhao, 2009）讨论中国改革开放 30 年以来在经济改革、国际贸易、领导力传承、社会发展、医疗改革和国际人文交流方面的做法，并对中国未来 10 年可能面临的调整提出深刻分析；雷纳托·克鲁兹·德·卡斯特罗（Renato Cruz De Castro, 2019）指出杜特尔特政府之所以对中国采取绥靖政策，主要因为考虑到“一带一路”的实施将助其政府获得基础设施项目的资助，进而采取推翻其前任平衡中国在争议水域的扩张主张的政策；Ding Sheng（2019）探讨的是全球移民背景下当代中国在外也包括生活在东南亚的侨民生活的方方面面问题；凯瑟琳·亚当斯（Kathleen M. Adams, 2021）以东南亚正在重塑该地区的旅游业为切入点，通过东南亚居民复原力表明当地个人和社区是复原力的积极推动者。得出了尽管受疫情影响，东南亚的抗灾能力实践反映了该地区几十年来政治、经济和文化的变化。

① 参见［美］查尔斯·库普乾：《化敌为友：持久和平之道》，宋伟等译，北京大学出版社 2017 年版，第 207 页。

（四）国内关于中国与东盟人文交流方面的研究

中国与东南亚之间通过“丝绸之路”进行友好往来和人文交流已有2000多年的历史，但在近现代双方的交流在国家层面受阻甚至中断，此时期相关的研究并不多见。相关课题的研究逐渐回暖始于1991年中国与东盟10国全部建立正式外交关系。研究的逐渐丰富得益于全球化、区域经济一体化的推进带来双边文化交流空间、文化关系、文化合作的拓宽和深化。研究主要集中在以下几个方面。

1. 关于中国与东南亚或其中某一国的文化交流史

贺圣达（1996）系统梳理了东南亚的原始文化和古代早期文化、近代东南亚文化的形成及其特点以及越南、老挝、缅甸、柬埔寨等国家的语言文字的发展等；张加祥、俞培玲（1998）融地理、历史、民族、经济、社会、文化和风土习俗于一体，研究介绍了越南的综合国情；孔远志（1999）分别从宗教、文学、语言、建筑、医学、生产技术、生活用具和风俗习惯等领域阐述中国印尼的友好合作和文化交流，呈现中国印尼两国的民族渊源；王介南（2004）以娓娓道来之势讲述中国文化与域外文化经由海、陆两条丝绸之路，以移民、民间贸易、官方使节往来、朝贡、留学生互派及宗教传播、战争等形式，在物质、精神、制度三个文化层面上的交流、碰撞、融合的历史；徐绍丽、利国、张训常（2005）、马燕冰、黄莺（2007）分别系统详细地梳理了越南和菲律宾的国土与人民、历史演变、政治与国家机关、军事革新与发展、对外关系以及科教文体出版文化等领域内容；古小松（2008）以地理、历史、政治、经济、文化、外交为内容梳理了越南的基本国情，以中越之间从古代到近代和现代的交趾梳理双方之间关系的发展；文庄（2013）从中华封建帝国时期的交趾到越南的立国与近现代的中越关系为脉络，系统地梳理了中越两千年来的发展过程；李富强（2022）从对调查、记录和研究传承于中国和东南亚的活态铜鼓文化的学术史作以回顾与反思的方式，呈现了中国—东南亚铜鼓文化源远流长的悠久历史。

2. 关于中国与东南亚文化交流的现状和问题

蒋玉莲（2006）从文学、艺术、语言、教育、旅游、影视等方面论述了中国—东盟文化交流与合作所具有的深厚的历史基础和现实潜力，并指出意识形态和政治因素、华人华侨问题、南海问题、华文教育及华文报刊业在东南亚各国的曲折发展等是影响中国—东盟文化交流与合作的不利因素；韦莉娜（2012）指出双方在文化交流的深度、制度保障等存在的问题；韩方明、柯银斌、包茂红（2012）等探讨了中国与东南亚国家的公共外交及其若干问题；成汉平、宁威（2020）指出，随着美、日、印等国家对东盟的介入，东盟在经贸、文化及南海问题上与中国构成了多元的问题域。

3. 关于中国—东盟人文交流的相关问题

赵明龙（2014）探讨开展与东盟人文交流的重要意义，张成霞（2012）提出了双方人文交流的展望及战略思考。杨保筠（2018）从文化的角度去审视和探寻夯实促进与东南亚国家关系发展的民意基础的解决方案。张斌（2018）指出了中国与东盟之间人文交流的深度需要进一步拓展、方式有待改进、主体尚待挖掘、缺乏完善的制度保障等问题，进而提出一系列进一步促进中国—东盟人文交流的推进策略。纪洪江（2018）以云南麻栗坡县马崩村为例，探讨了中越边民通婚的动因和问题，指出了中越边民通婚合法化的制度困境，借鉴国（境）外婚姻移民政策的经验，提出了国家治理现代化的相关思考。

综合来看，国内外相关的理论和实践研究已相当丰富，为本书提供了理论基础和方法借鉴，但也存在有待进一步深化之处：（1）作为新兴学科，目前尚未形成一套权威的各家认同的跨文化交流学理论。（2）我国国家层面提出人文交流的概念不久，国内对于人文交流存在不同的界定，对其内涵和外延的研究刚刚起步，系统的研究成果较少，尤其是基于公共外交视角探讨人文交流的研究比较缺乏。（3）对中国与东盟的人文交流关注不够，相关研究仍较匮乏，对中国与东盟近 20 年来人文交流的现状缺乏系统的梳理，学术挖掘的广度和深度有进一步加强的空间。在党的十八大报告首次明确将“推进公共外交和人文交流”列为中国外交的任务之一后，中国与东盟的人文交流活动比较频繁，但我们现有为数不多的研究成果远不能满足实践发展的要求，一些重点领域迫切需要拓展和深化研究。比如，对中国如何开展对东盟国家公共外交的经验做法需要总结和提升，对中国与东盟的区域合作进一步开展人文交流与合作需要深入研究。

三、21 世纪海上丝绸之路建设背景下的公共外交

（一）公共外交缘起与学科体系

公共外交的实践和行为早于其理论的产生。一般认为，“公共外交”出现于 19 世纪 50 年代，此时英国的大众传媒开始比较正式地介入外交领域。1853 年至 1856 年，马克思与恩格斯在《纽约先驱论坛报》撰写了上百篇评论，以此方式在媒体上“直播”当时发生的克里米亚战争、臧否战争的进程并实时点评国际格局的演变。100 多年之后，公共外交的概念化才得以产生并出现在公众视野。

关于公共外交（public diplomacy）的学科定位，一直是学界的争论焦点。争论主要聚集在国际关系和外交学学科、新闻传播学学科这两个学科上：国际关系和外交学学科认为，公共外交是政府外交偏向国外“公众”层面的外交，是外交领域的一部分，自然属性中就带有国际关系和外交成分；而新闻传播学学科认为，公共外交主要是通过对外宣传和传播的手段，用舆论来影响国外公民，强调媒体与舆论对公共关系的联系，因而更偏向新闻学科。

汉斯・摩根索（Hans J. Morgenthan, 2013）认为，宣传是外交政策的一个独立工具，而一切外交政策都是争取人心的斗争，而宣传尤其如此，因为它直接塑造人们的思想。① 他认为对不发达地区的经济技术援助对成功的宣

① 参见［美］汉斯・摩根索：《国家间政治：权力斗争与和平》（第七版），徐昕、郝望、李保平译，北京大学出版社 2013 年版，第 367 页。

传确立心理前提条件。① 约瑟夫·奈（Joseph S. Nye, 2015）认为，最有效的沟通方式是通过面对面的接触实现的，最棒的沟通者往往不是政府而是老百姓。他指出，人们对政府信息的怀疑程度要远远超出我们的想象，公共外交必须主要针对日常生活的各个层面。②

综合来看，不管是哪个学科的论断，都离不开其服务于本国国家利益的“天然”的“外交”使命。关于这一点，各大学者纷纷进行了论证：詹姆斯·帕门特（James Pamment, 2013）指出公共外交的制定取决于国家目标，迪扎德（W.Dizard, 1994）指出公共外交的作用在于影响国际环境舆论，金子将史（2010）指出公共外交的对象是外国公民，杰雷吉安（E. P. Djerejian, 1997）指出公共外交的目标是促进国家安全，约瑟夫·奈和梅利森（Joseph S Nye Jr., 2015 & Melissen J., 2007）指出公共外交的目的是增强“软权力”。值得一提的是，公共外交在英国被称为文化外交（culture diplomacy），在中国过去也常常被人们称为“国际交流”③。从各位学者对其的界定来看，发展到今天的当代公共外交，已经与“跨学科”的标签粘在一起。

（二）公共外交概念、内涵与外延

关于公共外交的定义，学术界有各种不同的界定，彰显了学界对于公共外交研究的热度。

1. 公共外交概念的提出

现代公共外交的理论研究与实践主要集中在美国。1965 年，美国塔夫斯大学（Tufts University）弗莱彻法律与外交学院院长、退休外交官、外交学教授埃德蒙·古利恩（Edmund Gullion）在该学院爱德华·默罗公共外交研究中心成立时首次提出“公共外交”这一专业术语，将其定义为：“超越

① 参见［美］汉斯·摩根索：《国家间政治：权力斗争与和平》（第七版），徐昕、郝望、李保平译，北京大学出版社 2013 年版，第 371 页。

② 参见［美］约瑟夫·奈：《软实力》，马娟娟译，中信出版社 2015 年版，第 191—192 页。

③ 高飞：《公共外交的界定、形成条件及其作用》，《外交评论》2005 年第 6 期。

传统外交范围以外国际关系的一个层面，它包括一个政府在其他国家境内培植舆论、加强国内利益团体与他国的利益团体在政府体制以外的相互影响、借助传媒（如外交官和记者之间的沟通联系），达到对他国政策制定以及涉外事务处理施加影响的目的。”① 在这个定义中，明确了公共外交的几个核心特征：政府是主体；公众态度是客体；手段具有公开性。②

2. 公共外交概念的发展

埃德蒙·古利恩对公共外交的定义成为此学术研究的起点，也成为批判的标靶。美国学者汉斯·N. 塔克（Hans N. Tuch）认为，公共外交的重点在于减少国家间的误解和猜疑，树立良好的国家形象，从根本上服务于美国外交战略的总体需要。他与埃德蒙定义的共同点是将公共外交主体界定为本国的政府，客体界定为外国的公众。美国国务院编撰的《国际关系词典》认为，公共外交是指“由一国政府支持的，通过出版物、电影、文化交流、广播和电视等形式，影响他国的公众”③ 的一种外交方式，认为“公共外交旨在通过交流理解、信息沟通和影响外国的公众实现增进美国国家利益的目的”④。公共外交的维度，在印度学者拉那的概念中得到了拓宽。他认为，公共外交本身应该包含对内和对外两个维度，而国家公共外交的实现也应包含国内和国外两个方面。公共外交包含的内容非常广泛，既是为了赢得拥护，也劝说别人，它在不同领域的非政府人士的支持下，影响外交事务。作为一种方法，在谈判过程中，公共外交常常被一个国家用来影响本国和国外的公众，以达到制造舆论向对手施压的目的。也就是说，根据这种定义，公共外交所要完成的使命一方面是要动员本国的民众支持自己的外交行动，另外一方面是促进国外的公众理解自己的外交政策，进而促使该国制定对自己有利的政策。

脱胎于冷战的公共外交的界定理所当然地受到当时国际格局的限定，冷

① Harold Nicolson, *Diplomacy*, Georgetown University Press, 1988, p.73.

② 参见高飞：《公共外交的界定、形成条件及其作用》，《外交评论》2005 年第 6 期。

③ 高飞：《公共外交的界定、形成条件及其作用》，《外交评论》2005 年第 6 期。

④ 高飞：《公共外交的界定、形成条件及其作用》，《外交评论》2005 年第 6 期。

战结束之后，公共外交的大背景发生了根本性变化，即政府在外交活动的中心性受到冲击。随着克林顿政府助推的全球化时代的来临，“权力流散”销蚀了国家在对外交往中的决定性地位，以跨国公司为主体的全球市场网络的形成，使“国家衰落论”一度盛行。随之而来的是，公共外交的政府中心主义也要作出修订。新公共外交强调了社会交往技术变革对外交的影响，新公共外交被定义为：在以社会媒体为代表的新媒体技术日趋活跃的信息传播环境中，由政府主导，由民间非政府组织和私人机构参与，旨在在他国公众中培植对本国的良好认知，以文化交流活动为主要载体的针对他国公众尤其是精英阶层的外交活动。”①

3. 中国学界对公共外交概念的界定

中国学者在西方学者研究的基础上，将公共外交的内涵外延进一步拓展。埃德蒙·古利恩对公共外交的定义得到不少中国学者的认可：“所谓公共外交，就是指以政府为主导，以民众为对象，通过文化交流、媒体宣传等手段介绍本国外交方针政策及相关举措的外交活动。”② 这一定义与古利恩的界定，进一步明确了公共外交的目标。可以看出，中国主要将“公共外交”界定为面对国外公众的、以文化传播为主要方式的、以说明本国国情和本国政策为主要内容的国际活动。③ 在实践中，“公共外交”对于政府外交工作有支持性的相辅相成的作用。之后，公共外交的研究和实践与国家利益这个大局紧密结合：“一个国家为了提高本国知名度、美誉度和认同度，由中央政府或者通过授权地方政府和其他社会部门、委托本国或者外国社会行为体通过传播、公关、媒体等手段与国外公众进行双向交流，开展针对全球公众的外交活动，以澄清信息、传播知识、塑造价值而更好地服务国家利益的实现。”④ 在2000年以前，中国一般更多地使用“国际交流”一词。它包括两

① 郑华：《新公共外交内涵对中国公共外交的启示》，《世界经济与政治》2011年第4期。

② 孙兴杰：《公共外交：理论基础与历史演进》，《中国与世界》2015年第7期。

③ 参见杨闯主编：《外交学》，世界知识出版社2010年版，第14—16页。

④ 韩方明：《公共外交概论》，北京大学出版社2011年版，第7—8页。

大类：一是对外传播；二是发展国际文化交流关系。随着国际交流在实践中有所发展，对公共外交的认识更强调了互动的影响、互信的建立与国家形象塑造。2003 年外交部新闻司设立了公共外交处，国务院新闻办公室也加强了公共外交工作力度。公共外交成为我国政府为提升本国国际形象而展开的直接针对他国公众的外交行为。中国外交官张九桓这样表述公共外交："公共外交是在政府主导下，由政府、社会精英和普通民众共同运作，以各国政府和民众为工作对象的最广泛的外交活动。从一定意义上说，公共外交其实就是全民外交。"① 总而观之，中国学者对公共外交的手段和目标有些区分，但是多数学者都强调政府在公共外交中的主导地位。

鉴于本书的研究范畴和背景，笔者在综合了各位学者的研究和考量后，比较偏向于周英对于公共外交的理解："公共外交是由国家或政府间组织的权力机构组织策划，通过媒体传播、文化交流、学术往来等形式，有意识地针对国外社会开展的外交活动，旨在赢得海外社会舆论，打造良好国际形象和塑造卓越的国际声誉，进而增进本国国家利益的外交方式。"② 在具体操作上，公共外交具有比较强的目标性和针对性，旨在与国外社会包括官方与民间各个阶层的受众通过多领域对话交流和开展合作，以建立社会关系网络、增强信任度、构建社会支持系统的外交活动。

（三）公共外交行为主体、主要模式与实现路径

1. 行为主体

关于公共外交的行为主体，学界有两种划分法。一是粗分法。他们认为公共外交的行为主体包括政府、社会精英和普通公众三个方面，其中政府是主导，社会精英是中坚，普通公众是基础，它和政府外交组成国家的整体外交。③ 二是细分法。他们将进行公共外交的主体细化到具体的领域、行业

---

① 孙兴杰：《公共外交：理论基础与历史演进》，《中国与世界》2015 年第 7 期。

② 周英：《日本对东南亚的公共外交：资源、行动和结果》，《东南亚研究》2019 年第 1 期。

③ 参见陈昊苏：《加强公共外交　提升国家形象》，《对外传播》2009 年第 12 期。

和部门，认为公共外交的主体包括政府各行政部门和新闻媒体，但更多的是非政府组织（NGO），如民间团体、大学、研究机构、各宗教组织、公司，以及国内外有影响的人士学者等。

2. 主要模式与实现路径

“民心是最大的政治。”争取外国民众的民心与民意是公共外交的出发点和落脚点。因此，公共外交是人文精神的外交活动，我们外交工作的落脚点应放在“人”上。公共外交涉及的范围非常广泛，包括教育交流、语言学习、学术交流、旅游观光、文化艺术交流、广播电视传播、国际合作等。它们可以借助不同的领域和各种国际交往平台，向外国的广大公众、非政府组织甚至政府机构，从不同角度说明、宣传、介绍、表达本国的国情和国际政策①，从而影响受众。

（四）新时代公共外交主要特点

1. 社会公众参与性强

随着全球化、信息化的发展，公众的参与是当代外交的重要特点，当代公共外交更重视动员社会各资源的参与，参与的主体和主题均呈现出社会化的特点。社会各阶层均可参与，学者、非政府组织、媒体、名人、公司等都可以成为外交活动中的重要力量。此外，当代公共外交更注重构建全方位的社会关系网络，其公共外交的对象既有广泛性，在具体的活动中，又具有明确的指向性。

2. 公共外交体制相对灵活

公共外交在开展工作的过程中弹性较大，这种特点可以确保公共外交能够在遇到紧急情况的时候灵活处理，通权达变，有利于弥补政府间正式外交的缺陷。

---

① 参见杨闯主编：《外交学》，世界知识出版社 2010 年版，第 184—186 页。

3. 公共外交呈多元化的特点

当代公共外交逐步摆脱了“以自我为中心”的对外宣传思路，逐渐关注和尊重国际受众的思维方式和接受习惯，更加注重探索更为有效的信息传播方式。

（五）公共外交在中国—东盟国际关系中的新时代使命

全球化的发展深刻地改变着当今的世界格局，国与国之间、地区与地区之间竞争的日趋激烈助推了世界各国在外交理念、外交形式和手段的多样化和实效性的转变。公共外交所带来的巨大外交效益以及对国家总体外交所蕴含的积极意义已经彰显，作为传统外交的补充功能，公共外交已经成为各国外交工作不可忽视的重要方略，成为提升其国家“软实力”和维护国家利益的重要组成部分。从总体上看，公共外交是一国政府着眼于沟通不同思想文化，促进彼此的理解和交流的外交活动。

在全球化和信息化飞速发展的今天，公共外交日益成为中国整体外交体系中具有战略性意义的重要一环，公共外交对于我国维护本国权益和助推“中国梦”的实现具有十分重要的作用。外交是内政的延伸。习近平总书记指出：“民心是最大的政治。”① 在我国与东盟国际关系的框架下，争取东盟各国民众的民心与民意是我国公共外交的出发点和落脚点。鉴于公共外交的战略目标和基本任务是提升本国的国际形象，增加外国公众对本国的了解度、改善外国公众对本国的认可度，进而影响外国政府对本国的政策。我们对于中国—东盟国家关系中构建的公共外交的时代使命是：通过各个层面、各个模式、各个阶层的情感沟通和信息交流，向东盟民众介绍、展示、说明真实而美好的中国，提升我国在东盟的国际形象，改善东盟公众对我国的态度，改善我国的区域、国际发展环境，增强东盟公众对我国的信任，促进中国—东盟国际合作，最终形成中国—东盟命运共同体。

① 《习近平谈治国理政》第三卷，外文出版社 2020 年版，第 137 页。

（六）新时期公共外交效果评估

至今，全球范围内对公共外交效果的评估仍比较困难，主要原因是其效果的影响面宽广、各方面的关联性较大、考量因素极其复杂等。海外公众对某一国的民意的改变往往与特定环境因素、一国变化、公众心理变化等众多因素相关，未必一定是公共外交活动的产物。① 现实中，公共外交的社会效果往往与公共外交活动的过程之间相互影响又错综复杂地交织在一起，以至于公共外交活动的独立效果难以评估。

“一带一路”与构建人类命运共同体倡议源于中国，但属于整个世界。“一带一路”倡导的共商共建共享原则，命运共同体主张的共同打造政治互信、经济融合、文化包容的人文共同体、和平发展责任共同体和命运共同体等②，需要各国社会民众来自内心深处的认同。他们的认同度是测量参与共建“一带一路”、构建“人类命运共同体”意愿程度的一个重要指标，它体现了国外广大民众对“一带一路”“人类命运共同体”的普遍认知与评价。我国公共外交的目的是进一步增进中国与东盟各国民众之间相互了解、建立并不断提升目的国家民众对中国的好感，其着力点是目标民众的“中国认知”。公共外交的目的就是要尽可能使我们自己想要传达的“中国形象”与东盟国家民众心目中的中国形象重合或者近似，而“重合度”越高，东盟民众对我国的好感度、认同度和信任度就越高，证明对其公共外交的成效明显，相反则说明对东盟整体或东盟某个国家的公共外交还有待改善。

基于此，笔者认为，面向东盟的新时期公共外交的评估效果可从东盟民众的“中国认知”、对中国（人）的好感度、对中国形象的认可度、对中国政策的了解度、对中国的信任度等细节进行分析，将之与我们的期待值进行

① 参见赵可金：《关于中国公共外交学科建设的思考》，《清华大学学报》（哲学社会科学版）2013 年第 3 期。

② 参见赵可金：《“一带一路”民心相通的理论基础、实践框架和评估体系》，《当代世界》2019 年第 5 期。

比较和判断，从而评估我国对东盟开展公共外交的效果。

四、新时代人文交流

（一）人文交流的概念界定及其内涵

迄今为止，国内外对于“人文交流”乃至“人文”的界定和理解均不相同。据学界追溯，“人文”最早出现始于《易经》中贲卦的彖辞：“刚柔交错，天文也。文明以止，人文也。观乎天文，以察时变；观乎人文，以化成天下。”[①]《词源》对于“人文”的解释是“礼教文化”，意指与人、事相关的人伦道德文化。《辞海》（1948 年）对于“人文”的界定是“人类社会的各种文化现象”，包括“人”和“文”两个方面。[②] 由此可见，中国对于“人文交流”的理解偏重与文化和人本身相关的各种交流。

根据艾伯特·利瓦伊（Albert W. Levi, 1974）的理解，西方国家中的人文，泛指以观察、分析和批判来探讨人类情感、道德和理智的学科和知识，如哲学、文学、艺术、语言和历史等。[③] 到了近代，人文特指人文主义（humanism），是一种哲学伦理和价值观，涵盖了“人类幸福的追求、宗教祈向和对美的愉悦审视”（《汉英词典》）。奥多诺万沃林（Donovan R.Walling, 2000）认为，人文主义没有统一的定义，强调以人尤其是个人的兴趣、价值观和尊严为出发点，以理性推理为思想基础，以仁慈博爱为基本价值观。[④] 西方国家很少将人文和外交联系到一起，他们认为外交是职业

① 黄寿祺、张善文译注：《周易译注》，上海古籍出版社 2007 年版，第 155 页。

② 参见赵可金：《人文外交：全球化时代的新外交形态》，《外交评论》（外交学院学报）2011 年第 12 期。

③ 参见赵可金：《人文外交：全球化时代的新外交形态》，《外交评论》（外交学院学报）2011 年第 12 期。

④ 参见赵可金：《人文外交：全球化时代的新外交形态》，《外交评论》（外交学院学报）2011 年第 12 期。

外交官的智慧，西方外交学界始终将外交等同于“谈判”。因此，西方是没有 humane exchanges（人文交流）和 humane diplomacy（人文外交）的说法的。当今，作为除了国家安全保障、经济发展以外的“第三支柱”的新外交方式，国际上有“公共外交”（public diplomacy）、“公民外交”或“人民外交”（citizen diplomacy）、“文化外交”（cultural diplomacy）、“（跨）文化交流”（cultural/intercultural communication or cross-culture exchanges）和“人员交流”（people-to-people exchanges）等区分。中国学界目前对于这种跨国的外交方式有人文外交、文化外交、跨文化交际等区分和分类，均没有统一的定义。但有一点是共同的：都强调外交工作中或外交活动中“人”和“文化”的重要性。

据笔者梳理，我国用在对外关系中的人文交流，涵盖了其公民外交、文化外交、跨文化交流和人员交往等多层意思。严格意义上来说，我们在外事工作中所使用的“人文交流”的概念，在国际上并没有一个可完满诠释的翻译词汇。我们在对外交流时基本统一采用“people-to-people exchanges”，在国际上指的是“人员交流”。当今，我们将人文交流放在对外关系的语境中，强调的是以人员交流、思想交流、文化交流为主要内容的跨国交流现象，它包含的内容不仅仅是西方认可的“人员交流”，应是“people-to-people exchanges”（人员交流）与“cross-culture communication”（跨文化交流）等意义的叠加。因此，我们在对外表述时，如果只单纯地将其翻译为“people-to-people exchanges”也是不够精准的，这个翻译，忽略掉了人文交流的内涵，那就是人员交往的内核，是更深层次的交流，即思想和情感交流。新时代的人文交流，范畴更广，甚至包括了与政治和经济相关领域的人员交流。

当今，国内政界和学术界在主要继承了中国自古以来对于人文的理解并中和了国外以上几个层面的内容后，对于人文交流的基本界定也已经明朗。概而论之，就是来自不同国家或民族的人，通过相互交往和交流，达到了解对方及其文化背景的效果。笔者认可的关于人文交流的定义是：让不同国家之间的具有不同道德观念、宗教信仰、生活态度和思想境界的人相互交流和认知，使其了解和尊重对方的人生价值观和思维取向，达到消融思想与文化的误解和偏见的目的（徐林实、范华晴，2010）。

（二）新时代人文交流的实践和主要路径

1. 人文交流的实践

现实中，跨文化交流活动的逐渐展开为人文交流的外交功能提供了坚实基础。欧洲政府于 19 世纪致力于推动跨文化交流：英、德、美、意等国家主要以宗教、教育、慈善等形式进行推动。这些新兴的工业化国家和地区较早地意识到文化交流之于政治和经济发展的重要作用。特别是在 21 世纪初，受到 911 事件的影响和反思，西方国家把跨文化交流提升到国家安全的重要考量范围。中国早在唐代就逐步展开了推动国际人文交流的活动：派遣高僧西游印度、接受日本派遣的遣唐使、派遣郑和下西洋等，通过陆上的丝绸之路和海上的丝绸之路分别将瓷器、丝绸、香料和茶叶等传到国外。中华人民共和国成立后，中国各届国家领导人都是人文外交的推动者和实践者：毛泽东善打比喻、自信轻松的外交风格凸显了人文精神；周恩来把对外交往看作是与人文精神紧密相连的外交活动，致力于将外交工作的落脚点放在“人”上；邓小平 1979 年访美的整个活动及细节都彰显人文精神并率先垂范积极推动了中美人文外交；江泽民在对外关系中贯彻韬光养晦的方针、强调原则的坚定性与策略的灵活性相结合的做法展示了其沉着的人文底蕴；胡锦涛是人文外交的积极倡导者和实践者，他常以书生式的说理风格拓展柔性外交，在国际上享受颇具亲和力的赞誉；而习近平则更是人文交流的推崇者和示范者。无论是 2012 年 2 月访美时在洛杉矶观看 NBA 湖人队和太阳队的比赛、并在比赛结束后接受前湖人队著名球星约翰逊和足球明星贝克汉姆赠送的纪念球鞋和球衣及合影留念，还是 2013 年 6 月在访问拉美时顺道前往美国，在加利福尼亚州安纳伯格庄园与奥巴马举行了既不是国事访问又不是工作访问的“庄园会晤”，都凸显了其略带清新和轻松风的外交新风范。

2. 人文交流的主要路径

人文交流又被称为非官方外交、人民外交、“第二轨道”外交和“非政府组织”外交等①，从某种意义上来说，它是与政府间的官方外交相校而言的。一般地，它突出以民间交流为载体、更偏向以两国人民之间进行的国际交流。因此，人文交流可以是政府主导的行为，也可以是民间或者说是不同国家民众之间自发的交流行为，放在对外交往的语境中，也是一种外交形式。人文交流的路径参照中美人文交流机制中（中美之间的）人文交流重点涵盖的教育、科技、文化、体育、妇女、青年、地方等七大领域。②随着人文交流实践的深入实施、学界理论的不断拓展，人文交流的主要路径呈现在更多的领域。我们常见的政党、卫生、农业、旅游、媒体、出版、公益慈善、宗教、航空、领事、司法领域等的交流，只要有人员往来的交流，都属于人文交流的活动，从学理上来讲，都可以作为人文交流的探讨范畴。因此，在有些场合和文献表述中，以上所提到的各领域的人文交流活动，也称为人文交流的主要路径或人文交流的主要领域。

五、新时代背景下开展中国—东盟人文交流的重要意义

人文交流借助人员交往、经贸交流、文化沟通、社会往来以及跨国旅行等方式，实现不同国家民众之间的了解和沟通③，在当今风云变幻的世界格局和维护对外关系中起到至关重要的作用。2019 年 4 月，国家主席习近平在第二届“一带一路”国际合作高峰论坛开幕式的主旨演讲上明确

① 参见赵可金:《“一带一路”民心相通的理论基础、实践框架和评估体系》,《当代世界》2019 年第 5 期。

② 参见王亚军:《民心相通为“一带一路”固本强基》,《行政管理改革》2019 年第 3 期。

③ 参见赵可金:《“一带一路”民心相通的理论基础、实践框架和评估体系》,《当代世界》2019 年第 5 期。

指出:“共建‘一带一路’倡议，目的是聚焦互联互通，深化务实合作”①；并强调“共建‘一带一路’，关键是互联互通”②。人文交流是民心相通的重要通道。中国古语有云:“变则通，通则久。”民心相通是最深入、最长久、最基础的互联互通工程，它对于携手应对人类共同面临的各种风险挑战，特别是破解习近平总书记提出的治理赤字、信任赤字、和平赤字、发展赤字“四大赤字”，推动构建人类命运共同体意义尤为重大。

（一）推动构建“人类命运共同体”、共建“一带一路”的客观要求

共建“一带一路”是推动构建人类命运共同体的具体路径。推动构建人类命运共同体的五个基本要求“要相互尊重、平等协商”“要坚持以对话解决争端、以协商化解分歧”“要同舟共济”“要尊重世界文明多样性”“要坚持环境友好”,③ 客观上都需要“民心相通”作为支撑。如果民心相隔，发展共促、利益共享、责任共担将无从谈起，而构建人类命运共同体更将是纸上谈兵；反之亦然。“一带一路”的“政策沟通、设施联通、贸易畅通、资金融通、民心相通”五通中的“民心相通”也不能说通就通，它需要我们在人类命运共同体意识的伴随下，或主动融入或主动传播、通过一项项具体的活动和工作，增进各方面的交往和交流，以此增进各国人民对“一带一路”的认知，对共同事业、共同责任和共同命运的归属感。2013 年 10 月，习近平总书记访问东盟国家时提出建设 21 世纪海上丝绸之路的概念，呼吁中国与东盟国家加强海上合作。这是中国新一届领导层站在中国与东盟建立战略伙伴十周年这一新的历史起点上，为进一步深化中国与东盟的合作，构建更加紧密的命运共同体，对新形势下世界和地区发展互利共赢而提出的倡议。“民

① 习近平:《齐心开创共建“一带一路”美好未来：在第二届“一带一路”国际合作高峰论坛开幕式上的主旨演讲》，人民出版社 2019 年版，第 2 页。

② 习近平:《齐心开创共建“一带一路”美好未来：在第二届“一带一路”国际合作高峰论坛开幕式上的主旨演讲》，人民出版社 2019 年版，第 4 页。

③ 王亚军:《民心相通为“一带一路”固本强基》,《行政管理改革》2019 年第 3 期。

心相通”是“一带一路”建设的重要内容和关键基础，充满文化活力的民间交往和交流就是“一带一路”建设的重要土壤。在当今世界正面临百年未有之大变局、不稳定性不确定性更加突出的大背景下，各国都面临各种风险挑战，在世界范围内强信心、聚民心、暖人心、筑同心的重要性也愈加突出。如何通过地缘相联、人缘相亲、文缘相通，在民心相通领域推动构建责任共担、利益共享、休戚与共的中国—东盟命运共同体①，是当今我国面临的重大课题。

“一带一路”倡议强调互联互通，通过弘扬和平合作、开放包容、互学互鉴、互利共赢的“丝路精神”，逐步累积信任，集聚共识，谋求与他国的共同发展、全球发展和治理优化。② 国与国之间的关系亲不亲，关键在“民心”。“一带一路”建设的过程，就是不断实践共商共建共享的过程，就是一个打造“朋友圈”的过程。在构建这个“朋友圈”的过程中，需要在对话和互动中累积信任、创造共识。在推动“一带一路”建设的过程中，民心相通是最终的落脚点，是“一带一路”建设的根本和关键，是衡量“一带一路”建设成功与否的重要因素。理论上，唯有将开放包容的社会网络运作模式和共享平台结合起来，有机畅通政府、市场和社会共同合作共济的“朋友圈”，“政策沟通、设施联通、贸易畅通、资金融通和民心相通”的“五通”工程才可能走实走深；实践上，在合作共赢网络的基础上，推进中外人文交流，与对方坦诚交往真心交流，以心交心，消除各种误解，不断累积信任，为建立文明互鉴开放包容的社会网络夯实社会基础和民意基础，推动民心相通。要打造传承“丝绸之路”精神的面向东盟的“民心相通”工程，只有通过推动中国与东盟各国民众之间的交往交流交融活动，推动双方之间的“民心通、民意达、民情汇”，才能真正实现增进彼此信任、促进相互友谊、深化

① 参见魏丹丹：《共筑相通“连心桥” 同绘发展“工笔画”——第二届“一带一路”国际合作高峰论坛民心相通分论坛侧记》，《当代世界》2019 年第 5 期。

② 参见赵可金：《“一带一路”民心相通的理论基础、实践框架和评估体系》，《当代世界》2019 年第 5 期。

双方合作、谋求共同发展的目的，推动中国与东盟各国人民凝聚珍视“共同体”的共同价值，达成共同目标，形成共同理念，在不同文化背景、不同国情和国策、不同社会制度、不同发展阶段的中国与东盟国家民众之间搭建起理解、互信与合作的桥梁。

（二）构建新时期中国新外交战略新格局的战略要求和具体落实

当今时代的两大主题仍然是和平与发展，国际格局呈现大发展、大变革和大调整趋势，和平赤字、发展赤字、治理赤字、信任赤字凸显，主要大国矛盾博弈激烈甚至到达白热化阶段。尤其是新冠肺炎疫情暴发后，中国与美国之间的关系进入近几十年来之冰点。同时，疫情也让我们更清楚地看到了世界其他国家对我国的态度和政治导向。在这个阶段，冷战思维、强权政治、地区动荡、民族主义、种族主义抬头，气候变化、公共卫生事件风险持续显现，单边主义、保护主义等严重冲击现行国际关系，影响世界格局的发展前景。世界格局变得非常不稳定，不确定因素凸显，各种可能都有可能发生。党的十八大及十八届三中全会之后，我国外交政策在顶层设计和战略运筹方面都发生了重大转型和调整，其调整和创新的幅度和力度前所未有。① 中国是世界上邻国最多的国家，周边是我们的安身之所、发展之基。周边，是中国外交的优先方向，在外交全局中位置突出。2013 年 10 月，党中央召开周边外交工作座谈会，强调了“周边是首要”的明确定位，把周边作为外交优先方向，放在外交全局中更加突出的重要位置上。② 习近平总书记、李克强总理就任后首访首站都选择了周边国家。南睦东盟是周边战略的重要一环，对中国周边环境及世界关系的走向起着至关重要的作用。服务于构建新时期中国外交战略新格局这一战略目标，我们必须适应新时期中国新外交的战略要求，以睦邻友好为基本方针，以亲、

① 参见俞正樑：《双轮驱动　全球拓展——2013 年中国新外交》，《国际观察》2014 年第 2 期。

② 参见俞正樑：《双轮驱动　全球拓展——2013 年中国新外交》，《国际观察》2014 年第 2 期。

诚、惠、容为沟通理念，构建起一个面向东盟的全方位对外开放的战略新格局和周边外交战略新框架。

（三）实现中国与东盟共商共建共享、实现各国共同发展与繁荣的现实要求

冷战结束后，随着中国与东盟各国关系的恢复，中国在东盟国家中日益增长的政治和经济影响力逐渐成为热点话题。在中国与东盟各国政治经济关系快速发展进程中，一些阻碍双方关系进一步深化的负面因素逐渐凸显，如“中国威胁论”等声音在东南亚国家广泛存在，严重影响了东南亚社会民众对中国的认知，并在很大程度上损害了中国在东南亚的国家形象，导致东南亚一些国家与社会民众对中国产生误解、缺乏信任，阻碍了双方之间关系的深化。“中国威胁论”的论调在东南亚蔓延，既有复杂的历史因素，又有现实的利益因素。既与双方政治经济关系中凸显的政治认同差异、经济竞争、领海岛礁纠纷等一系列问题有关，也与后冷战时期亚太国际关系秩序变革引发的权力结构变动以及与此相关的西方话语渲染密切关联；同时，还与中国政府在长期的外交理念与实践中偏重传统外交，忽视公共外交和人文交流的机制有关①。30 年来，中国与东盟经贸往来发展迅猛。与 30 年前相比，中国与东盟双方贸易额增长超过 80 倍，2021 年突破 6846 亿美元。从 2009 年中国成为东盟最大贸易伙伴，到 2020 年东盟成为中国最大贸易伙伴，中国与东盟实现了互为最大贸易伙伴的历史性跨越。2020 年，尽管新冠肺炎疫情给全球贸易带来负面影响，中国与东盟双边贸易在疫情期间却实现逆势增长，中国—东盟贸易指数持续攀升，达到 241.09，比 2010 年增长 141.09，比 2019 年增长 39.57，② 这表明中国与东盟的贸易发展情况整体向好。数据显示，中国—东盟贸易指数五

---

① 参见施雪琴：《华侨华人与中国在东南亚的公共外交：回顾与展望》，《创新》2013 年第 1 期。

② 海关总署：《中国—东盟贸易指数发布 10 年上涨超 140%》，2022 年 9 月 13 日，见 http://wuhan.customs.gov.cn/customs/xwfb34/mtjj35/3872830/index.html。

个一级指标值都保持较好的增长态势，其中贸易密切、贸易潜力、贸易活力和贸易环境的指标值较 2010 年均实现大幅提升，较 2019 年保持增长；海关总署的数据显示，中国在 2021 年全年以及 2022 年 1—4 月进出口商品总值最高的国家（地区）都是东盟，分别达到 56，734.1 亿元和 287，271.8 亿元[①]，欧盟和美国都在其后。然而我们也应同时认识到，在世界区域化、全球化、信息化发展的时代背景下，与东盟国家的往来不应只是与其各国展开经贸方面的合作，更应注重这合作背后的交流与对话。信任是国家间合作的前提和基础。信任构建具有主观性、平等性、复杂性、长期性的特点，这决定了人文交流是信任构建的各种途径中最经济有效的途径之一。中国与南亚国家之间的信任构建还存在很大不足，亟须在双方政府统筹规划下，通过充分调动民间力量，加强人文交流，夯实信任构建的民众基础。

中国提出建设“海上丝绸之路”、建立“中国—东盟海洋伙伴关系”[②]、在中国—东盟自贸区基础上进一步提升双方贸易往来等，从外交的角度来讲，也是我们增加双方民众之间的相互好感度、填补政治体制差异引发的信任缺失、扭转历史观差异引发的民族主义对抗的机制平台。《“一带一路”国际合作高峰论坛圆桌峰会联合公报》指出：我们致力于扩大人文交流，维护和平正义，加强社会凝聚力和包容性，促进民主、良政、法治、人权……确保所有人公平享有发展机遇和成果。我国在推进中国—东盟“五通”建设中，在政策沟通、战略对接、共商共建共享等方面面临一些困难和问题，这些问题都迫切需要双方加强深入的人文交流合作。越南、老挝、柬埔寨、缅甸、泰国、马来西亚、新加坡等都对与中国的人文交流合作有强烈的需求。加强人文交流合作是中国与东盟建设人类命运共同体的必然选择和必然要求。

---

① 根据海关总署 2022 年 5 月 9 日发布数据整理，见 http://www.customs.gov.cn/customs/302249/zfxxgk/2799825/302274/302275/4334942/index.html。

② 蔡鹏鸿：《为构筑海上丝绸之路搭建平台：前景与挑战》，《当代世界》2014 年第 4 期。

六、新时代中国—东盟公共外交视域下的人文交流

在现代国际关系体系中，人文交流在继政治安全合作、经济贸易合作之后，成为国家间关系发展的第三推动力。当代的人文交流，已被赋予了外交的使命。在新时代背景下，如何构建公共外交视域下的人文交流理论框架，则是本书探寻的重中之重。

（一）公共外交与人文交流

要构建公共外交视域下的人文交流理论框架，要先梳理好两者之间的关系。公共外交与人文交流，从各自实施的主体、对象和方式等要素来讲，有其共同的使命和目标，也有其不同的功能和效果。

1. 公共外交与人文交流的共同点

通过梳理公共外交与人文交流的定义、概念、实施方式与路径、实施对象、行为主体等要素，本书归纳了两者之间的共同点。一是开展活动的方式相同。公共外交主要是通过媒体传播、文化交流、学术往来等手段和形式对外介绍本国外交方针政策及相关举措的外交活动，它是一种以文化传播为主要方式的外交行为。人文交流强调的是以人员交流、思想交流、文化交流为主要内容的跨国交流现象。① 两者都是通过对外交流的方式与对方沟通。二是实施对象相同。公共外交政策面向的是外国的民众，人文交流是一种国际交流行为，指的是一国民众的对外交流，两者都是以国外的民众为对象开展活动。三是社会效果一致。公共外交是面对外国公众说明本国国情和本国政策为主要内容的国际活动，旨在赢得海外社会舆论、打造良好国际形象和塑造卓越国际声誉的外交方式。人文交流主要是通过各种双边活动，让不同国家之间的人通过相互交流，帮助其了解对方的世界观、人生观和价值观取向，以及了解对方思维方式，从而实现不同国家民众之间的更深层次的沟通

① 参见王伟华：《信任构建与中国—南亚人文交流》，《东南亚南亚研究》2013 年第 4 期。

和理解，达到消融误解与消除文化偏见的目的。可见，人文交流和公共外交的最终社会效果都是增加国外目标民众对自己（自己国家）的了解、理解，增加相互之间的共识和信任；同时，通过这些活动，两者也达到了提升本国的国际影响力的社会效果。

2. 公共外交与人文交流的区别

公共外交与人文交流之间的不同点，主要有如下三个方面。

一是存在是否有政府主导功能的区别。公共外交强调政府在公共外交中的主导地位。人文交流既可以是政府主导的交流活动，也可以是源远流长的民间交流行为，其活动的开展不需要政府出面组织，如跨境地区（相邻村镇）之间的民俗宗教活动、红白喜事等。

二是存在是否有目的地组织活动的区别。公共外交是由中央政府或者通过授权地方政府和其他社会部门、委托本国或者外国社会行为主体针对国外公众开展的外交活动，其活动本身是有组织、有目标、有针对性的，是为了达到某目标效果、有意识地针对国外社会开展的外交活动。人文交流有可能是民众自发的行为，它是两国人民之间进行的国际交流，其交流活动的开展可以不需要通过政府相关部门的组织和引导，如出国旅游、与到本地旅游的外国游客交谈、跨境电商、跨国婚姻、跨国网友交流等。

三是存在实施目的是否服务于国家利益的区别。公共外交的开展与国家利益这个大局紧密结合，其澄清信息、传播知识、塑造价值等活动的开展都是为了提高本国知名度、美誉度和认同度，以更好地服务国家利益的实现。而人文交流是让不同国家之间、不同文化背景之间、不同种族之间的人相互交流和认知，其活动本身具备为国家利益服务的可能，也可以游离在服务国家利益之外。

（二）面向东盟的公共外交对人文交流的新时代要求

面向东盟的我国公共外交的基本任务和目的是提升本国形象，提升东盟民众对中国的好感，增强东盟公众对本国的信任，进而影响东盟政府对本国的政策，其着力点是目标民众的“中国认知”。在这个目标框架下，我们面向东盟的人文交流应以树立良好国际形象、提升国家文化软实力和扩大国际话语权为中心而开展，从而达到“暖人心、强信心、聚众心、筑同心”的效果。

1. 促进友好往来，增进彼此了解，构建“暖人心”工程

发展对东盟国家公共外交框架下的人文交流活动，更好地促进双方之间民众的友好往来，进一步增进中国与东盟各国民众之间的相互了解，增强与双方国家民众之间的互信与好感，为推动区域与国际间的合作创造有利的民意基础，通过“可直接感知的人文交流”，构建“暖人心”工程。

2. 对外说明中国，提升国家形象，构建“强信心”工程

公共外交是一国政府为提升本国国际形象而展开的直接针对他国公众的外交行为。由于复杂的历史因素、政治认同差异、经济竞争、领海岛礁纠纷等一系列问题的影响，东南亚一些国家对华偏见、误解和疑虑明显存在，在东南亚国家广泛存在并且蔓延的诸如“中国威胁论”和“中国责任论”等声音在一定程度上致使东南亚国家与民众对中国缺乏信任感，阻碍了双方关系进一步深化。通过发展公共外交指引下的人文交流活动，利用大众传播媒介直接、及时、公开地向东盟各国民众介绍本国国内的事务，发布有关中国内外政策等方面信息，阐明本国的立场和态度，就重大的决策发出明确的信息，摆脱中间环节的延误和“过滤”，使得东盟的公众能够更及时、更准确地知晓中国的情况，让东盟各国民众从上到下更好地认识中国的国情、文化、国家目标与当前政治制度，增加东盟各国民众对中国的了解，帮助东盟各国人民作出较为客观、公正的判断，及时消除误解和猜疑，积极引导东盟民众客观全面的“中国观”，[①] 提升我国国家形象，以构建国家间友好与稳定政治关系，构建“强信心”工程。

---

① 雷芳:《新世纪以来中国公共外交研究综述》,《重庆交通大学学报》(社会科学版) 2011 年第 4 期。

3. 开展积极合作，促进双向交流，构建“聚众心”工程

公共外交的实质就是一国政府通过塑造形象争取民心实现国家利益的外交行为。[①] 通过共商共建共享的方式，建立平等互利的区域与国际合作，发展有共同共识的“朋友圈”，做大互利合作“蛋糕”。一般地，国际交流活动的参与者往往会自发地成为民间的跨文化“传播使者”，甚至是打开双方正常关系大门的先行者，起到外交官所不能起到的作用。通过与东盟各国各种实实在在的区域或国际合作，在合作的过程中借助传播、公关、媒体等方式与东盟各国民众进行双向交流、对话和互动，以增进东盟各国民众对我们的信任。同时，在促进与东盟社会的理解和交流的基础上，增进不同文明之间的认知，提高我们国家的知名度和认同度，增强地区和国际影响力，构建“聚民心”工程，反过来也助推“一带一路”倡议走深走实。

4. 增加国家亲密度，打造共同体建设，构建“筑同心”工程

国与国之间，关系亲不亲，关键在民心。公共外交框架下的人文交流，作为外交行为的一种方式、作为增加国家软实力的重要方式，已经被赋予了化解四大赤字——“治理赤字、信任赤字、和平赤字、发展赤字”的重要使命。人文交流旨在通过各个层面、各个模式、各个阶层的信息交流和情感沟通，增进不同文明之间的认知，促进世界文明之间的互鉴，形成百花齐放的理念格局，在不同文化、不同国情、不同制度、不同发展阶段的国家与人民之间搭建起理解、互信与合作的桥梁，追求情感和文化上的理解与认同。在此基础上关注民心的政策取向，并将人文交流转化为具有亲和力和感召力的柔性力量，搭建与东盟各国民众的认知同心圆、情感同心圈，增加中国与东盟各国民众之间的亲密度，形成情感共同体、文化共同体，最终形成命运共同体。

---

① 参见莫盛凯：《中国公共外交之理论与实践刍议》，《外交评论》（外交学院学报）2013 年第 4 期。

第二章　基于公共外交视域中国—东盟人文交流的历史考察和现状分析

中国与东盟之间良好的现实发展基础基于双方之间悠久的人文往来、合作积累以及国家多种利好政策的支持。中国与东盟国家山水相依，源远流长的历史交往造就了双方良好的人文基础。福建、广东、广西等地的海港港口自西汉之后一直都是对外海上贸易的重要枢纽、“一带一路”参与主体。在广西和云南边境自古以来都存在着跨境通婚现象。在近现代，移民到东盟国家中的华侨数量不少。自 1991 年中国与东盟建交这 30 年来，双方之间通过广泛务实合作，建立了良好的交往基础且成效显著。

一、中国—东盟人文交流的历史考察

（一）秦汉至民国中国与东南亚人文交流的历史脉络考察

从秦汉时期开始，中国与东南亚地区就有人文交流的记载。2000 多年来，中国和东南亚的人文交流延绵不断，具有以下特点。

1. 以海上丝绸之路为纽带

交通不便是古代跨地区交往的主要障碍。历代中国与东南亚交流的通道，主要依靠海路，即从中国东南沿海港口经东南亚、南亚至欧洲、非洲的海上通道，后人称之为“海上丝绸之路”；另一个通道是陆路，即从中国西南内陆地区经中南半岛到东南亚、南亚的通道，后人称之为“茶马古道”。

由于海路运输相对于陆路运输在运力、运量上具有优势，且可以借助风力，更利于长途运输，因此海上丝绸之路是中国与东南亚进行物质和文化交流的主要通道。

中国与东南亚的交流始于汉代。《汉书·地理志》卷第八下记载："自日南障塞、徐闻、合浦船行可五月，有都元国；又船行四月，有邑卢没国；又船行可二十余日，有谌离国；步行可十余日，有夫甘都卢国。自夫甘都卢国船行可二月余，有黄支国，民俗略与珠厓相类。其州广大，户口多，多异物，自武帝以来皆献见。有译长，属黄门，应募者俱入海市明珠、壁流離、奇石异物，赍黄金杂缯而往。所至国皆禀食为耦，蛮夷贾船，转送致之。亦利交易，剽杀人。又苦逢风波溺死，不者数年来还。……平帝元始中，王莽辅政，欲耀威德，厚遗黄支王，令遣使献生犀牛。自黄支船行可八月，到皮宗；船行可八月，到日南、象林界云。黄支之南，有已程不国，汉之译使自此还矣。"① 这是中国与东南亚通过海上交流笔者能查阅到的最早记载。从上述文字可以看出，中国最早与东南亚交流的群体是翻译人员和应募商人，交流的形式主要是商贸活动，伴随着外交活动和文化交流。三国时期，东吴孙权派康泰、朱应出使南海诸国。② 魏晋南北朝时期，往来中国与东南亚之间的僧侣开展了大量佛教经典及其译经活动。唐朝时期，中国与东南亚的文化交流日益密切，诗人杜审言、刘禹锡、韩偓都到过越南，越南僧人元皞、逢定、维监等也曾游学长安。③ 宋朝海外贸易活跃，东南亚商人来交易者众多。周去非著的《岭外代答》卷五《邕州永平寨博易场》和《钦州博易场》记载了交趾商人在邕州和钦州的贸易活动。宋人洪适在《师吴堂记》（见《盘洲文集》卷30）中记载："岭以南，广为一都会，大贾自占城、真腊、三佛齐、闍婆，涉海而至，岁数十柁。"元朝周达观曾随使团往真腊访问，著有《真腊风土记》。明朝郑和七下西洋，将中国与东南亚的人文交流推到了新高

① （汉）班固撰，（唐）颜师古注：《汉书》，中华书局出版发行，2014年版，第1671页。

② 参见曹云华：《论亚洲文明对话视域下的中国—东盟人文交流》，《对外传播》2019年第4期。

③ 参见贺圣达：《中国古代文化在东南亚的影响》，《思想战线》1992年第5期。

度。从16世纪至19世纪，葡萄牙、西班牙、荷兰等欧洲国家相继入侵东南亚并实行殖民统治，使中国与东南亚的交流受到破坏，朝贡贸易不复存在，文化交流也被隔断，但也是在这个时期，出现了前所未有的华人移居东南亚的移民潮，华侨在中国与东南亚的人文交流中发挥了桥梁作用。

2. 以文明互鉴为内容

历史上，中国与东南亚在物质文化、精神文化方面相互借鉴与融合。

（1）物质文化交流。古代中国向东南亚输出丰富的物质文化，如表3–1所示，深受当地居民喜爱，对改善和提高当地人民的生活水平起到了积极作用。

表3–1　古代中国与东南亚物质文化交流情况

国别	从中国输入的物品或技术
越南	布匹、陶瓷、铁器、瓷器、漆器、印刷术等
柬埔寨	金银、瓷器、缎锦、凉伞、皮鼓、酒、糖、五色缣帛、漆盘、草席、纸张、麻布、伞、铁锅、木梳、簸箕、硫黄、硝石、桐油、针线、杂货、丝、棉织品等
缅甸	钢、铁、铜锣、铁锅、剪刀、缝衣针、瓷器、蔬菜（如辣椒、卷心菜、芹菜、韭菜、油菜、蚕豆）、水果（如石榴、荔枝、红枣、枇杷、杨梅、柿子）等
老挝	酿酒、养蚕、烘茶、丝织等技术
菲律宾	瓷器、丝绸、铁针、琉璃珠、铁鼎、伞、牛、马、粮食、水果、五金、纸、笔、墨、犁等
印度尼西亚	瓷器、锦绫、绢、金银、铜、铁、米、酒、姜、大黄、火药、造纸、养蚕织丝术、种茶技术、豆芽、豆腐、豆酱、蔬菜水果和经济作物移植（白菜、韭菜、荔枝、龙眼、肉桂等）

资料来源：贺圣达：《海上丝绸之路与中国的对外文化交流——以中国与东南亚的文化交流为例》，《东南亚南亚研究》2016年第2期整理。

中国在输出物质文化的同时，也从东南亚输入一些具有比较优势的物质文化。例如，中国从越南输入了槟榔、荔枝、波罗蜜、龙眼等热带花果树种，越南出产的蔗糖产量高且质量优于中国，三国东吴时，越南的蔗糖传入中国。越南中部的占婆王国盛产稻谷，曾输入中国，对中国改进稻谷品种，提高产量很有帮助。[①] 公元 974 年，苏门答腊的三佛齐曾将火油（即石油）介绍给中国。14 世纪前后爪哇向中国提供了所需的硫黄。明朝制作的青花瓷重要原料中有苏门答腊的苏泥、加里曼丹的勃青、暹罗的风磨铜、渤泥的胭脂石等。番薯等农作物从菲律宾输入中国。[②]

（2）精神文化交流。东汉末年至三国东吴时，苍梧广信人士燮任交趾太守 40 年，传播中原文化，越南《四字经》称颂“三国吴时，士王为牧，教以诗书，薰陶美俗”，使交趾成为“通诗书，习礼乐”的“文献之邦”。晋朝时，高僧法显曾在苏门答腊住了 4 个月，促进了佛教的传播。唐朝实行科举制度，不少越南考生参加科举考试后进入了唐朝官场。唐朝的宗教、学术思想对越南产生深远影响，道教和佛教成为越南社会生活的准则。越南封建国家建立后，继续主动吸纳中国文化尤其是儒家文化。明朝时，交趾人阮安是建造北京宫殿和皇城的总设计师，为建筑文化交流作出了贡献。[③] 越南以汉字为基础形成了本国的文字（喃字），马来语中有 1200 多个汉语借词（以闽南方言借词为主），泰国语与壮族语言相近。20 世纪上半叶，在越南出现了翻译中国古典小说的热潮，被译成越南语的中国小说单行本就包括了《三国演义》《红楼梦》《西游记》《水浒传》等 300 多种译本。这些都说明中国与东南亚文化交流十分密切。

3. 以“和而不同”为理念

中国历代封建王朝与东南亚各国建立了朝贡制度，这种制度建立在“和为贵”“和而不同”的理念上。据《汉书 · 地理志》载，日南徼外蛮夷“自汉武帝以来皆献见”，这说明从汉朝开始就有东南亚国家来朝贡。朝贡关系的建立，不是靠武力征伐，而是靠“宣德化而柔远人”的睦邻安邻

① 参见梁志明：《东亚文化的基本特征与传播过程中的双向互动性》，《东南亚研究》2006 年第 6 期。

② 参见孔远志：《中国与东南亚文化交流的特点》，《东南亚研究》1998 年第 4 期。

③ 参见梁志明：《东亚文化的基本特征与传播过程中的双向互动性》，《东南亚研究》2006 年第 6 期。

政策①，并采取“厚往薄来”的原则，因此，双方的关系不是征服者与被征服者的关系，更不是统治者与被统治者的关系。藩国只是名义上宾服于中国，实际上其主权和领土完整并没有受到丝毫的损害。②在这样的体系下，双方人民在长期交往中始终友好相处。

明朝郑和七下西洋，中国与东南亚各国人民的友谊达到前所未有的新高度。明朝马欢在《瀛涯胜览》“纪行诗”中写了郑和下西洋期间受到了当地人的热烈欢迎的景象：“天书到处多欢声，蛮魁酋长争相迎。”③正因为双方友好关系具有良好的民意基础，从16世纪到中华人民共和国成立前，西方国家入侵东南亚，实行殖民统治，虽然中国与东南亚已经没有官方往来，但仍有大批中国人移民东南亚，民间人文交流始终没有中断。

（二）中华人民共和国成立以来中国与东盟人文交流概述

新中国成立初期是中国与东南亚国家发展睦邻友好关系的奠基期，由于西方国家对新中国实行外交孤立政策，中国与东南亚的人文交流主要在建交国家之间开展。教育方面，中国积极为越南、老挝等国家人员开始教育培训工作。例如，20世纪50年代中国帮助越南在广西桂林、南宁分别设立了育才学校，为越南干部子弟提供教育。60年代中国又在南宁设立“六七学校”，专门招收老挝干部子弟。体育方面，中国体育代表团于1963年参加了在印度尼西亚雅加达举办的“新兴力量”运动会，1978年参加在泰国曼谷举行的亚运会。中国羽毛球队分别与印度尼西亚、马来西亚、泰国等东南亚羽毛球队共同在世界羽毛球锦标赛等赛事开展竞技交流。文化方面，1955年，中国艺术团约200人对越南进行了为期3个月的友好访问，这是新中国成立

---

① 参见梁立基：《从中国传统文化和历史的角度看中国—东盟战略伙伴关系》，《东南亚研究》2008年第6期。

② 参见梁立基：《从中国传统文化和历史的角度看中国—东盟战略伙伴关系》，《东南亚研究》2008年第6期。

③ 梁立基：《从中国传统文化和历史的角度看中国—东盟战略伙伴关系》，《东南亚研究》2008年第6期。

以来中国艺术团对越南进行的第一次访问，[①] 期间艺术团参加越南国庆 10 周年盛大游行活动，表演了歌舞和京剧节目，艺术团在越南 3 个月共演出约 50 场综合节目，直接观众 80 多万人。同年，越南也派出歌舞团到中国演出。影视交流方面，新中国成立初期，在越南举办了中国电影周，中国电影《白毛女》放映 15 天左右观众已达 11 万多人，该电影成为民众热议的话题。民间友好方面，1953 年，越中友好协会赠送给毛泽东主席的两只大象“阿邦”和“阿壮”运抵北京西郊公园，受到民众的欢迎。[②] 此后，受冷战时期意识形态的影响，中国与东南亚的人文交流受到了制约。冷战结束后，中国与东盟于 1991 年建立对话关系，双方人文交流进入了新的历史阶段。

二、中国—东盟人文交流在各领域活动的主要成效及发展趋势

（一）主要成效和特点

1991 年中国—东盟建立对话关系以来，双方人文交流在文化、体育、艺术、教育、广电影视、新闻媒体、旅游、科技、医疗卫生、青少年等领域蓬勃发展，建立了经常性交流机制，搭建了一批交流合作平台，开展了形式多样的双向交流活动，实施了一批合作项目，增进了相互了解和友谊，取得了显著成效，呈现以下特点。

1. 形成了多元化交流格局

首先，交流的领域越来越多，在文化、体育、艺术、教育、旅游等深度交流领域的基础上，近年来又拓展了宗教、残疾人等更多的交流领域。例如在宗教方面，2015 年博鳌亚洲论坛首次举办宗教分论坛，中国伊斯兰教协

---

① 参见张小兰：《一段不能遗忘的历史岁月——记新中国早期中越文化交流》，《文化报》2009 年 10 月 28 日。

② 参见张小兰：《一段不能遗忘的历史岁月——记新中国早期中越文化交流》，《文化报》2009 年 10 月 28 日。

会、中国佛教协会与印度尼西亚伊斯兰教法学者委员会首次在国际论坛进行宗教对话。① 残疾人事业方面，2015 年起，在中国—东盟博览会（文中亦称“东博会”）框架下建立了残疾人事务合作机制，中国和东盟有关残疾人机构、团体、企业围绕残疾人事业开展了交流，并进行了残疾辅助器具展示、残疾人才艺展示等活动，展现双方在残疾人康复、文化领域交流合作的广阔前景。② 其次，交流的领域越来越细，从粗放型交流向精细化交流发展。以文化交流为例，2006 年以前，双方的文化交流虽然长足发展，但系统性对某个细分领域进行深度交流的不多。2006 年首届中国—东盟文化产业论坛举办，双方把“文化产业”作为精细化交流的一个切入点。此后，双方又围绕非物质文化遗产保护、图书馆、艺术节信息共享等更多专题进行了重点交流，使双方文化交流更加深入。最后，交流的形式越来多样化。双方通过培训交流、艺术表演、体育赛事、旅游互访、合作办学、媒体联合采访、广电频道合作、青年联欢、缔结友好城市、减贫经验交流、智库对话等多种形式，让双方民众有了更多相互了解的机会，增进了文化互相欣赏、互学互鉴。

2. 建立了经常性交流平台和机制

双方通过一系列主题交流年、展览、会议论坛、节庆、竞赛、活动等，使人文各领域的交流有了稳定的交流平台和机制。主题交流年是近年来中国和东盟共同商定、每年围绕热点领域举办贯穿全年的系列交流活动的机制性安排，已先后举办了 2014 年中国—东盟文化交流年、2016 年中国—东盟教育交流年、2017 年中国—东盟旅游合作年、2018 年中国—东盟创新年、2019 年中国—东盟媒体交流年等系列活动，形成了年初在中国举办开幕式，年末在东盟轮值主题国举办闭幕式，全年各项活动分别在中国和东盟国家不

① 《博鳌亚洲论坛 2015 年年会宗教分论坛成功召开》，2015 年 3 月 30 日，见 http://www.fjnet.com/jjdt/jjdtnr/201503/t20150330_229271.htm。

② 庞革平：《中国—东盟残疾人论坛：为残疾人事务搭建重要对话与交流平台》，2015 年 8 月 27 日，见 http://world.people.com.cn/n/2015/0827/c1002-27525399.html。

同城市广泛开展的固定模式，使双方的人文交流呈现热点不断、高潮迭起的局面。展会成为双方人文交流的新纽带。其中，每年一届的中国—东盟博览会围绕文化、教育、科技、旅游、卫生、体育、环保、智库、广电、出版、媒体、妇女、青年、残疾人、减贫、减灾等领域，举办专题展示和论坛，成为双方人文领域各界人士定期交流的场所。东博会还专门举办文化展、动漫游戏展、旅游展，使重点领域交流更加专业化。中国—东盟卫生、环境合作、减贫、智库战略、文化、出版、电视等论坛每年或每隔两三年定期举办，形成了人文各领域稳定的交流机制。此外，中国—东盟建立对话关系15周年（2006年）、20周年（2011年）、25周年（2016年），建立战略伙伴关系10周年（2013年）、15周年（2018年），以及中国与东盟国家建交纪念年份，举办了文艺演出、摄影展、电视片展演、媒体采访、发行邮票等一系列纪念活动，不断掀起人文交流的高潮。

3. 人文交流“重心”逐步下移

一是交流的区域“重心”逐步下移。中国—东盟建立对话关系之初，双方人文交流主要在首都或大城市之间开展，21世纪初，众多省会城市参与其中，到2010年以后，更多的中小城市也开展了交流，双向交流的覆盖范围更广。这一现象从中国—东盟博览会可略见一斑，2004年中国—东盟博览会落户南宁，这是西部自治区首府首次成为中国—东盟人文交流的舞台。中国—东盟博览会专门设立“魅力之城”专题，由中国和东盟10国各选出一个代表性城市作为本国“魅力之城”参展，开展旅游、文化等方面交流。2009年以前，大部分国家选择首都、省会城市或大城市参展。例如，中国北京、上海、天津、深圳、苏州，文莱斯里巴加湾、柬埔寨金边、印度尼西亚雅加达、老挝万象、缅甸仰光、菲律宾宿务、越南河内。2010年起，中国的地级市和东盟国家偏远地区的省份或城市也作为本国“魅力之城”参展交流。如中国广西钦州市、柬埔寨柏威夏省、印度尼西亚廖内省、老挝乌多姆赛省、马来西亚纳闽、缅甸雅丹纳、菲律宾桑托斯将军城、泰国清莱府、越南太原省，这些地方相对于首都和大城市，在对方民众中的知名度都不高，它们的参与，增进了地方基层之间的相互了解。二是交流的主体“重心”逐步下移。双方越来越多的经常性交流活动在基层单位之间展开，参与交流的群体从精英阶层向普通民众拓展，促进了基层的民心相通。例如，在中越边境东兴、凭祥、靖西等地举办的中越边民大联欢，双方民众通过文艺晚会、海上国际龙舟赛、边境中学生文化体育交流、山歌会等深入交流。中国—东盟戏曲演唱会、中国—东盟友谊歌会等文化活动以及中国—东盟国际马拉松赛等体育赛事，双方普通民众都广泛参与，增进友谊。

4. 各领域实施了一大批务实合作项目

双方建立战略伙伴关系以来，在人文领域实施了一大批合作项目，例如在东盟国家设立的中国文化中心、“文化中国走进东盟”、中国—东盟教育培训中心、中国—东盟体育交流合作中心、中国—东盟技术转移中心、中国—东盟思想库网络、中国—东盟妇女培训中心、中国—东盟青少年培养基地等，这些项目的实施，发挥了三个方面的积极作用。一是促进务实合作。以中国—东盟技术转移中心为例，该中心致力于促进中国与东盟国家的技术对接，将一大批广西乃至全国优秀先进适用技术输出到东盟国家，帮助东盟国家技术人员和经营管理人员提高科技水平。例如，该中心促成了广西企业将太阳能应用技术转让给越南胡志明市青年黄忠南的科技公司，使后者的太阳能产品在越南南方市场占有率达到60%以上，并出口马来西亚及柬埔寨，2015年获得越南国家级优秀产品奖，其本人实现了从开摩托车到开豪车的梦想。① 二是促进培训交流。中国—东盟教育培训中心依托中国各地高校组建了30个不同专业的培训中心，涵盖商务会展、文化艺术、对外汉语、金融财税、传统医药、新能源、农业、电力等诸多领域，为东盟国家培训了一大批专业人才。中国—东盟妇女培训中心以东盟国家在华女留学生为培训对象，帮助东盟国家妇女提高创新创业能力。东盟青年干部培训班项目从

① 该案例采自中国—东盟技术转移中心官方网站：《越南小伙“阿欢”：依靠中越太阳能科技合作摩托变豪车》，2019年1月22日，见 http://portal.cattc.org.cn/v/article/17163。

2002 年至 2019 年在广西已开办 53 期，为东盟各国培训了 2000 多名青年干部。[①] 这些干部回国后，均成为各行各业的骨干。三是促进思想交流。依托中国—东盟思想库网络、中国—东盟大学智库联盟等，双方专家学者围绕热点议题开展学术交流，为双方关系发展提供智力支持。例如，《中国—东盟战略伙伴关系 2030 年愿景》的制定，正是双方专家学者依托中国—东盟思想库网络深入开展研讨交流，为这份文件的制定提供了支持。

（二）发展趋势

展望未来，中国—东盟人文交流正向着更加全面深入的方向发展，作为继政治安全，经济贸易后双方关系中第三支柱的作用更加凸显，将为构建更高水平的中国—东盟战略伙伴关系、更为紧密的中国—东盟命运共同体作出更大贡献。

1. 双方人文交流的内在驱动力更强，助力中国—东盟命运共同体建设

当前，中国—东盟关系进入了提质升级、全方位发展的阶段。双方政治互信的增强、经贸合作的深化，使双方对加强人文交流的期望进一步提升。《中国—东盟战略伙伴关系 2030 年愿景》明确了加强社会文化交流的 6 条举措，包括教育、青年、环保、水资源管理、可持续发展、气候变化、文化、应对人口老龄化、减贫等多个领域，这些领域有的是双方已深度交流、需要进一步提质升级的领域，有的是着眼于未来、合作空间巨大的新领域。下一步，双方将重点围绕这些领域深化交流合作。《落实中国—东盟战略伙伴关系联合宣言的行动计划（2021—2025)》已于 2020 年发布。该行动计划一方面旨在落实于 2003 年 10 月 8 日在印度尼西亚巴厘岛签署的《中国—东盟面向和平与繁荣的战略伙伴关系联合宣言》和第 24 次中国—东盟领导人会议暨中国—东盟建立对话关系 30 周年纪念峰会成果，以加强和提升 2021 年至

---

① 广西壮族自治区人民政府门户网站：《“这是充满希望的土地”——老挝青年干部在桂见闻》，2019 年 4 月 9 日，见 http://www.gxzf.gov.cn/gxydm/whjl_29790/t1220840.shtml。

2025年间中国和东盟战略伙伴关系、睦邻友好和互利合作；另一方面将指导中国和东盟在双方关切的领域进一步加强合作，促进地区和平、稳定、繁荣和可持续发展，同时也将指导双方进一步把人文交流推向更高水平。[①]2021年11月19日，习近平总书记在第三次“一带一路”建设座谈会上强调，“把同共建国家人民‘心联通’作为重要基础，推动共建‘一带一路’高质量发展”。2021年11月22日，习近平总书记在中国—东盟建立对话关系30周年纪念峰会上发表《命运与共 共建家园》的重要讲话，提出了“构建更为紧密的中国—东盟命运共同体，共创更加繁荣美好的地区和世界”的倡议，描绘了与东盟共建“和平家园、安宁家园、繁荣家园、美丽家园、友好家园”的美好愿景，倡议“双方要积极考虑疫后有序恢复人员往来，使双方民众更加相知、相亲、相融”的建议。习近平总书记的两次重要讲话精神，为我们推动与东盟全方位人文交流的工作提供了根本遵循。

2. 双方人文交流的规模和质量逐步提高，不断夯实中国—东盟全方位友好关系深入发展的民意基础

双方在人文交流的各领域都确定了一系列倡议、行动计划、联合声明等，提出了具体的量化指标和务实的举措，必将使双方人文交流的规模更大，质量更优，进一步促进民心相通。例如，教育方面，双方同意实施“中国—东盟双十万学生流动计划升级版”，实现双方学生流动总规模到2025年达到30万人次的目标。[②]卫生方面，中方通过实施“中国—东盟健康丝绸之路人才培养项目（2020—2022）”，三年来为东盟培养了1000名卫生行政人员和专业技术人员。[③]旅游方面，2017年11月发表了《中国—东盟旅游合作联合声明》，

---

① 参见外交部：《落实中国—东盟面向和平与繁荣的战略伙伴关系联合宣言的行动计划（2021—2025）》，2022年9月22日，见 https://www.mfa.gov.cn/web/wjb_673085/zzjg_673183/yzs_673193/dqzz_673197/dnygjlm_673199/zywj_673211/202011/t20201112_7605657.shtml。

② 参见李化树：《中国—东盟高等教育共同体：价值向度、社会挑战及行动设计》，《教育与教学研究》2020年第2期。

③ 参见李克强：《在第二十二次中国—东盟领导人会议上的讲话》，《人民日报》2019年11月4日。

从制度建设、信息共享、联合推介、服务水平提升、人力资源开发、互联互通发展等领域提出了新的目标。媒体方面，双方正在探讨制订《中国—东盟视听传播合作五年行动计划》，为双方媒体合作规划方向和路径。①

3. 次区域人文交流多点开花，在民心相通中将发挥独特作用

中国与东盟国家正在着力推动澜沧江—湄公河合作（简称“澜湄合作”）、泛北部湾合作、中国—东盟东部增长区合作等次区域合作，人文交流是其中的重要内容。由于参与次区域合作的国家地理相近、文化相通，在人文交流中更容易形成相同或相近的世界观。澜湄合作 2016 年启动以来，在教育、科技、文化、旅游、青年等领域开展了丰富多彩的人文交流，培育“平等相待、真诚互助、亲如一家”的澜湄文化。泛北部湾合作开展以来，广西北海、防城港均开通了到越南下龙湾的海上旅游线路，跨国滨海旅游成为中国—东盟旅游的新亮点。广西在钦州市设立了面向东盟招生的北部湾大学、中国—东盟水上训练基地等项目，不断丰富泛北部湾人文交流的内容。中国—东盟东部增长区是中国与文莱、印度尼西亚、马来西亚、菲律宾共同参与的合作机制。根据《中国—东盟东部增长区合作行动计划（2020—2025）》（以下简称《行动计划》），双方重点开展九大优先合作领域，其中包括旅游和社会文化交流、减贫和包容发展、人力资源发展、环境等领域。如该《行动计划》能顺利实施，必将务实推动这一地区的人文交流。

4. 互联网拓展双方人文交流的新空间，不断延伸民心相通的桥梁

截至 2019 年 6 月，中国网民规模达 8.54 亿人，东盟 10 国达到 3.3 亿人，随着互联网技术的快速普及，“互联网 + 人文”的新形式将对中国—东盟人文交流产生深远影响。

互联网与文学、影视、音乐、动漫、游戏等多个领域加快融合，形成了中国—东盟在网络人文交流的新形态，为双方传统人文交流注入了新活力。

---

① 参见李克强：《在第二十二次中国—东盟领导人会议上的讲话》，《人民日报》2019 年 11 月 4 日。

例如在“互联网+广播电视”方面，广西人民广播电台主办的“北部湾在线”新媒体（www.bbrtv.com）通过整合广播、电视的多媒体资源，制作丰富的、面向东盟的多媒体节目，采用中、英、越、泰、缅等语言发布，实现在广播、互联网和手机网上跨平台发布多媒体信息，开创跨地区、跨行业、跨终端的立体化传播。“北部湾在线”每月访问量超过100万，向东盟用户全面介绍中国的政治、经济、体育、旅游和文化等各个领域，使广播这一传统的交流媒介在互联网时代焕发新生机。

网络人文交流建立了没有国界的心灵之桥，全方位促进中国与东盟国家民心相通。传统人文交流活动一般由专门的机构组织实施，参与者限于一定的范围。而互联网的出现，使中国与东盟人文交流的参与者更多，开展的内容和形式更灵活多样。在互联网人文交流中，受众不仅仅是信息的接受者，而且通过网络社区、论坛、电子邮件、回贴子等方式，成为信息的传播者。此外，互联网人文交流与传统模式相比成本更低，时效更快，特别是云计算、大数据、人工智能等新技术使在线教育、远程医疗等应用越来越普及，不断拓展人文交流的维度，增进民心相通。

三、中国—东盟人文交流在各领域活动的基本情况

（一）文化体育艺术交流活动不断发展

1. 文化交流

在《中国—东盟文化合作谅解备忘录》《中国——东盟文化产业互动计划》《中国—东盟文化合作行动计划（2014—2018）》《中国—东盟文化艺术合作行动计划（2019—2021）》的框架下，双方文化交流更加机制化，交流的深度和广度不断拓展。

（1）中国文化“走出去”促进民心相通

2012年以来，中国在泰国、柬埔寨、老挝、缅甸、越南、新加坡、马

来西亚等东盟国家设立了海外中国文化中心，通过举办语言、文化、艺术等各类文化交流活动和中国传统文化的培训，提供信息服务，增进驻在国人民对中国文化的了解。中国地方文化团体开展“欢迎春节”大型文化交流活动，到东盟国家开展丰富多彩的文化演出，与各国人民共度农历春节、共享中华文化、共建和谐世界。其中，广西是全国各地与东盟国家交流最为活跃的省份。2003 年以来，广西文化团体每年出访东盟国家进行演出、展览等文化交流活动，参与的文化团体 30 多个，到访国家包括泰国、缅甸、马来西亚、越南等，演出剧目包括广西的彩调剧《刘三姐》、桂剧《桂戏大观园》、历史舞剧《碧海丝路》等中华传统艺术精粹，如表 3–2 所示。

表 3–2　中国文化艺术团体“走出去”到东盟演出的部分活动

时间	实施团体或活动组织方	出访国家 / 城市	演出内容
2013 年 1 月	中国人口文化艺术团	新加坡	义演
2013 年 6 月	广西彩调剧团	马来西亚	彩调剧《刘三姐》
2013 年 7 月	曼谷中国文化中心、泰中文化人联合会	泰国曼谷	庆祝泰中建交 38 周年文化艺术节
2013 年 9 月	中国国家大剧院管弦乐团	新加坡	“中国之美，世界看见”音乐会
2014 年 2 月	中国“文化中国 · 四海同春”亚洲艺术团	马来西亚古晋市	文艺演出
2014 年 2 月	中国侨联“亲情中华”慰问艺术团	印度尼西亚雅加达	文艺演出
2014 年 6 月	马中文化艺术协会、厦门大学	马来西亚吉隆坡	庆祝中马建交 40 周年“马中合唱交流音乐会”
2014 年 8 月	山西“和太极”俱乐部	印度尼西亚雅加达	中国—东盟文化交流年活动、大型舞台秀《太极图》
2014 年 10 月	中国东方歌舞团	马来西亚吉隆坡	“美丽东方情牵大马”文艺演出
2014 年 10 月	南中国海乐团	泰国曼谷	海上丝绸之路音乐会

资料来源：根据公开资料整理。

（2）文化交流平台机制化

从2006年起，中国—东盟文化产业论坛每年在广西南宁举办，并于2012年更名为中国—东盟文化论坛，每届论坛聚焦不同的主题，例如，“一带一路”背景下的文化与旅游融合发展、文化创意产业、传统艺术传承与发展等，邀请中国和东盟国家文化专业机构、专家学者开展对话交流，成为双方文化交流的机制性交流平台，如表3–3所示。从2014年起，中国—东盟博览会文化展在广西南宁举办，至2019年已举办4届，每届中国和东盟国家文化专业机构、企业家参展参会，展览内容包括中国—东盟民俗风情、文化创意、书画艺术、非物质文化遗产、休闲养生、动漫游戏、传媒出版、民间工艺、少儿艺术等，展示东盟特色商品和文化，全方位促进文化交流。

表3–3　中国—东盟文化产业论坛、中国—东盟文化论坛一览表

时间	论坛	主题	主要内容
2006年9月	首届中国—东盟文化产业论坛	文化产业——中国—东盟经济发展新动力	发表《中国—东盟文化产业论坛南宁宣言》
2007年11月	第二届中国—东盟文化产业论坛	交流合作、互利共赢	就文化产业资源保护与合理开发利用等进行了交流
2008年10月	第三届中国—东盟文化产业论坛	相互借鉴、合作共赢	讨论了《中国—东盟文化产业互动计划（草案）》
2009年10月	第四届中国—东盟文化产业论坛	文化产业与社会发展	从金融危机对文化产业、民族文化的传承保护与产业开发等方面展开了讨论
2010年11月	第五届中国—东盟文化产业论坛	中国—东盟文化产业的互动与发展	围绕“演艺业的改革与发展”“演艺业交流合作的途径和模式”“动漫游艺业面临的机遇和挑战”“动漫游艺业的共同繁荣与发展”“中国—东盟文化产业的模式、内容及发展”“文化产业发展对中国—东盟自由贸易区建设的促进作用”六个议题进行深入探讨

续表

时间	论坛	主题	主要内容
2011 年 10 月	第六届中国—东盟文化产业论坛	博物馆运营管理与博物馆文化产品创意开发	就“经济全球化、文化产业发展背景下的博物馆运营管理”“博物馆文化产品创意开发”“促进国际间博物馆合作交流”等内容进行了探讨
2012 年 9 月	第七届中国—东盟文化论坛	亚洲图书馆的资源共享与合作发展	就文献资源共建与共享、数字图书馆建设与合作等热点展开专题讨论，通过了《东亚图书馆南宁倡议》
2013 年 9 月	第八届中国—东盟文化论坛	对话与合作——非物质文化遗产的保护与传承	围绕“中国—东盟非物质文化遗产保护的回顾与总结”和“中国—东盟共同创造非物质文化遗产保护的未来”两个议题进行讨论，编辑出版了《中国—东盟非物质文化遗产论文集》
2014 年 9 月	第九届中国—东盟文化论坛	国际性艺术节的管理与实践	共享举办国际性艺术节的信息资源，交流办节经验，发布《中国和东盟主要国际性艺术节名录》
2015 年 9 月	第十届中国—东盟文化论坛	新常态、新合作——东盟共同体建成后的“10 + 1”文化合作	以共建“21 世纪海上丝绸之路”背景下如何开展中国—东盟文化交流与合作、东盟共同体建成后如何推进中国—东盟文化合作作为分议题开展对话
2016 年 9 月	第十一届中国—东盟文化论坛	交流与共享——中国—东盟艺术教育合作与发展	交流中国与东盟各国艺术教育发展理念和实践经验
2017 年	第十二届中国—东盟文化论坛	中国—东盟传统艺术传承与发展	围绕传统艺术人才培养途径、传统艺术传承模式、传统艺术与文化产业的融合发展等议题展开对话
2018 年	第十三届中国—东盟文化论坛	传承创新　发展共赢——中国—东盟文化创意产业的交流与合作	交流中国与东盟各国文化创意产业发展理念与实践经验

续表

时间	论坛	主题	主要内容
2019 年	第十四届中国—东盟文化论坛	“一带一路”背景下的文化与旅游融合发展	深入探讨文化与旅游互促共荣关系，交流中国与东盟各国文化与旅游产业发展的实践经验

资料来源：根据中国—东盟文化产业论坛、中国—东盟文化论坛资料整理。

（3）举办了中国—东盟文化交流年系列活动

2014 年是中国—东盟文化交流年，中国和东盟国家以“同享文化，共创未来”为主题，合作举办了中国东盟文化论坛、电影周、书画展、南洋文化节、中国—东盟国际汽车拉力赛等 100 多项文化交流活动，涵盖演出、展览、人员培训与交流、新闻、影视、出版、体育、旅游、宗教、青年交流等各个领域。双方还结合 21 世纪海上丝绸之路、中国海外文化中心、“欢乐春节”、庆祝中国与马来西亚建交 40 周年等，举办了一系列形式多样的文化活动，文化交流年促进了中国同东盟各国人民间的了解和友谊。①

（4）文化产业合作项目务实开展

中国与东盟国家联合译制影视广播、书籍作品，拍摄纪录片、专题片等方式，② 携手打造了一批反映中国和东盟文化元素的文化产品。例如，2015 年由中国—东盟联手打造的《海上新丝路 · 东盟万里行》大型系列纪实专题片项目，主要展示中国和东盟在经贸人文体育等多领域合作成果，每年选定不同主题开展录制。③2010 年，由中国创意团队创作的《吴哥的微笑》大型文化旅游驻场演出登陆柬埔寨，成为中国文化企业走向东盟的一次成功尝试。2016 年，中国的山水盛典文化产业有限公司与越南文化管理演出公司

① 张云飞：《中国—东盟文化交流年闭幕》，2014 年 12 月 17 日，见 https://world.huanqiu.com/article/9CaKrnJG28p。

② 参见钟建珊：《共建文化交流平台　中国—东盟携手开拓文化产业合作》，2017 年 4 月 16 日，见 http://www.chinanews.com/cj/2017/04-16/8200715.shtml。

③ 参见钟建珊：《共建文化交流平台　中国—东盟携手开拓文化产业合作》，2017 年 4 月 16 日，见 http://www.chinanews.com/cj/2017/04-16/8200715.shtml。

签署了越南岘港、下龙湾、河内、会安、富国岛五个城市的实景演出合作协议，[①] 合作打造大型实景演出《玄珍公主》。

2. 体育交流

中国与东盟的体育交流包括竞赛、培训、论坛等。竞赛交流方面，双方除了在奥运会、亚运会等重大赛事开展交流，还举办了一系列中国—东盟体育专项赛事，如表 3–4 所示。

表 3–4　中国—东盟体育专项赛事一览表

赛事名称	时间和地点
中国—东盟（南宁）国际龙舟邀请赛	2005 年起每年在广西南宁举办
中国—东盟棋牌国际邀请赛	2005 年起每年在广西南宁举办
中国—东盟国际汽车拉力赛暨中国—东盟媒体汽车拉力赛	2006 年起每年举办，赛车路线涵盖中国和东盟国家
中国—东盟国际山地自行车越野公开赛	2009 年起每年在广西南宁举办
中国—东盟武术节	2011 年起在广西举办，两年一届
中国—东盟国际体育舞蹈公开赛	2016 年起每年在广西举办
中国—东盟城市足球邀请赛	2016 年起每年在广西南宁举办
中国—东盟国际马拉松赛	2017 年起每年在广西防城港市举办
中国—东盟城市羽毛球混合团体赛	2017 年起每年在广西南宁举办
中国—东盟乒乓球赛	2017 年起在广西百色举办，两年一届
“一带一路”中国—东盟拳王赛	2018 年起每年在广西举办
中国—东盟博览会高尔夫名人赛	每届中国—东盟博览会期间举办
中国—东盟博览会“网球之友”联谊赛	每届中国—东盟博览会期间举办

资料来源：根据赛事宣传资料整理。

① 参见钟建珊：《共建文化交流平台　中国—东盟携手开拓文化产业合作》，2017 年 4 月 16 日，见 http://www.chinanews.com/cj/2017/04–16/8200715.shtml。

培训交流方面，近年来中国—东盟体育交流合作中心、中国—东盟体育人力资源培训中心、中国—东盟体操交流合作基地等项目在广西成立①，为东盟国家培训了教练员、运动员等多种体育专业人员。例如，举重项目作为广西优势项目，从20世纪90年代至今每年都选派教练员赴越南执教，所培养的越南教练员、运动员在亚洲锦标赛、东南亚运动会取得可喜成绩。

论坛交流方面，2011年，首届亚洲及大洋洲地区大众体育合作发展论坛暨中国—东盟大众体育合作发展论坛在广西南宁举办，每两年举办一届，迄今已举办四届。论坛邀请东盟国家体育专家、企业代表参会，围绕本地区大众体育的现状与特色、国际交流合作的展望与推进等问题进行研讨，促进了双方大众体育的交流，增进了人民友谊。

3. 艺术交流

中国与东盟的经常性艺术交流十分丰富，涵盖综合文艺、音乐、戏剧、戏曲、舞蹈等各门类。

（1）综合艺术交流持续开展

20世纪60年代以来，东方歌舞团积极向东南亚传播中国传统民族民间歌舞艺术，并将东南亚歌舞艺术介绍给中国民众。1988年以来，亚洲艺术节在中国各省（自治区、直辖市）轮流举办，成为中国与东盟艺术家交流的舞台，历届艺术节期间举办了“为东盟喝彩”大型综艺演出、“亚洲奇迹——东盟艺术展”、“东盟文化周”、“美美与共——中国—东盟服饰展秀”、中菲联合音乐会、老挝传统舞蹈表演等活动，印度尼西亚“和谐阳光”合唱团、菲律宾国家芭蕾舞团、柬埔寨Pharez杂技团、泰国流浪的月亮影剧团等东盟文艺团队精彩亮相。

（2）舞蹈交流不断深入

由中国舞蹈家协会主办的中国—东盟青少年舞蹈展演自2009年起每年

① 参见钟建珊：《广西与东盟开展全方位体育合作》，2016年10月29日，见http://www.chinanews.com/ty/2016/10-29/8047177.shtml。

在东盟国家举办，已先后在马来西亚、新加坡、泰国、越南、印度尼西亚、柬埔寨等国家举办，增进了双方舞蹈艺术的交流。自 2013 年起，中国—东盟舞蹈教育论坛每年在广西南宁举办，内容包括：举办精品舞蹈展演，设立东盟舞蹈教学交流工作坊等，对中国—东盟舞蹈文化的传承与创新及双方艺术教育的合作与发展产生积极的影响。

（3）戏剧戏曲交流日益活跃

自 2013 年起，中国—东盟戏剧周每年在广西南宁举办，由南宁市人民政府和广西文化厅主办，活动内容涵括：中国—东盟戏剧展演、中国—东盟学术研讨会、剧目评论会、戏剧工作坊、中国—东盟戏剧大讲坛、中国—东盟微电影展览、中国—东盟粤曲大赛、中国—东盟曲艺歌会等内容。中国和东盟各国戏剧团体演出交流了风情歌舞剧、话剧、音乐剧、传统戏曲、民间曲艺、独角戏、人偶剧、木偶剧等艺术种类。与戏剧周同期举办的中国—东盟（南宁）戏曲演唱会，邀请中国及东盟国家的戏曲名家、新生代演员及传承人参演①，演出剧种涵盖壮剧、桂剧、彩调剧、京剧、粤剧、越剧、豫剧、黄梅戏、文场以及东盟各国改进的戏曲等 10 多个剧种②，为中国与东盟各国戏曲爱好者搭建了戏曲文化集中交流与展示的平台。

（4）音乐交流注重互赏互鉴

自 1999 年起，南宁国际民歌艺术节每年举办，其开幕晚会“大地飞歌”连续多届作为中国—东盟博览会的开幕晚会，东盟国家众多艺术家参加了历届演出。与南宁国际民歌艺术节同期举办的“风情东南亚”晚会汇聚了东盟国家艺术家表演的特色歌舞，如柬埔寨椰子舞、印度尼西亚爪哇舞蹈、老挝下寮沙湾拿吉民歌、马来西亚南洋舞蹈、菲律宾情歌、泰国宫廷舞，越南独弦琴等。2010 年起，中国国际广播电台、广西广播电视台、越南数字电视

① 参见黄静：《2016 中国—东盟（南宁）戏曲演唱会南宁举办》，2016 年 9 月 21 日，见 http://culture.gxnews.com.cn/staticpages/20160921/newgx57e1ee45-15441923.shtml。

② 参见朱晓玲、黄俏华：《南宁上演中国—东盟戏曲演唱会　名家票友同台飙戏》，2016 年 9 月 20 日，见 http://inews.ifeng.com/mip/49999595/news.shtm。

台、越南广宁省广播电视台共同举办的“同唱友谊歌”活动连续多年举办，共吸引数万名中越两国青少年参赛。自2012年起，中国—东盟音乐周每年在广西南宁举办，广西交响乐团等国内音乐团体与越南国家交响乐团、菲律宾大学音乐学院TUMA乐团、马来西亚北纬10度室内乐团、缅甸围鼓围锣室内乐团、印度尼西亚甘美兰乐团参演，并开设东盟国家民间音乐工作坊，鼓励促进青年艺术人才交流成长。该音乐周是中国—东盟间的大型周期性音乐创作、表演、理论研究艺术活动，成为中国与东盟艺术家、表演团体、演出机构交流的舞台。

（5）艺术教育交流务实

自2008年起，“红铜鼓”中国—东盟艺术教育成果展演每年在广西南宁举办，中国和东盟国家艺术院校共同开展了舞台艺术作品展演、学生优秀美术作品展、艺术教育优质课堂展示、艺术教育优秀论文评选等活动，促进了双方艺术教育的交流和互鉴。

（二）教育交流与培训合作日益深化

1. 形成教育合作共识

根据中国与东盟各国之间签署的教育交流合作协议，以及《中国—东盟教育部长圆桌会议贵阳声明》《关于中国—东盟教育合作行动计划支持东盟教育工作计划（2016—2020）开展的联合公报》等文件，中国和东盟在互派留学生、语言文化交流、师资互访、职业教育合作、合作办学等多方面开展了交流。中国还与菲律宾、马来西亚、越南、泰国签订了学历学位互认协议，为双边教育交流合作提供了政策上、法律上和机制上的支持和保障。①

2. 建立了交流机制

自2008年以来，中国—东盟教育交流周每年在贵州贵阳市举办，至

① 参见张成霞：《构建中国—东盟人文交流新格局——新世纪中国—东盟人文交流回顾与展望》，《东南亚纵横》2012年第11期。

2019年已举办12届，东盟国家教育行政主管部门、驻华使馆、高校、国际大学生体育联合会、东盟大学联盟、联合国教科文组织、东盟秘书处等机构和中国高校与会交流，发展成为中国—东盟教育交流的机制性平台。① 交流周开展了百名校长牵手未来系列活动、青少年交流系列活动、人文交流系列活动、职业教育博览会、教育合作与人才交流洽谈会、“一带一路”教育合作等板块品牌项目，签署了一批合作协议，成果显著。体现在以下四个方面：一是形成了一批国家级项目。在第九届交流周上，中方倡议打造“中国—东盟双十万学生流动计划升级版”，实现双方学生流动总规模到2025年达到30万人次的目标。② 在交流周平台上还启动了“中国—东盟海上丝绸之路奖学金”。二是通过了系列重要文件，如《第一届“中国—东盟教育交流周”大学校长论坛·贵阳声明》《第二届“中国—东盟教育交流周”大学校长论坛·会议纪要》《中国—东盟教育部长圆桌会议·贵阳声明》《关于中国—东盟教育合作行动计划支持东盟教育工作计划（2016—2020）开展的联合公报》《中国—东盟教育一体化：资历互认与质量保障研讨会共识》等。三是创建了务实合作平台和协作机制，如“中国—东盟工科大学联盟”“中国—东盟研究中心”“中国—东盟教育培训联盟”“中国—东盟思想库网络贵州基地”“中国—东盟清镇职教中心”“中国—东盟轨道交通教育培训联盟”等。四是成为务实有效的重要人文交流平台。历届交流周举办了大学校长论坛、学术研讨会、教育资源展、专题研修班、青少年文化节、学生夏令营等170项形式多样、内容丰富的活动，促进了教育领域全方位交流。③

3. 合作平台丰富

除中国—东盟教育周外，中国和东盟有关机构还建立了其他各种交流

---

① 参见张成霞：《构建中国—东盟人文交流新格局——新世纪中国—东盟人文交流回顾与展望》，《东南亚纵横》2012年第11期。

② 参见李化树：《中国—东盟高等教育共同体：价值向度、社会挑战及行动设计》，《教育与教学研究》2020年第2期。

③ 参见《中国共产党贵州省第十二次代表大会报告关键词解读——社会类　中国—东盟教育交流周》，2017年10月17日，见 http://news.gog.cn/system/2017/10/17/016169669.shtml。

平台。中国—东盟中心成立以来，组织了一系列教育交流活动。例如，2014年5月组织的“中国高职院校东盟行”活动，吸引了中国12所高职院校和一家教育装备公司访问缅甸、老挝和柬埔寨三国，签署了99份合作谅解备忘录，内容涉及提供奖学金、学生交流、教师交流、教师培训、课程合作、学生实习和设备设施共享等。中国—东盟中心与东南亚教育部长组织（SEAMEO）建立合作关系，还与东南亚教育部长组织建立了良好的工作联系，达成了“互为门户”的共识。从2004年起，广西每年都组织20多所高校到越南、泰国、印度尼西亚、马来西亚举办广西国际教育展。泰国教育部于2007年、2009年、2010年在南宁举办了三届教育展。① 从2012年起，在广西南宁每两年举办一届中国—东盟职业教育联展暨论坛，成为双方职业教育的机制性平台。2013年9月，“中国—东盟政府、高校和企业科技合作与创新研讨会”“中国—东盟教育和人才可持续发展研讨会”相继成功举办，搭建了双方校企协作教育活动的平台。东盟大学联盟与中国高校也搭建合作平台，包括“东盟—中国大学校长论坛”、“圆桌会议”、“联合研究与培训”及“杰出教授与讲师项目”等四项主要内容。② 此外，中国和东盟还将2016年确定为中国—东盟教育交流年，举办了贯穿全年、遍及中国和东盟各国主要城市的200多场交流活动，涵盖展览会议、学术合作、培训研修、语言文化交流、青少年交流和专题宣传等多种形式，进一步深化了教育交流合作。

4. 务实合作扎实推进

截至2017年，双方互派留学生人数超过22万人，其中东盟国家在华留学生9.5万人次，③ 其中有超过1万人在广西，广西是东盟在华留学生人数最多的省份；中国在东盟国家留学生12.87万人次。中国一贯重视在中国高校

① 参见覃柳丹：《广西与东盟教育合作渐入佳境》，2011年11月16日，见 http://www.gxnews.com.cn/staticpages/20111116/newgx4ec2e62f-4336560.shtml。

② 参见张成霞：《构建中国—东盟人文交流新格局——新世纪中国—东盟人文交流回顾与展望》，《东南亚纵横》2012年第11期。

③ 杨秀萍：《中国—东盟命运共同体建设》，2019年9月17日，见 https://opinion.huanqiu.com/article/9CaKrnKmSKG。

中开设东盟语言教学和东盟研究，已有几十所中国高校开设了东盟国家语言教学专业，学习东盟国家语言的中国学生越来越多。中国多所高校如北京大学、北京外国语大学、贵州大学、云南大学等均开设了东盟研究中心、东盟国别研究中心等，与东盟高校间的研究学术交流日益紧密。[①]中国成立了30个中国—东盟教育培训中心，涵盖商务会展、文化艺术、对外汉语、金融财税、传统医药、新能源、农业、电力等诸多领域，为东盟国家培训专业人才。中国通过援外培训班、亚洲区域合作专项资金项目等组织国内高校举办针对东盟国家的系列短期培训班和学术交流活动，如现代远程教育研修班、教育行政官员研讨班、东盟与中日韩青年汉学家交流研讨班、亚洲区域中医药教育高级师资研修班、中国—东盟环境教育论坛、中国—东盟人文学术研讨会、中国—东盟应对就业难题的职业教育国际论坛等，广泛邀请东盟学者来华。每年来华东盟教师、学生逾千人次。[②]中国积极在东盟国家推广汉语教学，截至2019年已在东盟国家（除文莱外9国）共开设了38所孔子学院。为不断促进中国—东盟教育交流，自2005年起中国逐年大幅增加向东盟10国提供的政府奖学金名额，2008年以来，每年奖学金数量递增50%。[③]2019年，中国—东盟菁英奖学金项目启动，为东盟国家的优秀青年提供在中国知名大学攻读学位和参加短期培训的机会。

5. 在职业培训合作活跃

自2006年以来，广西文化厅连续承接“东盟与中日韩文化人力资源开发合作研讨班”的培训任务，为东盟国家培训文化人才。广西艺术学院和广西杂技团为越南培训杂技演员；广西农业职业技术学院为越南、菲律宾等国培训了杂交水稻、玉米、甘蔗、果树嫁接及现代农业等方面的专业技术

---

① 参见外交部：《中国—东盟合作：1991—2011》（全文），2011年11月15日，见http://www.gov.cn/gzdt/2011-11/15/content_1993964.htm。

② 参见张成霞：《构建中国—东盟人文交流新格局——新世纪中国—东盟人文交流回顾与展望》，《东南亚纵横》2012年第11期。

③ 参见外交部：《中国—东盟合作：1991—2011》（全文），2011年11月15日，见http://www.gov.cn/gzdt/2011-11/15/content_1993964.htm。

人员；广西民族大学与中国法学会合作在该校建立了中国—东盟法律培训基地，从2007年起每年为东盟10国培训司法官员；2010年9月，卫生部人才中心“东盟卫生人才培训基地”落户广西医科大学，为东盟培训卫生医药人才；2012年，中国—东盟农业培训中心在广西农业职业技术学院揭牌成立，为东盟国家培训农业技术人才。

（三）广电影视交流增进文化理解

在《中国—东盟广播电视高峰论坛北京声明》《中国—东盟电视论坛会议纪要》《中国—东盟广播影视合作行动倡议》《中国—东盟广播影视深度合作行动倡议》等共识文件的指导下，中国和东盟国家的广播影视合作不断深入，增进了文件理解和友谊。

1. 播出平台合作不断扩大

中国国际广播电台建立了老挝万象调频台、柬埔寨金边中柬友谊台、暹粒中柬友谊台、缅甸国际广播频率项目、印度尼西亚雅加达资讯音乐台、泰国曼谷调频台、菲律宾卡洛甘中波台，播出中文、英语及当地语新闻和节目。中央电视台中文国际频道和英语新闻频道已在印度尼西亚、柬埔寨、老挝、泰国、缅甸、新加坡、马来西亚、文莱、菲律宾9国落地播出。中央电视台国际频道的相关节目均在印度尼西亚、柬埔寨、泰国、缅甸、马来西亚5国播出。印度尼西亚播放华语新闻的印尼美都电视台与中国中央电视台合作关系密切。① 在越南，国家电视一台和二台每天都播放中国新闻，并配有中文字幕。马来西亚影响最大的私营电视台第三电视（TV3）增设华语新闻时段。②2014年以来，广西广播电视台与中国国际广播电台联合打造的中国首家区域性国际广播频率“北部湾之声”在泰国、越南、柬埔寨、老挝等东盟国家联合

① 参见张成霞：《构建中国—东盟人文交流新格局——新世纪中国—东盟人文交流回顾与展望》，《东南亚纵横》2012年第11期。

② 参见张成霞：《构建中国—东盟人文交流新格局——新世纪中国—东盟人文交流回顾与展望》，《东南亚纵横》2012年第11期。

开设频率或栏目，广播节目覆盖了东盟的6000多万人口，并打造了采用汉、英、越、泰、缅等语言发布的中国首个东盟语种信息播报平台"北部湾在线"网站。①

2. 影视作品制播合作逐步深入

中国与东盟国家合拍纪录片《光阴的故事》、中泰合作电视剧《朱槿花开》《匆匆那年》、中老合拍纪录片《湘商闯老挝》等优秀影视节目受到广泛好评。《北京青年》《父母爱情》《鸡毛飞上天》等优秀影视作品已被译配成柬埔寨语、印度尼西亚语、老挝语、缅甸语、菲律宾语和越南语在东盟多国播出。中国国际广播电台、中国国际电视总公司、广西广播电视台、中国农业影视中心、云南广播电视台先后与柬埔寨国家电视台、老挝国家电视台等主流播出平台合作，分别在柬埔寨、老挝、越南、印度尼西亚、菲律宾等国家开设了"中国剧场""中国动漫""中国农场"等数个"电视中国剧场"时段。中国拍摄的《雍正王朝》和《走向共和》等电视剧在东南亚国家受到广大观众的喜爱。《我是歌手》《金太郎的幸福生活》《甄嬛传》《三国演义》等在越南播放时，深受越南观众的喜爱，都引起收视热潮。《中国式离婚》在泰国电视台播出，广西广播电视台译制的柬埔寨语动画片《猫眼小子包达达》在柬埔寨国家电视台播出时收视率也不错。2014年3月，用缅甸语配音的中国电视剧《婚姻保卫战》在缅甸天网卫视MNTV频道开播。2012年9月，中国国际广播电台与缅甸国家广播电视台就电视剧的缅甸语版译制、推广及播出事宜达成协议，使缅甸的观众在2013年上半年就能看到中国热播的都市轻喜剧《金太郎的幸福生活》，该剧也成为缅甸首部缅甸语配音的外国电视剧。② 中国CCTV8、安徽卫视、湖南卫视、广西卫视等频道，越来越多地开创东南亚剧场以及引进东南亚电视剧，新加坡、菲律宾等国电视剧正在以

① 参见吴艺琳：《"一带一路"背景下四川广电对外传播能力建设》，《西部广播电视》2019年第22期。

② 参见张成霞：《构建中国—东盟人文交流新格局——新世纪中国—东盟人文交流回顾与展望》，《东南亚纵横》2012年第11期。

压倒韩剧的趋势占领中国电视剧市场。菲律宾的电视剧 *Ikaw ang Aking Lahat*（《只有你》）和 *Pangako*（《承诺》）在中央电视台电视剧频道黄金时间曾经多次播放。[①] 泰国电视剧《凤凰血》《明天我依然爱你》《爱的被告》等电视剧活跃在中国的荧屏上。[②] 中国还陆续引进了一批东盟国家优秀影视节目如《天生一对》《卫国先锋》《天才枪手》《李宗伟：败者为王》等在国内播出。中国电影工作者到泰国实景拍摄的电影《泰囧》热映，票房超过 10 亿元，增进了中国民众对泰国旅游、文化的了解。此外，在中国主要视频网站上，东盟国家的电影、电视剧、动漫、综艺、电影预告片、公益广告等，受到广泛欢迎。2015 年至 2019 年 9 月，中国各级电视台共引进东盟国家影视剧 104 部 1832 集。

3. 跨国联合采访和制片合作密切

联合跨国采访方面，2004 年，中国中央电视台发起，并联合大湄公河次区域柬埔寨、老挝、缅甸、泰国、越南五国国家电视台合作摄制大型纪录片《同饮一江水》。截至 2008 年 4 月，《同饮一江水》合作国的 30 多家电视台以中、英、柬、老、缅、泰、越 7 种语言播出了该片。2007 年 4 月至 6 月，中国国际广播电台组织中国媒体开展了历时 50 多天，行程 2 万多公里的“中国—东盟合作之旅”大型联合采访活动，节目受到听众好评。东盟国家应邀或主动派摄制组来我国拍摄纪录片、影视和专题节目的数量不断上升。[③]2009 年开始，广西电视台品牌栏目《寻找金花》以寻找“东盟十国金花”为主题，通过国内“金花使者”和“东盟金花”的一系列交流互动，以及多次“中国—东盟金花大聚会”等活动，带领观众全方位、立体

---

① 参见张成霞：《构建中国—东盟人文交流新格局——新世纪中国—东盟人文交流回顾与展望》，《东南亚纵横》2012 年第 11 期。

② 参见张成霞：《构建中国—东盟人文交流新格局——新世纪中国—东盟人文交流回顾与展望》，《东南亚纵横》2012 年第 11 期。

③ 参见外交部：《中国—东盟合作：1991—2011》（全文），2011 年 11 月 15 日，见 http://www.gov.cn/gzdt/2011-11/15/content_1993964.htm。

化、生活化地了解东盟国家[①]，搭建起长期稳固的文化桥梁。联合制片方面，有2007年、2008年中国南宁电视台与越南中央电视台数码频道（VTC）联合举办的两届“越中迎新春联欢晚会”。[②]2007年举办的“盛妆亚洲——亚洲时尚盛典·广西电视台时尚迎春晚会”展示了广西与东南亚各国最新的时尚文化和民族文化，成为东南亚各国时尚聚会的大舞台。2013年，国务院批准、外交部委托广西承办的纪录片《中国—东盟十年路》拍摄完成，纪录片共10集，多角度、深层次展现了中国与东盟各国在政治外交、经贸合作、教育文化、人员往来等多领域取得的成就。同年，中国—东盟博览会秘书处与中国传媒大学合作拍摄的系列宣传片《相聚到永久》《广西·新地标》拍摄完成。2014年6月25日至7月4日，应缅甸政府邀请，中国—东盟中心组织中央电视台摄制组赴缅甸拍摄制作专题报道，集中介绍中缅各领域友好合作，同时帮助缅甸推广旅游和文化资源，促进中缅人员往来，增进相互理解。

4. 跨国推介促进交流合作

近年来，中国和东盟国家通过举办电影周、推介分享会、跨国歌会、跨国晚会等大型活动，增进了相互了解。2010年2月，中国新春电影节在菲律宾首都马尼拉开幕，《海角七号》《左右》《世界》等中国原创电影与菲律宾观众见面。2010年6月5日，第一届“中国·东南亚·南亚电视艺术周”在云南省昆明市开幕。本届电视艺术周以文学、音乐、舞蹈、戏剧、美术、书法、摄影、电影、电视、曲艺、杂技、民间文艺等各种文艺门类为交流载体，就共同关心的电视文化发展话题进行交流，尤其就纪录片的创作进行交流、相互学习，活动内容极为丰富。[③]2013年9月，“2013柬埔寨·中国

① 参见覃彤：《对外传播新思路——以广西电视台针对周边国家开展外宣工作为例》，《现代传播》（中国传媒大学学报）2013年第2期。

② 参见侯自强、高著华：《走向正常的中越文化交流》，《对外传播》2012年第9期。

③ 参见张成霞：《构建中国—东盟人文交流新格局——新世纪中国—东盟人文交流回顾与展望》，《东南亚纵横》2012年第11期。

电视周”在柬埔寨首都金边启动。2013 年 12 月，首届中越电影文化周在广西中越边境的凭祥市举行，展出中国电影《泰囧》《唐山大地震》、越南电影《草灰味》《漂泊》等，两国电影从业人员就电影市场营销、电影理论研讨等展开交流。[①]2014 年 3 月，中国在缅甸仰光、内比都举办“感知中国”活动，内容包括中国国务院新闻办影视片库与缅甸天网电视台签署供片协议、电视剧《婚姻保卫战》译制片展映活动。[②]2014 年 10 月，第三届“中国电影节”在新加坡举办。在前两届电影节中，《失恋 33 天》《桃姐》《中国合伙人》等中国电影先后献映。2009 年 10 月 24 日，中国—东盟电视交流论坛在广西南宁举行。这是国家广电总局首次与地方政府联合举办国际性广电专业的专业会议。论坛由中国国家广播电影电视总局与广西壮族自治区人民政府联合主办。本次论坛的主题为“深化合作，共创未来”，分“电视业政策和现状”“媒体融合与电视发展”“深化合作，互利共赢”三个议题。论坛期间，还举办了“中国—东盟电视节目展播周”活动，相互播放由对方提供的纪录片并签署了相关合作协议。广西电视台与老挝国家电视台和越南数字电视台分别签署了《中国广西电视台与老挝国家电视台电视节目交流协议》及《中国广西电视台与越南数字电视台合作意向书》两个合作文件。[③]2017 年，首届“中国—东盟电影节”在马来西亚举行，7 部中国电影参加展映，其中《战狼 2》获得最佳影片奖。2018 年，“影像中国”——中国优秀电视剧菲律宾推介会在马尼拉举行，《创业时代》《亲爱的她们》等一批中国优秀影视节目精彩亮相。2019 年是中国—东盟媒体交流年，中国和东盟各方在主题报道、联合制作、媒体培训和新兴媒体等 8 个方面共同策划实施了近 50 项重点活动，包括举办中国—东盟电视周等，增进了双方广

① 参见《东盟也爱“还珠”“甄嬛” 中国东盟影视产业合作前景广阔但仍需提速》，2014 年 9 月 14 日，见 https://www.whjlw.com/2014/09/15/19867.html。

② 参见张云飞：《“感知中国”缅甸行唱响胞波情》，2014 年 4 月 6 日，见 http://world.people.com.cn/n/2014/0406/c157278-24837504.html。

③ 参见邓昶：《中国—东盟电视论坛今天在南宁举行》，2009 年 10 月 24 日，见 http://news.sina.com.cn/o/2009-10-24/222816494130s.shtml。

电领域交流。①

5. 技术交流和培训合作务实开展

近年来，中国和东盟国家开展了媒体技术交流、人员培训、青年媒体从业人员交流等一系列活动。2014 年 4 月，广西广电网络公司派出的由 6 名技术骨干组成的专家团队抵达柬埔寨，为柬埔寨通信传媒集团有限公司提供平台技术支持和运营咨询服务，支援该公司建设柬埔寨首个国家级数字电视运营平台。② 截至 2019 年 9 月，中国国家广播电视总局为东盟国家举办媒体培训班 50 多批，1500 余名东盟国家政府官员和专业技术人员来华研修。③

（四）新闻媒体出版提升合作内涵

根据《中国—东盟广播电视高峰论坛北京声明》《中国与东盟新闻媒体合作谅解备忘录》《中国—东盟国家新闻部长会议倡议》《深化中国—东盟媒体交流合作的联合声明》等共识文件，中国和东盟国家新闻媒体出版机构深化交流合作，提升了双方人文交流的内涵。

1. 媒体交流从共识走向务实

2007 年 5 月，首届“中国—东盟新闻部长会议”在雅加达举行，标志着中国与东盟新闻合作机制的建立。2010 年 9 月，第二届“中国—东盟新闻部长会议”在北京成功举行，签署了《中国—东盟新闻合作谅解备忘录》。2002 年至 2010 年，人民日报社主办了四届“中国与东盟媒体合作高层研讨会”。④2007 年 9 月 28 日，第三届中国—东盟媒体合作高层研讨会在广西南宁举行。来自东盟 10 国和中国的新闻官员、主流媒体代表围绕“共建和

---

① 参见任芊：《中国—东盟媒体交流年闭幕式在泰国曼谷举行》，2019 年 12 月 24 日，见 http://www.gov.cn/xinwen/2019-12/24/content_5463422.htm。

② 参见黄健：《海上丝路新航行》，《广西政协报》2015 年 3 月 21 日。

③ 参见《国家广电总局：开启中国—东盟媒体交流新篇章》，2019 年 9 月 19 日，见 https://baijiahao.baidu.com/s?id=1645108277049912107&wfr=spider&for=pc。

④ 参见张成霞：《构建中国—东盟人文交流新格局——新世纪中国—东盟人文交流回顾与展望》，《东南亚纵横》2012 年第 11 期。

谐繁荣的美好家园”这一主题，分别就“增进了解，加强相互报道”、“扩大交流，开展务实合作”和“搭建桥梁，共促和谐繁荣”三个议题进行了热烈而深入的研讨。本届研讨会还发表了《联合声明》，宣布建立中国—东盟媒体合作联络网。[①] 近年来，中国和东盟双方新闻机构通过组织会议研讨、联合采访、联合制作、交流培训等活动，以及建立相互供稿、节目交换、人员互访等合作模式，积极报道中国—东盟合作情况，传播正能量，推动中国—东盟媒体合作关系不断加强和巩固。双方还在媒体管理、节目购买、版权开发、新技术应用、技术人才培养等层面展开交流合作，不断创新传媒产业合作模式，促进双方传媒产业共同发展。

2. 出版合作增进相互了解

中国与东盟在版权贸易、出版发行、印刷复制、数字出版等开展了广泛合作。2007 年，广西师范大学出版社派团赴河内就合作开发面向越南中小学的越汉双语教材项目，与越南相关教育及出版机构进行沟通，正式启动该重大出版项目。同年，广西师范大学出版社和马来西亚智慧城有限公司共同出版的《儒学四书精选漫画》，短短半年在马来西亚的发行量即达 10 万册。在期刊出口方面，接力出版社的《小聪仔》畅销新加坡、马来西亚，拥有众多的小读者。[②]2007 年 1 月，在中国—东盟合作基金支持下，中方与东盟秘书处合作编辑出版了《中国—东盟民间故事集》，以纪念中国—东盟建立对话关系 15 周年。2010 年 5 月，由《云南信息报》与《南方都市报》共同发起的“发现东盟”大型采访活动收官，记者深入东盟各国，遍访各国政商要员、普罗大众，探访异域风土文化。2010 年 8 月，深度发现、全面解读东盟各国的经典之作《发现东盟》问世。[③]2013 年 3 月，泰国诗琳通公主在曼

---

① 参见杨讴等：《第三届中国—东盟媒体合作高层研讨会在南宁召开》，《人民日报》2007 年 9 月 29 日。

② 参见何红梅：《南宁—东盟文学交流现状》，《企业科技与发展》2014 年第 6 期。

③ 参见张成霞：《构建中国—东盟人文交流新格局——新世纪中国—东盟人文交流回顾与展望》，《东南亚纵横》2012 年第 11 期。

谷发布她本人翻译的中国现代小说《她的城》泰文译本，[①] 使得泰国人民更深入地了解中国社会、中国文化和普普通通的中国人，促进两国友谊长远发展。2013 年 8 月，中国—东盟博览会秘书处主办的《中国—东盟博览》杂志发行了中国—东盟建立战略伙伴关系 10 周年、中国—东盟博览会 10 周年纪念专刊。专刊以中国和东盟国家政要、外交使节、商协会会长、企业家等采访为主要内容，反映了 10 年来中国—东盟战略伙伴关系发展的成果。近年来，广西等地出版机构出版的图书如《中国—东南亚铜鼓（老挝卷）》《丝绸之路上的东南亚文明——泰国》等获得东盟国家的赞誉，一批中国精品图书在东盟国家出版，如接力出版社的品牌童书《淘气包马小跳》在越南出版，受到越南读者的喜爱。此外，广西建设中国—东盟数字出版基地，在数字出版平台搭建、数字内容加工生产、数字出版技术研发推广、数字出版版权贸易、数字出版人才培养等领域与东盟合作。

3. 图书展会促文化交流

从 2009 年开始，广西代表中方在越南、柬埔寨、印度尼西亚连续举办了多届中国图书展销暨版权贸易洽谈会，中国 20 多个省份的参展单位达成向东盟国家输出版权合同和意向的图书达 600 种以上，在出版发行和印刷复制等方面签订多项协议。[②] 每年召开的北京国际图书博览会中国都邀请东盟国家参加。[③] 自 2011 年起，中国—东盟出版博览会在广西南宁举办了三届，中外出版单位就版权贸易、出版发行、印刷复制、数字出版等方面的合作交流进行了深入商谈，达成了诸多共识，签订了一批版权贸易和出版合作项目。[④] 其中，广西各出版社向越南、泰国、马来西亚、印度尼西亚、新加

① 暨佩娟：《传播中国文化的泰国使者——记泰国诗琳通公主译作〈她的城〉泰文版首发仪式》，2013 年 3 月 29 日，见 http://world.people.com.cn/n/2013/0329/c1002-20956036.html。

② 《新闻出版署：支持中国出版企业同东盟合作》，2011 年 10 年 22 日，见 https://www.chinanews.com/cul/2011/10-22/3407228.shtml。

③ 《新闻出版署：支持中国出版企业同东盟合作》，2011 年 10 年 22 日，见 https://www.chinanews.com/cul/2011/10-22/3407228.shtml。

④ 参见陈学璞：《广西发展文化博览产业的思考》，《广西教育学院学报》2012 年第 2 期。

坡等东盟国家输出版权200多种。2012年9月，以“亚洲图书馆的资源共享和合作发展”为主题的中国—东盟文化论坛在南宁开幕。论坛集中讨论了文献资源共建与共享和数字图书馆建设与合作。2013年8月，“2012—2013中菲友好交流年”系列活动之一的媒体交流活动在菲律宾首都马尼拉举行。在“菲律宾及中国社会的媒体角色演变”论坛上，中菲两国媒体记者就“如何通过媒体力量构建中菲共同发展氛围”进行了坦诚、热烈的交谈。2011年10月，中国—东盟出版博览会在广西南宁首次举办。博览会期间，集中展出1万多种中国和东盟国家的精品图书；举行中国—东盟出版合作签约仪式、中国—东盟出版论坛、数字出版论坛、中国—东盟出版合作成果展、《新越汉词典》首发式、媒体见面会、著名作家专题讲座及签名售书、中国—东盟青少年读书节等系列活动；中国和东盟出版界共达成版权贸易、合作出版、战略合作协议12项。其中最重要的成果是中方领导与东盟各国出版文化代表团团长及出版发行协会代表举行高层会晤，达成中国—东盟出版界合作《南宁共识》。2013年9月，以“传统出版走向数字时代”为主题的第二届中国—东盟出版博览会在广西南宁举行。博览会主打“数字出版”，中国与东盟10国出版界针对“传统出版走向数字时代”议题展开研讨，就在出版领域加强合作、应对挑战达成共识，签署了7项具体合作项目。本届博览会展出的中国和东盟10国的图书超过1万种，内容涉及政治、经济、文化、历史、教育、医疗、卫生、旅游、科普等多个门类。其中东盟10国的参展单位的原版图书有3000种，国内40多个出版集团（出版社）的新版图书有7000多种。此外，还展出了期刊、音像电子出版物、数字出版产品等。2015年5月举办的第三届中国—东盟出版博览会以“丝路书香，魅力传媒”为主题，重点展示中国和东盟各国的新闻出版和广播影视的交流合作与发展成果。

（五）旅游合作互利共赢

中国与东盟国家互为重要客源市场和旅游目的地，近年来，双方旅游往来升温，形成双向交流、优势互补、互利共赢的良好局面。

1. 建立了公民旅游互访机制

20 世纪 80 年代起，泰国就成为中国公民组团出境旅游的目的地国家，到 2005 年，东盟 10 国已全部成为中国公民出境旅游的目的地国家，中国也成为东盟 10 国的旅游目的地国家。同年，旅游被列为中国—东盟新的五大重点合作领域。目前，印度尼西亚对中国公民实行旅游免签，文莱、柬埔寨、老挝、马来西亚、缅甸、泰国、越南对中国公民实行落地签，新加坡简化了签证手续，这极大便利了中国公民赴东盟国家旅游。①

2. 旅游往来规模持续扩大

2018 年，双方人员往来达到 5700 万人次，每周近 4000 个航班往返于中国和东盟国家之间。中国成为东盟最大的旅游客源国，东盟也成为中国游客最喜爱的旅游目的地之一。2018 年最受中国游客欢迎的十大目的地国家有 7 个来自东盟国家，即泰国、越南、新加坡、印度尼西亚、马来西亚、柬埔寨、菲律宾。②

3. 旅游推介活动精彩纷呈

广西每年都组团参加新加坡旅游展、马来西亚旅游展、越南下龙国际旅游节、曼谷国际旅游展、胡志明旅游展等旅游展会。在向东盟国家宣传旅游产品的同时，广西也全力配合各国来广西开展宣传促销活动。③早在 2004 年，广西旅游局就精心组织了广西旅游大篷车赴泰国、新加坡、马来西亚和印度尼西亚开展为期 15 天的旅游宣传，大力宣传和推介广西旅游资源和产品，开创了“广西旅游大篷车”首次迈出国门的历史。东盟各国十分看好中国巨大的旅游市场，都积极参加每届的中国—东盟博览会，精心推出的“魅力之城”都是各自国家具有丰富旅游资源的城市，通过博览会进行展览、推介，

① 参见刘慧：《“一带一路”推进形成旅游合作新机制》，《中国经济时报》2019 年 8 月 16 日。

② 参见刘慧：《“一带一路”推进形成旅游合作新机制》，《中国经济时报》2019 年 8 月 16 日。

③ 参见王文英：《广西和泛北国家共秀美景　合作交流稳步推进》，2011 年 10 月 2 日，见 http://sub.gxnews.com.cn/staticpages/20111002/newgx4e882d06–4195576.shtml。

让中国游客全方位地进行了解。中国各省（自治区、直辖市）也借中国—东盟博览会宣传促销各自的优势旅游产品和线路。①2013 年 9 月，陕西—东盟文化旅游经贸合作推介会在广西南宁举行，旨在进一步介绍陕西的文化旅游资源及经济发展环境，分析陕西与东盟国家开展经贸合作情况和前景，使大美陕西的形象更加深入人心。2019 年，成都市担任第 16 届中国—东盟博览会中国“魅力之城”，该市携有成都非物质文化遗产“5 朵金花”之称的蜀绣、漆器、瓷胎竹编、银花丝、蜀锦等展品和蜀派古琴、蜀绣、清音、茶艺非遗表演艺人参加了本次大会，对成都丰富的文旅资源进行了宣传推广。旅游美食节是中国—东盟博览会的配套活动，自 2000 年起每年举办，成为广西一个重要的旅游节庆名片。

4. 搭建了旅游合作平台

2017 年是中国—东盟旅游合作年，全年举办了“美丽中国—冰雪之旅”东南亚联合推广、大湄公河次区域旅游工作组会议暨湄公河旅游论坛等一系列旅游交流活动。从 2015 年起，每年一届的中国—东盟博览会旅游展在广西桂林举办。中国和东盟 10 国各类旅游专业机构参展参会，展示和推介了中国和东盟 10 国旅游资源、旅游形象、旅游线路、旅游商品，开展了一系列专业洽谈，促进了旅游领域的务实合作。

5. 旅游产业合作不断深入

截至 2018 年，中国与东盟各国在跨境旅游合作项目推进方面成效显著，东盟各国绝大多数的省份、城市已在中国北京、上海、广州、厦门、南宁、桂林等地与当地旅游部门开展旅游联合宣传，共同推介本国旅游目的地，已完成区域内 50 条黄金线路的推介。双方在跨境游方面不断落地新项目。例如，中越双方正联合推进白浪滩景区与茶古景区等一批跨境项目。此外，双方还互派旅游从业人员培训学习，开展跨境旅游市场联合执法等行动。② 其

① 参见王文英：《广西和泛北国家共秀美景　合作交流稳步推进》，2011 年 10 月 2 日，见 http://sub.gxnews.com.cn/staticpages/20111002/newgx4e882d06-4195576.shtml。

② 参见刘慧：《“一带一路”推进形成旅游合作新机制》，《中国经济时报》2019 年 8 月 16 日。

中，受中国国家旅游局委托，自 2008 年 12 月起，广西旅游局设立了广西东盟旅游人才教育培训基地。基地自成立以来，已成功举办了 10 多期东盟旅游人才培训班，为东盟各国培训了旅游专业人员。

（六）科技交流合作逐步走向正轨

中国和东盟科技交流合作持续快速发展，双方科技人员交流密切，积极共建联合实验室，加快构建技术转移网络，以科技创新合作带动产业合作升级。

1. 建立了中国—东盟科技伙伴关系

2012 年 9 月，中华人民共和国科技部（以下简称中国科技部）和东盟 10 国政府科技部门在广西南宁共同启动了“中国—东盟科技伙伴计划”。这一计划旨在通过开展中国和东盟及其成员国的科技与创新合作，共享科技发展经验，增强区域内各国科技能力。结合东盟及其成员国国家科技发展规划与重点，伙伴计划以科技政策与创新管理和农业、健康、能源、水资源等十大技术领域作为合作重点。为实施该计划，中国科技部根据东盟方需求，在双边与多边层面，与东盟各国开展了政策咨询、技术服务、人力资源开发、合作研究、共建联合实验室、共建示范园区、技术转移等多项合作。

2. 科技交流合作持续开展

双方在农业、生物、食品、能源、中医药、遥感、地震、海洋等领域实施了超过 1000 个合作项目，包括新能源与可再生能源开发利用国际科技合作论坛，太阳能系统技术与产品应用培训班，杂交水稻技术培训班，太阳能开发利用国际科技合作论坛，中医药防治糖尿病技术交流、示范及推广应用培训班，农业新品种与种植业国际科技合作论坛等。[①] 中国与东盟国家共同建立了 8 个联合实验室。中国和东盟还实施了共建科技合作产业园、遥感卫

① 参见外交部：《中国—东盟合作：1991—2011》（全文），2011 年 11 月 15 日，见 http://www.gov.cn/gzdt/2011-11/15/content_1993964.htm。

星数据共享与服务平台、中国—东盟技术转移中心、东盟杰出青年科学家来华工作计划等。其中，中国—东盟技术转移中心是我国目前唯一面向东盟的国家级技术转移机构。为加快中国—东盟技术转移中心建设，中国—东盟技术转移中心与文莱、柬埔寨、印度尼西亚、老挝、马来西亚、缅甸、泰国、越南 8 个东盟国家分别签署了共建两国技术转移中心协议，中国—东盟技术转移中心牵头建设中国—东盟技术转移协作网络，发展国内和东盟各国协作网络成员 2203 家（其中东盟成员近 604 家），启动建设中国—东盟移动互联网产业联盟，并逐步推进新能源等其他领域的联盟建设工作。联合实验室合作开展我国先进适用技术在东盟国家的本地化研究开发及其推广应用，项目内容涵盖农业、农业机械、能源环保、海洋生态、民族医药等领域，满足了东盟国家的技术需求。

表 3–5　中国和东盟国家共建的联合实验室

序号	名称
1	中国—印度尼西亚高温气冷堆联合实验室
2	中国—印度尼西亚港口建设与灾害防治联合研究中心
3	中国—印度尼西亚生物技术联合实验室
4	中国—泰国铁路系统联合研究中心
5	中国—柬埔寨食品工业联合实验室
6	中国—马来西亚清真食品联合实验室
7	中国—老挝新能源与可再生能源联合实验室
8	中国—缅甸雷达与卫星通信联合实验室

资料来源：根据公开资料整理。

表 3–6　中国—东盟技术转移中心网络

序号	名称	备注
1	中国—东盟技术转移中心	多边
2	中国—柬埔寨技术转移中心	双边

续表

序号	名称	备注
3	中国—缅甸技术转移中心	双边
4	中国—老挝技术转移中心	双边
5	中国—泰国技术转移中心	双边
6	中国—越南技术转移中心	双边
7	中国—印度尼西亚技术转移中心	双边

资料来源：根据公开资料整理。

3. 科技合作平台不断夯实

2005 年以来，在历届中国—东盟博览会期间举办了先进适用技术展区。展览从东盟国家实际需求出发，结合中国在农业和高新技术方面的科技成果，每年展示适用东盟的先进实用技术、高新技术成果和产品数百项，双方企业和科研机构之间开展了技术洽谈和交易。从 2013 年起，每年在中国—东盟博览会期间举办中国—东盟技术转让与创新大会，迄今已举办 7 届，中国和东盟各国的企业、大学、科研机构、技术转移服务机构参会交流，大会期间举办东盟国家青年科学家创新中国行、中国—东盟科技园区创新合作论坛等一系列配套活动，务实促进了双方科技交流合作。

4. 面向东盟的国际科技合作基地加快建设

目前广西已有 10 个面向东盟的国际科技合作基地。通过支持国合基地在东盟国家建立农业科技示范基地，展示推广我国新品种、新技术、新产品、新设施。支持国合基地面向东盟国家开展举办农业、林业等技术国际培训班和国际学术交流会，推动国际科技合作方式向“项目—基地—人才”相结合的战略转变，促进我国一批先进农作物品种和栽培技术走进东盟。

5. 科技人力资源开发合作积极开展

从 2014 年起，广西科技厅支持广西农科院、广西大学、广西有色金属集团等 7 家单位，面向东盟国家开设先进适用技术国际技术培训班，培训内容涉及农业、矿业、交通、海洋生态、动物医学、技术标准等领域。培训班招收东盟国家技术骨干，把我国先进适用技术通过培训形式向东盟国家进行技术转移，促进了我国与东盟国家的科技人力资源开发合作。中国—东盟技术转移中心承办多期中国—东盟技术经理人培训班，培训了来自柬埔寨、印度尼西亚、马来西亚、泰国、老挝等国的学员。广西百色国家农业科技园区连续承办了多期“中国—东盟亚热带果树栽培技术国际培训班”，对来自越南、泰国、老挝、柬埔寨、缅甸、马来西亚、印度尼西亚、菲律宾、文莱等东盟国家农业官员、专家学者及中高级农业技术人员进行集中培训。①

（七）中国与东盟医疗卫生合作传递友情

2003年非典型性肺炎暴发，双方在应对非典疫情中开启了卫生领域的合作。② 近20年来，双方医疗卫生领域合作不断增强。

1. 建立了医疗卫生合作机制

自2003年4月召开中国—东盟（10 + 1）领导人召开非典问题特别首脑会议以来，双方落实会议《联合声明》，不断加强在疫情信息交流、人员培训、防控疫情、出入境检查等方面合作，建立了中国—东盟公共卫生合作基金。③2016年，首届中国—东盟卫生合作论坛在广西南宁举办，论坛每两年举办一届，迄今已举办两届，就开展卫生合作的方向和重点不断凝聚共识，发布了《中国—东盟卫生合作与发展南宁宣言》。

2. 共同抗击新冠肺炎疫情

2020年以来，面对突如其来的新冠肺炎疫情，中国和东盟落实东盟与中日韩（10 + 3）抗击新冠肺炎疫情领导人特别会议、中国—东盟关于新冠肺炎问题特别外长会、中日韩新冠肺炎问题特别外长视频会议达成的共识，

---

① 参见外交部：《中国 东盟合作：1991—2011》（全文），2011年11月15日，见http://www.gov.cn/gzdt/2011-11/15/content_1993964.htm。

② 参见外交部：《中国—东盟合作：1991—2011》（全文），2011年11月15日，见http://www.gov.cn/gzdt/2011-11/15/content_1993964.htm。

③ 参见马朝林：《观点中国：携手打造东亚卫生健康共同体》，2020年4月18日，见http://cn.chinagate.cn/news/2020-04/18/content_75947967.htm。

加强协调与合作，为全球合作抗疫树立了典范。一是互相提供援助和支持。中国向东盟国家、东盟秘书处提供了防疫物资援助，东盟各国政府和社会各界向中国捐赠了防疫物资。二是公开透明地共享信息。中方积极分享疫情防控和诊疗经验，两次举行医疗专家会，中国医疗专家与日韩及东盟同行通过视频会议等方式，交流疫情防控及诊疗经验。三是开展技术交流。中国向柬埔寨、老挝、菲律宾、缅甸等国派出医疗专家组，协助展开抗疫。①

3. 深入开展医疗卫生合作

一是传染病防控方面，中国与东盟国家在疟疾、登革热、艾滋病、鼠疫等传染病防控领域开展项目合作，与东盟国家加强双方卫生健康领域人文交流、学术研讨和科研合作。2016 年 10 月，首届中国—东盟疾病联控合作论坛在广西南宁召开，会议就建立中国—东盟区域传染病联合防控合作机制达成共识，并就疟疾、手足口病、禽流感、寨卡病毒病、艾滋病、结核病等该区域共同面临的传染病进行了经验交流和学术研讨。2018 年 9 月，第二届中国—东盟疾病防控合作论坛在广西南宁召开，就促进双方在重大传染性疾病的信息共享、监测、联防联控和应对，突发公共卫生事件生应急的协调和合作机制进行了交流。二是传统医药合作方面，2008 年 10 月，在北京举办中国—东盟传统医药规范化实践研讨会。2010 年 8 月，在北京举办中国—东盟中医优势与传统医药发展研讨会。2011 年，中方组织了中医保健东盟行活动。②2009 年，在广西南宁举办首届中国—东盟传统医药高峰论坛，此后每两年举办一次，增进了中国与东盟国家传统医药领域的交流合作。2013 年 8 月，“中国—东盟传统医药交流合作中心”于广西成立，积极搭建中国—东盟传统医药交流合作桥梁。三是口腔医学合作方面，2008 年以来，在广西南宁举办了六届中国—东盟口腔医学交流论坛，搭建了口腔医学教育、学

① 参见马朝林：《观点中国：携手打造东亚卫生健康共同体》，2020 年 4 月 18 日，见 http://cn.chinagate.cn/news/2020-04/18/content_75947967.htm。

② 参见外交部：《中国—东盟合作：1991—2011》（全文），2011 年 11 月 15 日，见 http://www.gov.cn/gzdt/2011-11/15/content_1993964.htm。

术交流、专业培训的合作平台。

4. 免费医疗帮扶项目惠民生

中国在柬埔寨、老挝、缅甸实施“光明行”项目，为当地民众提供免费眼科手术，使数以百计的白内障患者重见光明，受到了民众的欢迎。

（八）青少年交流形式活泼多样

中国和东盟国家通过会议论坛、互访交流、青年营、培训等多种形式，增进相互了解，深化友谊。

1. 对话交流活跃

双方通过中国—东盟青年论坛、中国—东盟青年峰会、中国—东盟青年企业家论坛、中国—东盟青年企业家协会、中国—东盟青年企业家俱乐部等，形成了多层次交流机制。

2. 交流活动活泼多样

双方共同开展了东盟青年领袖访华计划、中国—东盟青年交流访问计划、中国—东盟青年营、澜沧江—湄公河青年友好交流活动、中国—东盟青少年文化交流节、中越青年大联欢、中国与东盟学生夏令营或冬令营、汉语桥、中国—东盟青年艺术品创作大赛等一系列丰富多彩的青年交流活动，多形式、多渠道促进了双方青年的友好交流。其中，自 2006 年起，中国教育部每年举办中国与东盟学生夏令营或冬令营、汉语桥等青少年交流活动，鼓励边疆省份高校与东盟广泛开展青少年交流活动，每年来华交流的东盟国家青少年近千人，增进了双方青少年间的相互了解和友谊。①2013 年 11 月，中越青年大联欢活动在京举行，近万名中越青年分别到广西柳州、北海、钦州、防城港、玉林等市参观访问。在柳州，越南青年代表与当地青年一起欣赏中国工夫茶文化；在北海，中越青年共植“友谊林”。赛事活动是中国—

① 参见外交部：《中国—东盟合作：1991—2011》（全文），2011 年 11 月 15 日，见 http://www.gov.cn/gzdt/2011-11/15/content_1993964.htm。

东盟青少年交流的重要内容。2011 年 8—9 月，中国外交部、中国教育部、广西壮族自治区人民政府共同主办了中国—东盟友谊知识竞赛。竞赛分为初赛和决赛两个阶段。初赛采用网络答题的形式、通过中国—东盟中心官方网站进行。题目内容包括中国与东盟各国基本国情、中国—东盟友好合作、中国—东盟自贸区建设、中国—东盟博览会等。初赛吸引了中国和东盟各国高等院校学生积极参与，实现了 11 个国家全部参与的目标。决赛采用主题活动营的形式举行。从初赛中脱颖而出的来自中国和东盟 10 国的 25 名选手，于 9 月 24—28 日在广西南宁参加了决赛系列活动。中国—东盟青年艺术品创作大赛从 2007 年起每年举办，是中国与东盟各国艺术工作者的一次盛会，对促进中国与东盟各国之间文化艺术交流的发展一直发挥着积极作用。中国—东盟礼仪形象大使大赛从 2005 年起每年举办，以弘扬中华礼仪文化为主要内容，架起了中国与东盟青少年文化交流的友谊桥梁。

3. 青年培训持续开展

中国自 2002 年起举办东盟青年干部培训班，截至 2019 年已举办 53 期，为东盟 10 国培训了大批青年干部。在广西南宁设立的中国—东盟青少年培养基地、在复旦大学成立的澜沧江—湄公河青年交流合作中心等，成为专门对东盟青年及青少年开展培训的基地。从 2017 年起，每年在中国高校举办澜沧江—湄公河青年创新创业训练营，越南、老挝、柬埔寨、缅甸、泰国的高校学生参加了创新创业培训。2018 年，中方宣布开展“未来之桥”中国—东盟青年领导人千人研修计划，未来 5 年邀请 1000 名东盟优秀青年来华培训。①

（九）其他人文领域交流蓬勃发展

1. 减贫合作

从 2007 年起，每年在广西举办中国—东盟社会发展与减贫论坛，并举

① 参见沈铭辉、李天国：《后疫情时代的国际秩序与东亚区域合作》，《当代世界》2020 年第 8 期。

办一系列面向东盟的减贫研修班、合作论坛或研讨会，如中国—东盟农村扶贫政策与实践研修班、中国—东盟旅游促进减贫研讨会、老挝发展与减贫官员研修班等，互学互鉴减贫实践经验，交流产业扶贫成果。中国出资在亚洲开发银行下设立中国减贫与区域合作基金，向东盟国家减贫项目提供资金支持。中国通过“亚洲减债计划”和无偿援助等方式直接支持东盟部分欠发达国家。2014 年，中方宣布向东盟欠发达国家提供 30 亿元人民币无偿援助，主要用于支持中南半岛国家的减贫合作。①

2. 妇女合作

2006 年在广西南宁举办中国—东盟妇女论坛，2007 年中国—东盟妇女培训中心在广西南宁成立。依托中国—东盟妇女培训中心，中国妇联为东盟国家高级妇女干部开展了一系列培训。中国妇联还在老挝与泰国建立了中老、中泰妇女培训中心，对当地妇女实行实用技术培训。截至 2019 年，在广西南宁举办了五届中国—东盟妇女创业创新论坛，中国和东盟各国女性通过论坛分享信息、资源、经验和智慧，在教育培训、织绣产业、家庭服务业、电子商务、经贸技术、文化旅游等方面开展务实交流合作。②

3. 环境合作

双方建立了定期交流机制：从 2011 年起，每年在广西南宁举办中国—东盟环境合作论坛、启动中国—东盟绿色使者计划、实施中国东盟生态友好城市发展的合作伙伴关系；为了促进区域可持续发展，双方启动了中国—东盟环保技术和产业合作示范基地、建立了中国—东盟环境信息共享平台：共同发布了《中国—东盟环境合作战略（2016—2020 年）》《中国—东盟环境保护技术与产业合作框架》《中国—东盟环境展望：共同迈向绿色发展》等。

---

① 参见梁爽：《2014 年中国—东盟关系继续深化》，2014 年 12 月 31 日，见 https://world.huanqiu.com/article/9CaKrnJGkRv。

② 参见外交部：《中国—东盟合作：1991—2011》（全文），2011 年 11 月 15 日，见 http://www.gov.cn/gzdt/2011-11/15/content_1993964.htm。

4. 智库合作

从 2008 年起，每年在广西南宁举办中国—东盟智库战略对话论坛，中国和东盟国家智库专家围绕中国—东盟战略合作定期开展对话交流。2013 年，中方倡议建设中国—东盟思想库网络。2014 年 7 月，“建设中国—东盟命运共同体研讨会暨中国—东盟思想库网络启动大会”和中国—东盟思想库网络第一次国家协调员会议在北京召开，标志着中国—东盟思想库网络正式启动。① 中方提供 1000 万元人民币支持其建设。每年中国—东盟思想库网络召开国家协调员会议、工作组会议、研讨会等一系列会议，为双方领导人提供决策基础。

5. 民间交流

2004 年，中国—东盟协会成立，积极开展对东盟国家的民间友好工作，举办中国—东盟友好组织大会、中国—东盟民间友好大会、中国—东盟友好之旅等活动②，组织开展医疗组赴东盟国家免费实施白内障复明手术的“友好光明行”活动，与越南友好组织联合会联合在广西防城港市和越南芒街跨国举办中越边民友好大联欢活动。截至 2019 年底，中国与东盟 10 国共建立友好城市 201 对。

6. 宗教交流

中国与东盟国家佛教交流日益密切。1955 年至 2011 年，北京灵光寺佛牙舍利曾经先后四次被迎请到缅甸供奉，引起了巨大的轰动，佛牙舍利作为智慧与和平的象征为中缅两国架起了友谊的桥梁。这枚佛牙舍利还应泰国政府邀请，于 2002 年 12 月 15 日至 2003 年 3 月 1 日，在泰国供奉 76 天。1994 年，陕西扶风法门寺的佛指舍利就曾赴泰供奉瞻礼，前往瞻拜的朝野各界人士达 300 万人次。2013 年 3 月 22 日，泰国佛教界在素可泰府隆重举行“恭迎

① 参见《建设中国—东盟命运共同体研讨会暨中国—东盟思想库网络启动大会在京召开》，2014 年 7 月 5 日，见 http://www.xinhuanet.com//world/2014–07/05/m_126713818.htm?prolongation=1。

② 参见外交部：《中国—东盟合作：1991—2011》（全文），2011 年 11 月 15 日，见 http://www.gov.cn/gzdt/2011–11/15/content_1993964.htm。

本焕长老舍利安奉仪式”①，这是中国高僧的舍利首次出国安奉，成为当代中泰两国佛教交流史上的一件有影响的大事。2015 年 3 月 19 日，柬埔寨举行国家级庆典，建造本焕塔，专机恭请本焕长老舍利永久安奉。② 中国与东盟国家宗教教育交流从无到有，不断加强。1996 年，应缅甸政府邀请，新中国成立以来首批中国僧人赴缅甸仰光国立佛教大学留学。深圳弘法寺佛学院（现更名为本焕学院）、福州开元寺也分别与泰国、柬埔寨有关佛教大学开展了佛教教育交流。此外，中国成功举办三届“世界佛教论坛”，2014 年在陕西宝鸡市承办“第 27 届世界佛教徒联谊会”，东盟国家佛教界均派代表参加。中国佛教协会也派代表参加在泰国、越南等东盟国家所举办的“联合国卫塞节庆典”等各类佛教盛会，促进了双方佛教交流。③2015 年 3 月，在博鳌亚洲论坛 2015 年年会宗教分论坛上，中国伊斯兰教协会、中国佛教协会与印度尼西亚伊斯兰教法学者委员会负责人进行了交流。

7. 残疾人事务交流

2012 年 10 月，中国北京心灵之声残疾人艺术团陆续在马来西亚吉隆坡、打州、霹雳州、槟榔屿及柔佛州进行演出、举行慈善文艺晚会，将筹得的款项捐给中马两国多个慈善团体。2015 年 9 月，首届中国—东盟残疾人论坛在广西南宁召开。中国残联与印度尼西亚、文莱、柬埔寨、老挝、缅甸、泰国、菲律宾、越南的残疾人事务相关机构围绕“促进残疾人平等参与和融合发展”的主题和“面向未来的中国—东盟残疾人事务合作与交流”“中国—东盟残疾人社区康复与辅具服务”“中国—东盟残疾人就业创业职业技能培训合作交流”三个议题进行研讨。中国和东盟国家的残疾人代表现场表演了葫芦烫画、编制中国结、剪纸、盲人国画等才艺。中国残联向东盟有关国家捐赠了物资。

---

① 参见《海南省佛教协会：海南省的佛教文化建设》，《法音》2016 年第 4 期。

② 参见《海南省佛教协会：海南省的佛教文化建设》，《法音》2016 年第 4 期。

③ 参见李湖江：《中国与东盟佛教文化交流探索》，《法音》2015 年第 6 期。

第三章　基于公共外交视域中国—东盟人文交流的优势和机遇分析

2007年，中共中央总书记胡锦涛在党的十七大报告中提出，要加强对外文化交流，吸收各国优秀文明成果，增强中华文化国际影响力。2009年7月，胡锦涛在驻外使节第十一次会议中进一步提出，外交工作要努力使我国在政治上更有影响力、经济上更有竞争力、形象上更有亲和力、道义上更有感召力。①这为我国对外人文交流确立了更高的目标。2017年，习近平总书记在党的十九大报告中进一步阐释了新时代的文化事业，提出要加强中外人文交流，以我为主、兼收并蓄，同时，推进国际传播能力建设，讲好中国故事，展现真实、立体、全面的中国，提高国家文化软实力。②2022年，习近平总书记在党的二十大报告中提出，要"深化文明交流互鉴，推动中华文化更好走向世界"，③要"坚持亲诚惠容和与邻为善、以邻为伴周边外交方针，深化同周边国家友好互信和利益融合。"④党和国家领导人的上述指示，为我们在新时代做好与东盟文化交流工作提供了根本遵循。

基于党和国家领导人关于对外文化交流的指示精神，笔者认为，在中国—东盟人文交流中，如果想要减少双方民众的误解，消除在涉及双方的重

---

① 《胡锦涛文选》第三卷，人民出版社2016年版，第236页。

② 习近平：《决胜全面建成小康社会　夺取新时代中国特色社会主义伟大胜利——在中国共产党第十九次全国代表大会上的报告》，人民出版社2017年版，第44页。

③ 《党的二十大文件汇编》，党建读物出版社2022年版，第35页。

④ 《党的二十大文件汇编》，党建读物出版社2022年版，第46页。

大问题上的偏见，加深彼此间的沟通和认知，进而使彼此日益相悦、信任，形成人类命运共同体意识，就要清晰地认识到人文交流的优势和机遇，做到扬长避短。中国要清楚自己在此方面拥有的优势，并在此基础上进一步发挥优势，使中国—东盟的人文交流不断拓展和深化，使东盟国家民众理解、认可和接纳中国；同时，使中国民众加深对东盟国家的理性认识，培育起对东盟国家人民的友好情谊。

一、中国—东盟人文交流的优势分析

中国在中国—东盟人文交流中具有的优势，大体上体现在地缘、人缘、合作渊源、交往平台这些方面。

（一）地缘优势

人员交往是人文交流的重要内容，而人员交往的重要前提是交通便捷，成本低廉。从地缘方面看，中国与东盟国家山海相邻，在世界各大经济体中，与东盟国家海路与陆路交通都最为便捷的是中国。

1.从陆路来看

中国与东盟的越南、老挝、缅甸的边界合计长达 5080 公里，彼此山水相连，没有多少难以跨越的大江与高山等天然屏障，很多地方一脚就可跨过国境，相互间有铁路与公路相通，边民往来的便道非常之多。

云南与东盟三国（越南、老挝、缅甸）接壤，拥有东、中、西三条通往东盟的路线。西线由昆明—大理铁路、滇缅公路和中印公路构成，可通往缅甸密支那、腊戍、八莫、仰光等地。东路始自河口，沿昆河公路、滇越铁路，通达越南首都河内和港口城市海防。中路由西双版纳机场、澜沧江—湄公河航线、昆明—曼谷公路和昆明—打洛公路、已建成并通车的中泰铁路和中老铁路构成，通往缅、老、泰等国，再往南可通达新、马等地；其中，澜沧江—湄公河流经中、缅、老、泰、柬、越六国，跨越近 5000 公里，500

吨级船舶可上行到云南思茅港，是中国与东盟人员与货运往来的又一条大通道。2020 年 8 月 24 日，中国国务院总理李克强在澜沧江—湄公河合作第三次领导人会议上提出：要建设好中老、中泰铁路，贯通地区南北大动脉，建设好地区“快捷通道”和“绿色通道”网络，便利人员往来和货物流通。① 中老铁路是中老昆万铁路的简称，北起中国云南省昆明市，南至老挝首都万象，是共建“一带一路”倡议提出后，首条以中方为主投资建设，全线采用中国标准、使用中国设备并与中国铁路网直接连接的国际铁路。中老铁路全长 1000 多公里，已于 2021 年底正式通车。外交部发言人毛宁表示，中老铁路开通运营 15 个月来，跨境货运列车已覆盖老挝、泰国、缅甸、马来西亚、柬埔寨、越南、孟加拉国、新加坡等国家，开行数量从日均 2 列增加到 12 列，货物品名从开通初期的 100 余种拓展到 2000 余种。中老铁路是“一带一路”共商合作、共建项目、共享红利的生动例证，也是“廉洁之路”建设的标志性示范工程。老挝驻华大使坎葆表示，中老铁路是中国和老挝两国互利合作的重要项目，为老挝的经济社会发展开创了新局面，将沿线人民的幸福梦想变为现实。坎葆指出，“一带一路”倡议让老挝从“陆锁国”变为“陆联国”，实现了本地区互联互通、互利共赢。② 自今年 1 月 8 日磨憨口岸恢复通关以来，出入境客流不断攀升，单日最高查验出入境旅客人数突破 5000 人次。据老中铁路有限公司公布的消息显示，3 月 4 日，中老铁路老挝段迎来客流高峰，单日发送旅客突破 1 万人次，创下中老铁路老挝段开通运营以来的最高纪录。中国铁路昆明局集团有限公司副总经理龚昕表示，中老跨境动车的开行准备正在加紧推进中，乘坐动车直通中老两国即将成为现实，未来还将开行直通老挝的旅游专列。随着跨境动车的开行，坐着

① 李克强：《在澜沧江—湄公河合作第三次领导人会议上的讲话》，《人民日报》2020 年 8 月 25 日。

② 温馨、董雪：《外交部发言人：高质量共建“一带一路”为各国共同繁荣带来新机遇》，《人民日报》（2023 年 03 月 11 日 第 07 版），见 http://paper.people.com.cn/rmrb/html/2023-03/11/nw.D110000renmrb_20230311_9-07.htm。

火车游老挝、游东南亚南亚，必将成为越来越多旅客的首选。① 老中铁路公司负责人介绍，中老铁路 2021 年 12 月 3 日开通运营以来，老挝段“澜沧号”动车组与普速旅客列车安全平稳运行，服务品质持续提升，单日旅客发送量最高突破 1 万人次，旅客出行需求十分旺盛。3 月 15 日，中老铁路老挝段正式启用由中国国家铁路集团有限公司所属中国铁道科学研究院集团有限公司研发的互联网手机 APP 售票系统，标志着中老铁路客运信息化水平进一步提升，广大旅客出行将更加便捷高效，老挝铁路进入互联网售票时代。②

在广西，铁路与公路均可直达越南首都河内。广西首府与海防等越南北部城市之间的路程也不远，从南宁出发，当天就可以到达。通过跨境公路班车、铁路客车、铁路货运班列。广西与越南陆路接壤长约 1000 公里的边境线经过广西 8 县与越南 4 省，已建成高速公路通道 3 个，分别是通往越南谅山省的南宁至凭祥友谊关高速公路，通往广宁省芒街（下龙）的防城至东兴高速公路，通往越南高平省的崇左至水口高速公路。广西进入越南北部所花的时间成本相对较低，与人员往来和货物流通都比较方便。就以与越南一市三县接壤的广西凭祥市来说，它在 300 公里范围内兼备陆、海、空立体化物流运输线路。截至 2019 年 9 月，全国各地经凭祥的跨境铁路班列线路已达 9 条，经凭祥的物流线路已开通约 20 条，可达东盟国家 20 个主要城市。③ 凭祥成为中国最大的陆路水果进出口口岸。④ 上午在越南采摘的水果，从凭祥通关，下午就可出现在中国的批发市场和商店里。由于地利明显，凭祥被确定为广西中越跨境劳务合作试点市，2018 年以来接收办证跨境越南务工

---

① 参见熊佳欣：《中国游客乘中老铁路开启“中老泰”三国之旅》，2023 年 03 月 16 日，《财经头条》，见 https://cj.sina.com.cn/articles/view/3164957712/bca56c10020022j77。

② 郭锦辉：《中老铁路老挝段启用互联网售票系统》，《中国经济新闻网》，2023 年 3 月 16 日，见 https://www.cet.com.cn/wzsy/ycxw/3340610.shtml。

③ 参见贺靛婧：《走进新时代的广西凭祥：祖国南疆边境上一颗冉冉升起的新星》，2019 年 12 月 14 日，见 http://www.sznews.com/news/content/mb/2019-12/14/content_22703635.htm。

④ 参见董振国、吴小康：《桂果逆袭之路》，《农家之友》2018 年第 8 期。

人员累计超过 20 万人次，[①] 越南丰富的劳动力资源可以快捷地进入中国进行季节性务工。据《广西日报》报道，2018 年 12 月 18 日，单是从友谊关口岸出入境的旅客人数首次突破了 200 万人次。[②]

2. 从海路来看

中国沿海港口与东盟国家港口开通有大量的班轮航线。广东各大港口、香港通往东盟的货运班轮十分密集。广西北部湾港口众多，便于与东盟进行海上货物运输。截至 2020 年上半年，北部湾港拥有及管理沿海泊位 84 个，万吨级以上泊位 62 个，年吞吐能力超过 2.4 亿吨。据广西新闻网报道，到 2019 年 10 月，广西北部湾港已开通通往东盟国家的直航航线 15 条，航线涉及新加坡、越南、泰国、印度尼西亚、马来西亚、缅甸等国的 14 个港口。[③]2013 年，北部湾港与东盟 46 个港口建立中国—东盟港口城市合作网络，以海洋为纽带开展更加紧密的航运、物流、信息等方面的交流合作。广西还有“铁路+港口”（即“海铁联运”）的优势，是重要的货物海铁联运新通道。2019 年 12 月 6 日，西部陆海新通道海铁联运北部湾港到发班列首次突破 2000 列大关，[④] 中国西部内陆大量货物借此输往东盟国家。据笔者从广西交通运输厅获取到的信息，广西海铁联运班列从 2017 年 178 列增长到 2023 年 6 月底达 8820 列，增长近 50 倍、年均增长 220%。北部湾港与东盟的 7 个国家、47 个港口建立了国际运输往来，实现了与东盟主要港口航线的全覆盖。

---

① 参见贺靛婧：《走进新时代的广西凭祥：祖国南疆边境上一颗冉冉升起的新星》，2019 年 12 月 14 日，见 http://www.sznews.com/news/content/mb/2019-12/14/content_22703635.htm。

② 莫迪、黄聪：《凭祥跨境旅游风生水起　友谊关口岸年出入境旅客首破 200 万人次》，2018 年 12 月 20 日，见 http://www.gxzf.gov.cn/gxydm/dmly/t1221054.shtml。

③ 参见龙巍：《中国—东盟港口城市合作网络再添九名新成员》，《中国水运报》2019 年 9 月 23 日。

④《西部陆海新通道海铁联运北部湾港到发班列突破 2000 列》，2019 年 12 月 6 日，见 http://ex.chinadaily.com.cn/exchange/partners/82/rss/channel/cn/columns/j3u3t6/stories/WS5dea1060a31099ab995f0179.html。

3. 从航空线路来看

中国与东盟主要城市的航程距离不远，从广东、广西、云南、香港的机场出发，到东盟国家的首都，航程一般不超过 4 小时。广东、香港干线机场飞往东盟的航线密集度大，广西、云南、四川等通往东盟的航线也逐年增加。截至 2019 年年底，昆明机场开通连接东盟 10 国、南亚 5 国首都及重点旅游城市航班，南亚东南亚通航点达 45 个。① 截至 2018 年，南宁吴圩国际机场执飞东盟航线 28 条，覆盖曼谷、吉隆坡、新加坡、胡志明等 25 个东盟城市。② 笔者在广西交通运输厅调研时了解到，截至 2023 年 6 月底，广西已建成 4E 级机场 2 个，4D 级机场 2 个，4C 级机场 4 个，已开通南宁飞往东盟 6 国的客运航班。2017 年 3 月 16 日，时任国务院副总理汪洋在马尼拉举行的“2017 年‘中国—东盟旅游合作年’”开幕式上的致辞中说：“中国与东盟互为最大海外旅游目的地和客源地，每周有 2700 多个航班往返于中国与东盟国家。”③2019 年，往返于中国和东盟国家之间的航班增加到平均每周约 4500 个。④ 总之，中国与东盟的空中航线和航班多，人员往来快捷。

此外，中国—东盟信息港建设成果显著，3 条国际海缆、12 条国际陆地光缆已全部开通，信息项目遍布东盟 10 国。

4. 从人员往来情况来看

人文交流重点在于人员往来，在于民众大规模、经常性的接触交往，其前提是签证方便、往来快捷且成本合适。中国的广东、广西、云南、海南与东盟山水相连，交通距离近，具有立体交通通道，人员往来的时间成本、交通费用、物流成本、通关成本相对较低。这些地缘优势带来的大规模的人

① 王绍芬：《2019 年昆明机场旅客吞吐量同比增长 2.1%》，《昆明日报》2020 年 1 月 15 日。

② 参见王志鹏、周长洋：《打造通往东盟便捷通达的南宁航空大通道》，《南宁日报》2019 年 9 月 16 日。

③ 张明宇：《汪洋出席 2017“中国—东盟旅游合作年”开幕式并致辞》，2017 年 3 月 17 日，见 http://www.asean-china-center.org/travel/lyzx/2017-03/1165.html。

④ 《中国—东盟关系》（2020 年版）2020 年 3 月 13 日，见 http://www.asean-china-center.org/asean/dmzx/2020-03/4612.html。

员往来和物流，无疑是中国—东盟人文交流拓展和深化的前提和优势。2006年，中国—东盟双向旅客人次是700多万，① 此后持续较快增长。2018年中国和东盟双方人员往来达到5700万人次，每周近4000个航班往返于中国和东盟国家之间。中国是东盟最大的旅游客源国，东盟也是中国游客最喜爱的旅游目的地之一。2018年最受中国游客欢迎的10大目的地国家有7个来自东盟国家。中国与东盟已互为重要旅游客源国和目的地。②

根据《中国旅游报》的报道，2016年自缅甸、越南、菲律宾、印度尼西亚等东盟国家进入中国的游客均超过百万人次，光是越南的游客就有316.73万人次；从东盟国家进入广西的游客也超过150万人次；同时，中国也成为东盟第一大客源国。③ 经文化和旅游部批准，2020年3月10日中国旅游研究院受权发布《2019年旅游市场基本情况》报告。报告指出，按入境旅游人数排序的中国主要国际客源市场前20位国家中，缅甸、越南分列第一、第二位。④

总而言之，中国与东盟国家的地缘位置非常有利于中国与东盟国家民众大规模跨境往来，对于双方开展人文交流来说，优势非常明显。

（二）人缘优势

除了地缘优势外，中国—东盟人文交流还具有明显的人缘优势。这主要表现为以下几个方面。

1. 边民通婚多

中国与越南、老挝、缅甸边境山水相连，口岸通道与便道数量多众。双

---

① 许俊豪：《中国—东盟服务贸易：仍在等待“丰收季”》，《中国—东盟博览》2020年第1期。

② 顾阳：《中国和东盟双边往来再创新高》，《经济日报》，见 http://www.gov.cn/xinwen/2019-08/16/content_5421578.htm。

③ 参见田明：《让旅游成为中国与东盟国家合作的“新支柱”》，2017年3月16日，见 http://www.asean-china-center.org/travel/lyzx/2017–03/1167.html。

④ 参见周音：《2019年中国入出境旅游总人数3亿人次　同比增长3.1%》，2020年3月10日，见 http://www.chinanews.com/cj/2020/03–10/9120457.shtml。

边边民之间都有着相似的宗教信仰、风俗习惯、饮食和节庆等生活方式，相互熟悉对方官方语言或本地方言。比如缅甸北部的果敢、佤邦等地区，汉语的使用非常普遍。广西大新县的壮族与越南的侬族、岱族，越南的越族与广西东兴市的京族，中老两国边境的苗族，其族源十分近似。这种情况对跨境婚姻非常便利。“越南在中国未放弃宗主权以前，虽有疆域之分，然究属一家，实无明确界线，双方人民兴旺发达杂处，婚嫁相通，往来听其自便。”[①]时至今日，在长达1450公里的中越陆地边境沿线一带，两国边民通婚现象十分普遍。在中国境内，有相当数量的“越南新娘”。2010年，在中国具有合法婚姻关系的越南新娘就达到47000人；2011年广西公安厅统计的无证越南新娘人数在65000人以上。[②]2012年云南省文山州中越边民通婚共有3259对，红河州共有1208对。[③]学者覃晚萍的调查研究表明，早在2013年左右，广西崇左市宁明县爱店镇某村的55户居民中，“就有26户家庭与越南妇女联姻”[④]；据笔者2021年底在广西边境三市八县调研统计数据：自2010年以来至今，防城港市涉越婚姻登记累计2788对；百色市跨境通婚4137对；崇左市涉外婚姻从2016年至2021年，注册的有2743对。据笔者从当地移民管理机构了解到的数字，在广西大新县下雷镇新丰村，目前就有16个从相邻越南村庄嫁过来的越南女性。婚姻关系是非常密切的关系，姻亲关系各方及其家族间的跨境往来频繁，促进了双方人民之间的和平交往和友好情谊，密切了中国与东盟国家的民间联系。2019年年初笔者在与越南接壤的广西崇左市进行了一次关于对中国整体认知的问卷调查（以下简称“调查A”），调查对象是在该市务工或经商的越南人，回收到的问卷有311份。在“你对中国的印象来源于哪里”这个问题上，受访者的回答情况如表4–1所示。

---

① 黄铮、萧德浩主编：《中越边界历史资料选编》，社会科学文献出版社1993年版，第1056页。

② 纪洪江：《国家治理视阈下中越边民通婚问题研究——以云南麻栗坡县马崩村为例》，四川大学出版社2018年版，第57页。

③ 纪洪江：《国家治理视阈下中越边民通婚问题研究——以云南麻栗坡县马崩村为例》，四川大学出版社2018年版，第65页。

④ 覃晚萍：《中越跨国婚姻纠纷问题探析》，《广西社会科学》2015年第9期。

表 4–1　受访者关于对中国印象的来源

		频率	百分比（%）	有效百分比（%）	累积百分比（%）
有效	都不选	63	20.3	20.3	20.3
	从学校看到的	17	5.4	5.4	25.7
	从媒体看到的	33	10.6	10.6	36.3
	从文艺作品了解到的	28	9.0	9.0	45.3
	从朋友、家人等他人处得知的	142	45.7	45.7	91.0
	没印象	28	9.0	9.0	100.0
	合计	311	100.0	100.0	

从表 4–1 可以看出，311 个受访者中，有 142 个受访者对中国的印象主要是从“朋友、家人等他人处得知的”，占受访者总数的 45.7%。可见，人际传播对中国印象在东盟国家的影响是非常大的。在“你对有些越南姑娘嫁到中国来的看法”这个问题上，受访者的回答情况如表 4–2 所示。

表 4–2　受访者关于对“越南姑娘嫁到中国的看法”

		频率	百分比（%）	有效百分比（%）	累计百分比（%）
有效	都不选	17	5.4	5.4	5.4
	没什么啊，挺好的	199	64.0	64.0	69.4
	会造成本国人员资源流失	22	7.1	7.1	76.5
	觉得这样不好	20	6.4	6.4	83.0
	有些是被骗过来的，嫁给中国人后生活状况并不好	22	7.1	7.1	90.0
	中国男人愿意分担家务、疼爱老婆	31	10.0	10.0	100.0
	合计	311	100.0	100.0	

从表 4–2 来看，311 个受访者对越南姑娘嫁到中国来基本上持正面看法：有 199 人认为“没什么啊，挺好的”，有 31 人认为“中国男人愿意分担家务、疼爱老婆”，两者合计 230 人，占受访者的 74%。也就是说，到中国的“越

南新娘”有助于我们在越南树立良好的中国形象，是我们开展中国与东盟国家人文交流的一个明显优势。为此，应该帮助“越南新娘”群体真正融入男方家庭和融入当地社会，帮助她们解决落户、汉语培训、技能培训等方面实际困难，让她们感觉到生活在中国日子幸福、做人有尊严，让她们感受到来自中国的温暖，让她们对中国产生认可，形成“中国认同”。她们对越南国内亲戚朋友口口相传、讲好中国故事、塑造中国良好形象，无疑是拓展中国—东盟交流中一个不可忽视的重要内容，也是一种效果更好的媒介。

2. 跨界族群多且相互联系密切

中国与东盟国家中的越南、老挝、缅甸三国中，有 15 个民族与境外相同民族在国境线两侧居住，比如中国壮族（越南侬族、岱族、布标族、山斋族）、中国瑶族（越南瑶族、巴天族、山由族）、中国京族（越南越族）、中国苗族（越南赫蒙族）、中国汉族（越南华族、艾族）等，这些民族居住地山水相连，往来有地缘之便，更有族缘、亲缘、语言、习俗和价值观之近。除此之外，中国在东盟国家存在着人数众多的华侨群体。中国人自明清以来就有下南洋的传统，他们到东南亚国各国谋生发展、开枝散叶，传统上往往称他们为“南洋华侨”。目前，东南亚各国约有 4000 万华侨华人，他们成立了各种各样的华人社团组织，因而，他们既是中国—东盟人文交流的主体，又是人文交流的客体，是促进中国—东盟人文交流、经贸往来的重要桥梁，是促进中国—东盟民心相通的重要纽带。近几年来，云南省德宏州就积极通过东盟华商会、泼水节、中缅胞波节、中缅边交会等众多平台，邀请华侨意见领袖、华侨社团回滇旅游、探亲和投资；2019 年 12 月举行的第十八届中缅边交会期间，德宏州就邀请缅甸 9 个侨团侨社侨领参加开幕式、巡馆和论坛。此外，德宏州在 2019 年还举办沿边地区华校教师培训班 2 期，外派 21 名教师到缅甸、泰国华校任教。

3. 跨境交流出现新的活跃群体

随着中国—东盟经贸合作的发展，近年来在越南产生了一个非常活跃的群体，即“越南姑爷”。这个群体主要是改革开放后，尤其是最近十多年来到越南工作和生活的。中资企业（包括台资企业）纷纷到越南投资设厂，最著名的有台湾宝成集团旗下的宝元鞋厂。这些工厂大量的中层管理干部和关键岗位的熟练工人是从中国大陆带过去的，这些人自称“中国干部”。这些“中国干部”经常往来于中越之间，从中国采购其管理的工厂所需要的上游原材料与零部件，据到越南调研的上海外国语大学教授施展说，这个“中国干部”群体人数不少，大概有几十万人。[①] 这些“中国干部”中，有不少人与越南当地的女性结婚并生儿育女，他们在当地大都有一定的财产或经济实力，或者在当地有自己的实体企业或商店。

这个群体深入越南社会的基层，遍及越南普通大众的日常生活之中，逐渐具备了跨文化的适应能力。一方面，他们对越南基层社会的民众有深刻的感性认知与了解，对越南民众的对华观点、情绪和态度有更加客观直接的感受，与当地民众有更密切的私人关系，是我们了解越南民心的重要渠道；另一方面，他们的中国人身份又代表着中国人的形象，所以，他们在当地的所作所为、言行举止，在施展看来，是当地民众对中国国家印象的“最直接来源”，“海外中国人的尊严与能力，对当地人来说是比孔子学院更加直接的文化象征”。[②] 从这个意义上来说，分散于东盟国家的这类群体，是我们开展与东盟国家人文交流的重要内容、重要渠道和重要力量，尽管平时这类群体不为人所熟知。

（三）合作渊源

1. 古代东南亚地区深受中华文化影响

在晚清之前相当长一段时期内，东南亚许多国家与当时的中国往来密切，有的甚至与中国是朝贡的“藩属”关系。在朝贡时代，“藩邦”深受中华文化影响，文字、官制、礼制、服饰、习俗等方面与中国类似，双方合作

① 施展：《溢出：中国制造未来史》，中信出版社 2020 年版，第 218 页。

② 施展：《溢出：中国制造未来史》，中信出版社 2020 年版，第 264 页。

源远流长，其中越南最为明显。

越南与中国关系密切。从秦朝到公元10世纪这一大段时期，越南的中北部地区曾是中国的一部分，作为中国的郡县受中国直接管治，这是越南的北属时期。公元968年，丁部领（丁先皇）建立丁朝，标志着越南独立建国。之后不久，丁先皇接受中国皇帝宋太祖册封为交趾郡王，宋朝承认越南是自治的藩属国而不再是中国直接统辖的领土。自此中越关系进入了长达900多年的宗藩关系时期。在长达2000多年的历史中，越南人过春节、清明、端午、中秋等节日，其农历类似中国，也按照天干地支纪年，分为24个节气。总之，其典章制度、文化习俗与中国相差无几，文化高度同源。作为文化、思想的载体，汉语语言在越南极具影响力。越南民族吸收汉语的第一个时期是自然交流时期。在秦汉之前，古越人在同北方的华夏文化接触交往的过程当中，很多胡汉语词汇，比如说“东南西北”等被自然融汇到当地古越人的语言当中。① 第二个时期也称为普遍推广时期。随着秦始皇统一六国后派军向南占领今日的广西、广东、福建，也征服了当地的百越诸部族、并在此建立交趾郡。在汉族官吏的统治下，特别是隋唐时期，古汉语和汉字成为其官方语言后，汉语经过越南历朝历代统治者的推广，成为当地通用的语言。② 这也是他们所说，越语中有70%的词源于汉语，被称为“汉越词”的主要缘由吧。

2. 中国和东南亚国家在争取国家独立和民族解放斗争中相互支持

1873年至1883年间，中国将军刘永福率领黑旗军协助越南抗击法国殖民侵略者。之后随着近代欧洲殖民者的入侵，东南亚地区与中国的宗藩关系逐渐弱化。直至1885年6月9日清政府与法国殖民者签订《中法会订越南条约》，中越两国结束了长期的宗藩关系。

清末，孙中山领导反清活动时，得到了在越华侨和越南民众的支持和帮

---

① 文庄：《中越关系两千年》，社会科学文献出版社2013年版，第57页。

② 文庄：《中越关系两千年》，社会科学文献出版社2013年版，第58页。

助。辛亥革命成功后，由越南民族解放运动的领袖潘佩珠领导的越南维新会也得到中华民国方面的支持与帮助。1925 年越南第一个以马列主义为指导的革命组织“越南青年革命同志会”在广州成立。此后两年，中国共产党和广州人民对该组织在广州举办的政治训练班给予诸多指导和支持，通过训练班为越南培养了一大批革命骨干。1930 年越南共产党在香港成立后，得到了中共广东省委的大力帮助和支持。在抗日抗法期间，越南革命者常常把中越边境中方一侧的广西龙州、靖西、那坡作为其干部培养基地和后方基地。在越南革命年代，中国广东、广西成为“越南革命的摇篮和两栖基地，马列主义由此输入越南，越南革命的栋梁和骨干在这里培育和造就”①。2020 年 1 月，原越共中央对外部中国—东北亚司司长、越中友好协会副主席阮荣光先生接受“越南之声”记者访问时说，他最近率领越中友协代表团访问了广西，参观了中国广西的越南革命遗址还有胡志明以前在广西活动的旧址。他说：“我们也把广西这个地方叫做越南战争时期的后方。参加这个代表团的人对此印象很深刻，觉得这些活动对正在推动两国关系的人非常有意义、很有价值，参观以后更深刻的了解了过去我们两国人民和两党的关系是怎么样的密切，从而推动了两党两国和两国人民的合作。”② 总之，中国人民尤其是中国边民为越南革命事业的胜利作出了不小的贡献。这种合作渊源，对于进一步拓展中国—东盟人文交流来说，是非常难得的基础。

越南统一之前的一段时间，即 1945 年至 1975 年间，中越关系非常友好。1950 年 1 月 18 日，中国率先认可胡志明领导的越南民主共和国，承认其政府是越南唯一的合法政府，并与之建立外交关系。此后，中越两国、中国共产党与越南共产党密切合作。同时，中国全方位给予越南民主共和国以实质性的军事援助、经济援助和外交支持，成为越南民主共和国抗击法国殖

---

① 古小松编著：《越南国情与中越关系》，世界知识出版社 2008 年版，第 250 页。

② 越通社：《越中友谊万古长青》，2020 年 1 月 21 日，见 https://zh.vietnamplus.vn/%E8%B6%8A%E4%B8%AD%E5%8F%8B%E8%B0%8A%E4%B8%87%E5%8F%A4%E9%95%BF%E9%9D%92/107842.amp。

民者、美国侵略者的战略后方。1954 年越南击败法国的战略性胜利——奠边府战役就是在以中国名将陈赓、韦国清率领的中国军事顾问团帮助下取得的。后来，越南有高级领导承认：在 1950 年至 1954 年抗法战争期间，越军的全部军火都由中国按预算和战役的需要直接提供，“中国是唯一向我提供军事援助的国家”①。

1954 年法国殖民军退出越南后，美国扶持的吴庭艳政权，在军事上进攻越南民主共和国，威胁中国。在越南战争期间，中国坚持站在越南民主共和国一边，积极开展抗美援越行动。为此，除了给予大量军事、经济援助外，还派出了 30 万的防空、工程和后期部队到越南民主共和国协助。1975 年越南打败了在越的美军，最终实现国家统一。1987 年越南开始改革开放，集中力量搞经济建设，奉行“广交友、少树敌，创造有利的国际环境，为国内经济建设服务”的外交总方针。1991 年 11 月，两国领导人在北京会晤后，中越发布联合公报，愿意在和平共处五项原则基础上发展睦邻友好关系。至此，中越两国、两党关系实现正常化。

菲律宾与中国隔海相望，早在唐朝就与我们有了贸易与文化交往。从公元 7 世纪开始，中国人开始移居菲律宾。到 17 世纪初，定居菲律宾的华人超过 10000 人。②1372 年至 1424 年间，菲律宾群岛的许多国家先后 16 次到中国明朝朝贡。1471 年苏禄国王率 340 人的使团到北京朝贡，在回国途中，其国王病逝于中国山东德州，明朝永乐帝下诏就地厚葬国王，并赐其留在中国守墓的王妃、次子和三子以世代俸禄。1898 年 6 月菲律宾从西班牙殖民统治中获得独立后不久，孙中山就在东京会晤了菲律宾新政府的代表彭西，积极协助他们购买军火。在中国反帝制的革命中，菲律宾政府也曾向孙中山赠送过 10 万日元，作为同盟会经费。1937 年日本全面侵华后，菲律宾人民谴责日本侵略行为，并募集药品和资金，支援中国抗战。

① 古小松编著：《越南国情与中越关系》，世界知识出版社 2008 年版，第 264 页。

② 参见马燕冰、黄莺：《列国志：菲律宾》，社会科学文献出版社 2007 年版，第 374 页。

3. 中国—东盟建立对话关系后双方互信互助不断增强

1997 年亚洲金融危机爆发，东盟国家货币大幅度贬值，股市暴跌，经济遭受重创，中国的外贸亦受到波及。在这关键的时刻，中国真诚维护本地区大局稳定，庄严承诺人民币不贬值，减轻了东盟国家因货币贬值而造成的经济压力，并通过国际货币基金组织向泰国等东盟国家提供了 40 亿美元的援助，帮助其摆脱危机困境，稳定了东南亚国家的经济秩序。中国为此承受了巨大的出口下行的压力，最终帮助这些国家走出了危机困境，表现出了一个负责任大国的良好风范。此举，在相当程度上降低了长期流行于东南亚的所谓“中国威胁论”论调，大大增强了东盟国家对中国的信任感。①

2004 年 12 月 26 日，印度洋发生大海啸，印度尼西亚、泰国、马来西亚、缅甸等东盟国家遭受严重灾害。海啸发生后，中国政府迅速开展了对外救援行动，给予受灾国以各种紧急援助，帮助其开展救灾行动和灾后重建工作。此外，中国国内掀还起了向灾区人民捐款的行动。面对国际性灾难时中国的义举与善行、中国对东盟国家表现出来合作精神，赢得了受援国政府与人民的普遍好感和认可。

2020 年，面对突如其来的新冠肺炎疫情，中国和东盟各国相互支持、团结协作、守望相助。东盟各国政府除了通过外交场合向中国表达支持之义以外，政府和民间还积极向中国援助抗疫物资，用实际行动表达了对中国抗击新冠肺炎疫情的支持。中国向东盟国家分别捐赠了核酸检测试剂、医用口罩、医用防护服等各类抗疫急需物资，派遣医疗专家组赴东盟国家帮助抗疫，并通过专家视频会议与东盟国家分享抗疫经验，帮助东盟国家建设实验室。鉴于疫情期间商业航班的停航，中方还克服各种困难，协调相关单位安排运输，打通了中国与东盟国家之间的便捷通道、绿色通道、“空中生命通道”等。

① Shaun Breslin, “The Politics of Chinese Trade and the Asian Financial Crisis: Questioning the Wisdom of Export-led Growth”, *Third World Quarterly*, Vol.20, No.6（1999）, pp.1179–1199.

总之，从古至今，中国与东南亚国家都有着悠久的合作渊源和同舟共济的传统，这些合作与传统无疑是中国—东盟国家人文交流进一步拓展的重要优势。

（四）平台优势

人文交流需要平台，丰富的平台有助于人文交流的广泛展开。中国拥有比较明显的平台优势，综合来讲，主要有经贸类平台、综合性平台、专业性平台和大专院校等。

1. 经贸类平台

（1）中国—东盟自由贸易区

2002 年 11 月 4 日，《中国—东盟全面经济合作框架协议》的签署，标志着中国—东盟自由贸易区建设正式启动。2010 年 1 月 1 日，中国—东盟自由贸易区正式全面建成。中国对东盟平均进口关税降为 1.0%，中国对自东盟进口的 90%以上的产品实行零关税，2015 年起，所有东盟国家对华 90%以上的产品进口零关税；到 2019 年，中国—东盟自由贸易区的零关税已经覆盖双方 90%—95%税目的产品。① 中国—东盟自由贸易区人口将近 20 亿，GDP 总量折合超过 6 万亿美元。

依托这一平台，中国和东盟经贸往来迅速发展。2002 年，中国—东盟双边贸易总量是 548 亿美元，2018 年增长到 5878 亿美元，双向投资由 2003 年的 33.7 亿美元增长到 2018 年的 158 亿美元，累计双向投资超过 2300 亿美元。②2019 年 1—11 月，中国—东盟双边贸易额达 5780.399 亿美元，与 2002 年相比增长将近 10 倍。③ 中国商务部 2020 年 9 月 27 日发布的数据显

① 黎敏：《中国—东盟自贸区建成 10 周年：为世界汇聚更多开放能量》，《中国—东盟博览》2020 年第 1 期。

② 黎敏：《中国—东盟自贸区建成 10 周年：为世界汇聚更多开放能量》，《中国—东盟博览》2020 年第 1 期。

③ 许俊豪：《中国—东盟货物贸易：步履扎实，稳稳向前》，《中国—东盟博览》2020 年第 1 期。

示，自 2010 年中国—东盟自由贸易区成立以来，双边贸易额由 2010 年的 2928 亿美元增长到 2019 年的 6415 亿美元；2020 年 1—8 月，双边贸易总值达到 4165.5 亿美元，同比增长 3.8%，占中国外贸总值的 14.6%，中国与东盟互相成为第一大贸易伙伴。①30 多年来，中国与东盟经贸往来发展迅猛。与 30 多年前相比，中国与东盟双方贸易额增长超过 85 倍。② 从 2009 年中国成为东盟最大贸易伙伴，截至 2022 年，中国已经连续 14 年成为东盟的第一大贸易伙伴。③2020 年东盟成为中国最大贸易伙伴，中国与东盟实现互为最大贸易伙伴的历史性跨越。④ 海关总署的数据显示，中国在 2021 年和 2022 年进出口商品总值最高的国家（地区）都是东盟，分别达到 56734.1 亿元⑤和 65153.2 亿元，⑥ 欧盟和美国都排在其后。广西作为连接中国国内市场与东盟国际市场的重要枢纽，东盟连续 23 年来成为广西第一大贸易伙伴。2020 年时，广西的互市进口商品范围就已扩大到东盟 10 国，边境贸易额长期居全国首位。迄今，广西与东盟投资合作企业及机构超过 1200 家，协议投资额 169.8 亿美元。中国 (广西) 自贸试验区入驻企业超过 9 万家。在货物贸易领域，东盟的水果如榴莲、山竹等，越南的皮鞋、胶鞋和热带水果加工品，泰国的乳胶床垫、乳胶枕，马来西亚的白咖啡已经成为中国超市或街头摊点的常见品。在东盟成员国中，越南对中国的进出口规模居首位，占比达

① 《商务部：中国与东盟进入经贸合作的黄金期》，2020 年 9 月 27 日，见 http://www.xinhuanet.com/fortune/2020–09/27/c_1126549551.htm。

② 孔德晨：《中国与东盟合作不断深化》，《人民日报海外版》2021 年 9 月 13 日。

③ 张斌：《建设更为紧密的中国—东盟命运共同体：广西的使命与服务》，《东南亚纵横》2023 年第 3 期。

④ 吴雪：《中国的"朋友圈"越来越大》，《新民周刊》2021 年第 48 期。

⑤ 海关总署：《2021 年 12 月进出口商品主要国别（地区）总值表（人民币值）》2022 年 1 月 14 日，见 http://www.customs.gov.cn//customs/302249/zfxxgk/2799825/302274/302275/4122133/index.html。

⑥ 海关总署：《2022 年 12 月进出口商品主要国别（地区）总值表（人民币值）》（2023 年 1 月 13 日，见 http://www.customs.gov.cn//customs/302249/zfxxgk/2799825/302274/302275/4793979/index.html。

到25.8%。[①] 从供应链角度来看，跨国公司在东盟尤其是越南设立的劳动密集型产业比如手机组装、家电组装、服装、家具、制鞋，其很多零配件或中间品要从中国的广东、深圳等地通过陆海空进入东盟，在高效率供应链上东盟对中国存在较高的依赖度。

中国—东盟自由贸易区建设不断升级，使中国与东盟之间的货物流、资金流流量迅速扩大，随之而来的是人流的增长。2018年，我国对外劳务合作派出各类劳务人员49.2万人，较上年同期减少3万人；其中承包工程项下派出22.7万人，劳务合作项下派出26.5万人。12月末在外各类劳务人员99.7万人，较上年同期增加1.7万人。[②] 据南宁海关统计，截至2018年12月18日，广西凭祥市通往越南的友谊关口岸2018年出入境旅客人数突破200万人次。[③] 通过中国—东盟自由贸易区这一平台，中国和东盟成员国从中获得了巨大的利益，为双方人文交流提供了坚实的物质基础。

（2）面向东盟的自由贸易试验区

邻近东盟的中国自由贸易试验区有福建、广东、广西、海南和云南五个。其中，中国（广西）自由贸易试验区自2019年8月底挂牌成立以来，在政府职能转变、贸易便利化、投资自由化、跨境金融等领域先行先试，突出广西面向东盟的独特区位优势，突出陆海相连和沿边开放特色，[④] 正在朝建设成为引领中国—东盟开放合作的高标准高质量自贸试验区方向迈进。此类试验区通过制度创新促进高水平开放，打造中国面向东盟开放的新高地，带动双方人文交流。

---

① 《北部湾东盟国际门户港风生水起》，2020年5月26日，见2020-05-26https://www.china-ports.com/portlspnews/4912。

② 商务部对外投资和经济合作司：《2018年1—12月我国对外劳务合作业务简明统计》，2019年1月22日，见http://hzs.mofcom.gov.cn/article/date/201901/20190102829084.shtml。

③ 南宁海关：《2018年友谊关口岸旅客进出境人数首次突破200万　创历史新高》，2019年1月21日，见http://xiamen.Customs.gov.cn/nanning_custome/600328/600329/2275008/ubdex.html。

④ 胡光磊：《大步赶潮开新篇，开放创新结硕果》，《南宁日报》2020年9月1日。

（3）开放合作园区

这类经贸平台比较多，如广西东兴国家重点开发开放试验区、2018 年 3 月国务院十部委联合发文批准设立广西防城港边境旅游试验区等，南方省区还有许多面向东盟的综合保税区或保税物流中心。此类开放合作园区是中国省级地方对东盟商界人士开展合作的重要载体，是双方商界人员交往的纽带。

（4）跨境经济合作区

根据商务部数据，截至 2017 年年底，中国已在 8 个东盟国家建立了初具规模的境外经贸合作区 27 个，入区企业 630 家。比如，广西与马来西亚之间就有两个园区，即“中马钦州产业园区”和“马中关丹产业园区”。前者的主要产业有棕榈油、清真食品、电子信息产品、燕窝、生物医药，后者则集聚了铝材、钢铁、玻璃、轮胎等产业。据广西新闻网报道，到 2019 年 10 月，中马钦州产业园区内注册企业超过 325 家，有 139 个产城项目，总投资超过 1160 亿元。①“马中关丹产业园区”是马来西亚第一个国家级产业园区，园区企业享受长达 15 年 100%企业营业所得税减免，进口原料、零部件、机械、器材等未在当地生产但在生产活动中直接使用的物品进口税豁免，用于发展用地或建筑物专卖租借的印花税豁免等政策红利；据广西商务厅介绍，建区企业是广西北部湾国际港务集团，截至 2019 年 12 月，建区企业累计投资 1.65 亿美元，为当地创造就业岗位 3405 个，上缴马来西亚政府税费 1469.7 万美元。② 此类跨境合作区是中国和东盟各行业跨界交流的重要平台，是双方人文交流的新渠道。

（5）中越、中老、中缅边境的各种边贸口岸

云南拥有国家一类口岸 16 个、二类口岸 7 个；广西中越边境共有东兴、

---

① 自治区商务厅合作处：《图解：2019 年 1—12 月广西对外投资合作情况》，2020 年 2 月 1 日，见 http://swt.gxzf.gov.cn/swsj/dwhzsj/t1441819.shtml。

② 自治区商务厅合作处：《图解：2019 年 1—12 月广西对外投资合作情况》，2020 年 2 月 1 日，见 http://swt.gxzf.gov.cn/swsj/dwhzsj/t1441819.shtml。

凭祥、友谊关、爱店、水口、龙邦6个口岸，有边民互市贸易区（点）26个。广西凭祥是全国第一大水果贸易口岸，最大的水果进出口城市；2018年，凭祥市生产总值和财政收入分别达到90.1亿元、6.63亿元，是1992年的39倍、23倍；对外贸易进出口总额890.66亿元，是1992年的137.8倍；城镇居民和农村居民可支配收入分别达到34630元和12207元，是1992年的9倍、21倍。2018年，凭祥综合保税区口岸进出口货值1736.3亿元，同比增长20.5%，排在全区第一；入区企业进出口总额295.44亿元，同比增长7.74%，排在全国10个沿边海关特殊监管区第一，也是截至目前全区唯一获评的国家级示范物流园区。凭祥试验区东盟货币服务平台运行良好，交易额达70.23亿元。中越双边银行合作不断深入，全年实现跨境人民币结算465.86亿元，同比增长27.93%。① 近年来，中国政府大力推进边境口岸的人员通关便利化，对口岸设施进行升级改造，增加出入境通道数量，旅客出境申报由纸质申请变为提前线上申请，提高人员通关办证速度，人员通关越来越便捷，大大提高了口岸的人员通行能力。

2019年广西东兴口岸出入境人数突破1300万人次。2018年6月中越开通“两国四地”中国桂林—防城港（东兴）—越南芒街—下龙国际跨境自驾游线路，口岸联检部门实行“三个一”“一站式”查验服务窗口，海关部门采用“提前出证、现场审核”的方式，车辆通关时间缩短到3分钟以内。在软件方面，东兴市出入境边防检查站创新勤务模式改革，先后推出快捷通关、扫描录入、中国边民免盖章通关等便民利民服务措施，口岸通关效率大大提高。在硬件方面，东兴市着力强化口岸硬件设施建设，截至2023年6月，建成快捷通道26条，人工通道18条；新增查验区面积450平方米，实行L型通道设置，30分钟时限内可满足至少3100名旅客通关需求，口岸通关承载能力倍增。在东兴口岸，东兴市与越南的芒街市连续轮流举办中越

① 参见《广西凭祥：建设陆海贸易新通道　打造开放发展新高地》，《人民日报》2019年3月7日。

（东兴—芒街）国际商贸·旅游博览会，博览会期间，大量人员往来于两地之间，活跃了中越之间的人文交流。

通过各种经贸类平台，中国—东盟之间的物流持续扩大，物流的扩大必然带来人流的增加，从而为双方间的人文交流夯实了坚实的物质利益基础和人员条件。

2. 综合性平台

（1）中国—东盟博览会

中国—东盟博览会由中国和东盟 10 国政府商务主管部门及东盟秘书处共同主办、由广西壮族自治区人民政府承办。从 2004 年开始，中国—东盟博览会永久落户广西首府南宁，至 2022 年已成功举办了 19 届。每届博览会不仅有中国和东盟国家的国家领导人、部长级贵宾、外交使节出席，而且有人文领域各界人士参会，如大学校长、智库专家、科学家、艺术家、运动员、媒体记者、环保人士、妇女界精英、青年杰出代表、医疗卫生专业人员、商界领袖等。每届博览会期间，不仅有外交和经贸活动，而且围绕文化、教育、科技、卫生、广播电视、体育、智库、减贫、人才等主题举办一系列论坛和交流活动，促成了中国—东盟技术转移中心、中国—东盟青年联谊会、中国—东盟教育培训中心、中国—东盟妇女培训中心、中国—东盟青少年培养基地等一批人文交流机制和项目落地，成为中国—东盟人文交流非常重要的综合性平台。在抗击新冠肺炎疫情期间，中国—东盟博览会秉持患难与共、同舟共济的理念，充分发挥人文交流纽带的作用，积极联系中国企业向东盟援助医用口罩等各种抗疫物资，帮助东盟国家抗击疫情。比如，2020 年 5 月 8 日，联系小米公益基金会、李书福公益基金会、华立集团、正泰集团、广西盛隆冶金等 5 家企业，通过中国—东盟企业家联合会（筹）在南宁向老挝、马来西亚、菲律宾、新加坡、泰国、越南等 6 个东盟国家捐赠医用口罩；该平台的中方企业捐赠的防疫物资已经覆盖了东盟 10 国。中国—东盟博览会、中国—东盟商务与投资峰会从 2004 年开始至今 19 年来，共有 182 位中外领导人、3700 多位部长级贵宾出席两会，110 多万客商参会，建立了中国—东盟合作独特的“南宁渠道”，成为中国—东盟重要的开放平台。

（2）中国—东盟中心

这是中国与东盟10国在2009年成立的信息和活动中心，中心总部设在北京。作为一个政府间国际组织，其宗旨是促进中国和东盟在贸易、投资、旅游、教育和文化领域的合作。该中心共有18个职责，其中第一个职责是“成为信息、咨询和活动的核心协调机构，为中国和东盟的商务人士和民众提供一个关于贸易、投资、旅游、文化和教育的综合信息库”，第四个职责是“通过宣传中国和东盟的传统艺术、手工艺品、音乐、舞蹈、戏剧、电影和语言，以及在中国和东盟的教育机会，促进文化和教育”①。

（3）中国—东盟间对话合作机制

这类机制包括领导人会议、外长会议、部长级会议等。其中比较重要的对话合作机制有：中国—东盟领导人会议、中国—东盟外长会议、部长级会议、中国—东盟联合合作委员会、澜沧江—湄公河合作（简称“澜湄合作”）机制、“中国—东盟林业科技合作机制”等。1997年至2019年，中国—东盟领导人共举行了22次会议，对双方关系的发展作出了许多战略性规划与指导。自从2016年3月澜沧江—湄公河流域中国、缅甸、老挝、泰国、柬埔寨、越南六国启动“澜湄合作”机制至今，各方合作从快速拓展期进入全面发展期，机制建设、战略规划等务实合作都取得显著进展。2020年8月，六国领导人举行了以“加强伙伴关系，实现共同繁荣”为主题的第三次会议，发表了《万象宣言》。在该宣言中，六国同意加强社会人文交流伙伴关系，并决定采取六项措施：进一步促进各国民心相通，加强教育、智力、旅游、信息广播合作和文化交流，提升对澜湄各国历史遗产价值的认识；加强澜湄六国教育合作与交流，促进澜湄地区高校合作，鼓励联合培训、研究

① 辛文：《东盟人才交流中心》，《中国资源新闻网》，2022年3月7日，见 http://www.ziyuanw.net.cn/2022/hb_0307/24796.html。

项目和学术交流，探讨学分互认机制①；进一步探讨建立智力合作交流模式，政府、企业、学界、研究所、智库、媒体、女性和青年共同参与，创新思路，支持澜湄合作长远发展；加强澜湄国家间旅游合作；促进文化与艺术合作，加强文化机构、艺术家和文化游客沟通，继续探讨建立澜湄文化交流平台的可能性②；用好澜湄国家现有的旅游安排，提升历史旅游线路/廊道的互联互通，促进历史古城和文化遗址发展③。

3. 专业性平台

中国和东盟国家专业人士通过各类专业平台开展人文交流，如中国—东盟商务与投资峰会、中国—东盟商界领袖论坛、设在南宁的中国—东盟信息港、各种跨境电子商务平台、承接中国—东盟跨境旅游的各类旅行社、中国—东盟文化论坛、中国—东盟智库战略对话论坛、中国—东盟旅游合作论坛、中国—东盟教育论坛、中国—东盟旅游教育联盟、中国—东盟教育交流周、技术性贸易措施调查研究中心（东盟）、中国与东盟在“东盟对话”框架下定期举办的“10+3 旅游部长会议”、中国与东盟成员国之间单独的旅游合作协议与机制等等。这些专业性平台对推动中国与东盟人文交流合作起到重要的作用。比如，在中国—东盟旅游合作机制框架下，新加坡简化对中国游客的签证，印度尼西亚则给予中国公民旅游免签证待遇，越南、泰国、柬埔寨、马来西亚、老挝、文莱等国则给予中国公民落地签证待遇。这此举措极大地促进了中国—东盟间的人员往来。

4. 大专院校

大专院校是中国—东盟人文交流的重要平台。一方面，在中国境内，许多大学招收东盟国家留学生，部分留学生同时还获得我们各大学提供的留学

① 《澜沧江—湄公河合作第三次领导人会议万象宣言——“加强伙伴关系，实现共同繁荣”》，《人民日报》2020 年 8 月 25 日。

② 《澜沧江—湄公河合作第三次领导人会议万象宣言——“加强伙伴关系，实现共同繁荣”》，《人民日报》2020 年 8 月 25 日。

③ 《澜沧江—湄公河合作第三次领导人会议万象宣言——“加强伙伴关系，实现共同繁荣”》，《人民日报》2020 年 8 月 25 日。

资助；另一方面，也有许多中国学生到东盟国家的大学学习，双方互派留学生人数超过20万人。中国与所有东盟国家都签署了教育交流合作协议，与越南、泰国、印度尼西亚、马来西亚、菲律宾等国签订了学历学位互认协议。目前，中国的北京大学、北京语言大学、云南民族大学、北京外国语大学、广东外语外贸大学等数十所高校开设有东盟国家语言专业，比如泰语、越语、缅语、印尼语、老挝语；广西民族大学已开齐了东盟10国官方语言专业，很多高校如云南大学、广西民族大学都开设有东盟学院或东盟研究中心之类的教学与研究机构。此外，截至2019年12月，中国在东盟国家还开办了38所孔子学院，派出数以千计的汉语教师与志愿者在当地开展汉语教学和文化交流。

5. 主题活动和专项计划

中国—东盟间还通过各种主题活动或专项计划进行文化交流。中国已经设立“中国—东盟菁英奖学金”人文交流旗舰项目，实施“未来之桥”中国—东盟青年领导人千人研修计划，启动“中国—东盟健康丝绸之路人才培养项目（2020—2022）”，计划为东盟培养1000名卫生行政人员和专业技术人员。2019年，广西南宁市政府主办了“文化走亲东盟行”，深入老挝、缅甸开展旨在促进民心相通、文化互鉴的交流活动；2019年6月，南宁市文化艺术代表团以邕剧、粤剧、“刘三姐”文化、非遗文化、东盟戏剧等为载体，深入缅甸的剧场、高校、中小学、中国文化中心、社团等开展戏剧展演、演艺合作、非遗成果展、旅游推介等活动。自2014年始，“中国·东盟国家图书书架工程”（以下简称“广西书架工程”）启动。该工程由广西壮族自治区文学艺术界联合会、广西桂学研究会组织实施，在广西壮族自治区人民政府的支持下，面向东盟国家的国家图书馆及重要大学图书馆，捐赠桂学研究及中国历史、经济、教育、文学、艺术等方面的图书、影像资料等，并通过举办相关学术交流活动，帮助东盟国家民众从历史、文化、风俗、经济社会建设成就等方面了解中国、认识广西。“广西书架工程”带动了双边文化交流和学术研讨，积极推动了广西与东盟各国的人文交流，加深了相互了解，增进了双方的共识，拓展了中国—东盟人文交流的深度与广度。在旅游方面，中越双方稳步推进合作并共同建立了“中越友谊关—友谊跨境旅游合作区”“浦寨（中国）—新清（越南）旅游合作试验区”项目，广西凭祥市先后组织了“一带一路，走进东盟”自驾车跨境游、广西·凭祥中越边关旅游节千车跨境东盟游等活动，推动了中国—东盟间的跨境自驾车旅游的发展。

综上所述，在中国—东盟人文交流方面，中方具有明显的优势。这是继续推进双方人文交流的坚实基础。

二、中国—东盟人文交流的机遇分析

随着全球化的深入发展，国与国之间的关系日趋密切，不同国家之间的民众往来日渐频繁，各国各地区都在为国家间的合作搭建平台。中国与东盟之间，亦是如此。随着形势的发展，中国—东盟人文交流面临着很多重大的机遇。

（一）中国—东盟自由贸易区升级的机遇

2015 年 11 月 22 日，《中华人民共和国与东南亚国家联盟关于修订〈中国—东盟全面经济合作框架协议〉及项下部分协议的议定书》（以下简称《议定书》）在吉隆坡正式签署。2019 年 10 月 22 日，《议定书》对所有缔约方全面生效，中国—东盟自由贸易区升入 2.0 版时代。根据《议定书》：在货物贸易领域，双方优化了原产地原则和贸易便利化措施，以便降低贸易成本；在投资领域和服务贸易领域，提高投资和服务贸易的自由化和通关便利化水平；东盟国家承诺在旅游、运输、金融、教育、通信、商业、建筑、环境等方面进一步提高对中国的开放程度；中国承诺在旅行社和旅游经营者、建筑工程、集中工程、证券等方面作出改进；在经济技术合作方面，双方在贸易相关事务如农业、渔业、林业和林产品、信息和通信技术、人力资源发展、投资、服务贸易、旅游、产业合作、交通、知识产权、中小企业、环境，以及各方同意的其他经济技术合作相关领域等开展合作，并为相关合作项目提供资金支持。此外，双方还同意在跨境电子商务合作相关议题上共享信息、专业知识和开展对话。《议定书》的全面生效，为推动双方经贸合作加快发展、全方位深化中国—东盟的关系提供了重要保障，并为双方人文交流注入强劲的推动力。2020 年年初新冠肺炎疫情发生后，中国和东盟的经济都受到严重冲击。为了缓解冲击，双方建立了人员“快捷通道”和货物“绿色通道”，中国恢复与越南等东盟国家的直飞国际航班，并积极探讨建立中国—东盟和东亚区域“快捷通道”和“绿色通道”网络，推动区域金融安全网建设，维护地区供应链、产业链和金融稳定。① 可见，贸易和投资便利化措施对缓解某些事件造成的冲击、确保正常往来，发挥了重要作用。

（二）共建“一带一路”的机遇

2013 年 9 月和 10 月，中国先后提出“新丝绸之路经济带”和“21 世纪海上丝绸之路”的合作倡议。“一带一路”倡议秉承共商共享共建的理念，以及开放合作、和谐包容、市场运作、互利共赢的原则，与沿线国家开展各种国际合作，从而实现政策沟通、设施联通、贸易畅通、资金融通、民心相通的目的，以点带面、从线到片，逐步形成区域大合作格局②，促进相关国家和地区共同繁荣发展。东盟国家处于 21 世纪海上丝绸之路沿线，“一带一路”倡议以及由中国主导组建的“亚洲基础设施投资银行”、丝路基金，为东盟国家提供了大量的投资、贸易和文化交流的合作机会。比如，柬埔寨金边—西哈努克港高速公路、印度尼西亚雅（加达）—万（隆）高铁等“一带一路”重大建设项目，中老铁路已在 2021 年年底通车；越南也正在受到“一带一路”的深刻影响，中越跨境劳务合作自从 2017 年正式启动以来，在中

---

① 林昊：《新华国际时评：中国—东盟合作逆势走出新高度》，2020 年 9 月 9 日，见 http://www.xinhuanet.com/world/2020-09/09/c_1126473530.htm。

② 林孔仕：《以“一带一路”为支点 习近平“三招”破解世界经济难题》，2017 年 5 月 10 日，见 http://www.cac.gov.cn/2017-05/10/c_1120946623.htm。

国凭祥、东兴等地务工的越南人已超10万人次[①]；在电商领域，中国跨境电商大力帮助东南亚企业及其产品打开和拓展中国市场。近年来，中国与东盟各国围绕“民心相通”，开展了形式多样、领域广泛的公共外交和文化交流，增进了相互理解和认同。

（三）中国西部陆海新通道建设的机遇

2019年8月，国家发展改革委印发《西部陆海新通道总体规划》。规划的目标分为两个阶段：到2025年，经济、高效、便捷、绿色、安全的西部陆海新通道基本建成；[②]到2035年，西部陆海新通道全面建成，通道运输能力更强、枢纽布局更合理、多式联运更便捷，物流服务和通关效率达到国际一流水平，物流成本大幅下降，整体发展质量显著提升，为建设现代化经济体系提供有力支撑[③]。至此，西部陆海新通道建设上升为国家战略。

西部陆海新通道建设的特点是构建陆海统筹、双向互济的对外开放新格局。该规划与东盟有关的主要内容包括：发挥毗邻东南亚的区位优势，统筹国际国内两个市场两种资源，协同衔接长江经济带，以全方位开放引领西部内陆、沿海、沿江、沿边高质量开发开放[④]；加强中国—中南半岛、孟中印缅、新亚欧大陆桥、中国—中亚—西亚等国际经济走廊的联系互动，使西部陆海新通道成为促进陆海内外联动、东西双向互济的桥梁和纽带[⑤]；支持和促进中新（重庆）战略性互联互通示范项目合作，带动东盟及相关国家和地

① 潘强等：《“一带一路”引领中国—东盟构建更加紧密的命运共同体》，2018年9月14日，见https://baijiahao.baidu.com/s?id=1611581376661910496&wfr=spider&for=pc。

② 《西部陆海新通道总体规划》，2019年9月5日，见https://www.ndrc.gov.cn/xxgk/zcfb/ghwb/201908/W020190905497971758888.pdf。

③ 《西部陆海新通道总体规划》，2019年9月5日，见https://www.ndrc.gov.cn/xxgk/zcfb/ghwb/201908/W020190905497971758888.pdf。

④ 《西部陆海新通道总体规划》，2019年9月5日，见https://www.ndrc.gov.cn/xxgk/zcfb/ghwb/201908/W020190905497971758888.pdf。

⑤ 《西部陆海新通道总体规划》，2019年9月5日，见https://www.ndrc.gov.cn/xxgk/zcfb/ghwb/201908/W020190905497971758888.pdf。

区协商共建发展通道①。其空间布局是：建设自重庆经贵阳、南宁至北部湾出海口（北部湾港、洋浦港），自重庆经怀化、柳州至北部湾出海口，以及自成都经泸州（宜宾）、百色至北部湾出海口三条通路，共同形成西部陆海新通道的主通道；② 建设重庆、成都国家级交通枢纽，建设广西北部湾国际门户港，海南洋浦的区域国际集装箱枢纽港。③

与东盟有密切关系的新通道建设还包括以下三个方面的重大项目：

加强连接口岸交通建设，具体包括对接中南半岛铁路网，加快推进大理至瑞丽、玉溪至磨憨等铁路建设，实施湘桂线南宁—凭祥铁路扩能改造，扩大连接口岸铁路运输能力。④

加强通往口岸公路的新建和改造，提高技术等级和通行能力。加强与周边国家口岸功能衔接，完善口岸相关设施。推动与境外交通设施互联互通，包括加强与东盟国家合作，做好与澜沧江—湄公河、中越陆上基础设施等合作机制衔接，按照东、中、西三个方向，积极做好跨境交通基础设施改造提升，重点建设中老铁路，尽快实现设施互联互通。⑤

积极推进陆路边境口岸枢纽建设。加强陆路边境口岸物流枢纽建设，提供国际贸易通关、国际班列集散换装和公路过境运输等服务。⑥

此外，规划还强调要推动通关便利化。包括优化货物和人员通关手续，

① 《西部陆海新通道总体规划》，2019 年 9 月 5 日，见 https://www.ndrc.gov.cn/xxgk/zcfb/ghwb/201908/W020190905497971758888.pdf。

② 《西部陆海新通道总体规划》，2019 年 9 月 5 日，见 https://www.ndrc.gov.cn/xxgk/zcfb/ghwb/201908/W020190905497971758888.pdf。

③ 《西部陆海新通道总体规划》，2019 年 9 月 5 日，见 https://www.ndrc.gov.cn/xxgk/zcfb/ghwb/201908/W020190905497971758888.pdf。

④ 《西部陆海新通道总体规划》，2019 年 9 月 5 日，见 https://www.ndrc.gov.cn/xxgk/zcfb/ghwb/201908/W020190905497971758888.pdf。

⑤ 《西部陆海新通道总体规划》，2019 年 9 月 5 日，见 https://www.ndrc.gov.cn/xxgk/zcfb/ghwb/201908/W020190905497971758888.pdf。

⑥ 《西部陆海新通道总体规划》，2019 年 9 月 5 日，见 https://www.ndrc.gov.cn/xxgk/zcfb/ghwb/201908/W020190905497971758888.pdf。

强化国际通关合作，推进跨境运输便利化。

从该规划的内容来看，规划的实施，必然极大推动中国—东盟双方的货物贸易、服务贸易、相互投资和人员往来的发展，从而为人文交流创造更多的需要、机会、平台和手段。

（四）中国自由贸易试验区建设的机遇

目前，与东盟国家相近或有密切贸易往来的自由贸易试验区包括：广西、云南、广东、海南、福建、重庆等地的自由贸易试验区。这些自由贸易试验区的设立，主要有如下几个目标：一是自贸区内实行零关税，贸易自由化；二是实行投资自由化，除了某些负面清单项目外，其他的都可自由投资；三是资本自由流动，外汇自由进出。在中国（云南）自由贸易试验区中，德宏片区重点发展跨境电商、跨境产能合作、跨境金融等产业，目标是打造沿边开放先行区、中缅经济走廊的门户枢纽；红河片区重点发展加工及贸易、大健康服务、跨境旅游、跨境电商等产业，全力打造面向东盟的加工制造基地、商贸物流中心和中越经济走廊创新合作示范区。[①]2019 年，云南自由贸易试验区发挥沿边优势，助力全省对东盟国家贸易总额同比增长 20.2%。[②] 在中国（广西）自由贸易试验区中，崇左片区的战略定位是：创建跨境产业合作示范区、构建国际陆海贸易新通道陆路门户、打造新时代沿边开放新高地。[③] 总体目标是：经过三年到五年的改革试验，构建高质量发展、高水平开放新体制，加快形成法治化、国际化、便利化的营商环境和公平、统一、高效的市场环境，建成具有国际水准、投资贸易便利、体制运行高效、法制环境规范、监管高效便捷、辐射带动作用突出的沿边改革开放新高

① 《中国（云南）自由贸易试验区总体方案获国务院批复　昆明 76 平方公里片区划为自由贸易试验区》，2019 年 8 月 27 日，见 http://invest.km.gov.cn/c/2019-08-27/3098101.shtml。

② 韩成圆：《云南自贸试验区引领外贸高速增长　去年 3 片区进出口总额占全省总额的 72%》，2020 年 3 月 25 日，见 http://yn.yunnan.cn/system/2020/03/25/030626241.shtml。

③ 《中国（广西）自由贸易试验区总体方案》，《广西日报》2019 年 8 月 27 日。

地，引领中国—东盟开放合作的高标准高质量的自由贸易园区。① 围绕发展战略定位，崇左区重点发展加快发展以商贸物流为主的国际物流产业，以电子信息、智能终端、特色农产品、林木产品、水产品为主的高端加工制造产业，以边境贸易、跨境电商为主的国际贸易产业，以及边境旅游产业、健康养老产业和沿边金融创新。随着上述自由贸易试验区建设加快，中国和东盟在货物、服务、资本、人员和信息的流动将越来越快，特别是图书、报刊、电影、出版、发行、表演、会展、文化中介、文化咨询等文化产业合作将在创新中获得更大发展，带动中国—东盟人文交流走向深入。

（五）中国—东盟经贸合作升级的机遇

2020 年，在全球市场低迷的情况下，中国和东盟经贸合作逆势上扬，双方互为第一大贸易伙伴，且东盟首次超越欧盟成为中国第一大贸易伙伴。在中美贸易摩擦的大背景下，这对于中国规避源于中美关系趋冷的巨大风险具有重大的现实意义。这些年来，东盟在中国的对外战略中的重要性越发凸显，中国政府越发重视与东盟的经贸关系和外交关系，为此，也对中国—东盟人文交流提出更高的要求，给予更多的政策支持。

（六）毗邻东盟国家的中国地方政府大力改善“硬联通”、“软联通”的机遇

近年来，为了推进通关便利化，广西实施了一系列改革。比如说，在促进跨境旅游便利化方面：一是推动团体旅游便利化，使团队通关更加便捷。东兴口岸签证处对从东兴口岸入境的中越跨境“自驾游”越南旅游团实行落地签证。旅游团队可通过自助通道快速自主通关。二是提升边境旅游综合服务设施。建设海陆空立体旅游交通，机场选址报告通过中国民航局组织的评审会，防城港至东兴铁路项目已开工，中越北仑河二桥开放试运行，峒中国

① 《中国（广西）自由贸易试验区总体方案》，《广西日报》2019 年 8 月 27 日。

家一类口岸（含里火通道）2020 年已通过广西验收，将迎接国家验收。东兴国际旅游集散中心已成为全国陆地通往越南及东盟国家的最便捷通道，防城港高铁乘客旅游集散中心已于 2020 年建成投入使用。这一系列措施的实施，都会进一步扩大中国—东盟之间的人员往来，从而推进双方交流的拓展和深化。

（七）中央重视对外宣传的机遇

党的十九大以来，习近平总书记深刻把握国际大势，明确提出要“推进国际传播能力建设，讲好中国故事、传播好中国声音，向世界展现真实、立体、全面的中国，提高国家文化软实力和中华文化影响力”。[①] 党的二十大报告明确提出：增强中华文明传播力影响力。加快构建中国话语和中国叙事体系，讲好中国故事、传播好中国声音，展现可信、可爱、可敬的中国形象。[②]《习近平谈治国理政》面向全球已出版 30 个语种 35 个版本，《摆脱贫困》《之江新语》等习近平总书记重要著作，“中国关键词”“读懂中国”“丝路百城传”等系列图书持续热销，为各国读者读懂中国打开“思想之窗”。[③]2019 年 9 月 27 日，以“讲好中国故事，传播好中国声音”为宗旨的外宣工作创新性、基础性平台——“中国好故事”数据库正式上线。这个集纳了 6 万条中国好故事的线上平台，很快成为展现“中国精神”“中国智慧”“中国力量”的生动载体[④]，越来越多的中国故事正向世界展示着一个真实、立体、全面的中国。我们创新宣传理念、创新运行机制，文化走出去已不再停留在舞个

---

① 《习近平谈治国理政》第三卷，外文出版社 2020 年版，第 312 页。

② 《党的二十大文件汇编》，党建读物出版社 2022 年版，第 35 页。

③ 赵承等：《彩云长在有新天——党的十九大以来以习近平同志为核心的党中央关心推进宣传思想工作纪实》，2020 年 1 月 2 日，见 https://baijiahao.baidu.com/s?id=1654615706699245473&wfr=spider&for=pc。

④ 赵承等：《彩云长在有新天——党的十九大以来以习近平同志为核心的党中央关心推进宣传思想工作纪实》，2020 年 1 月 2 日，见 https://baijiahao.baidu.com/s?id=1654615706699245473&wfr=spider&for=pc。

狮子、包个饺子、耍套功夫上，而是把中华优秀传统文化中具有当代价值、世界意义的文化精髓提炼出来、展示出来。例如，大型舞剧《大梦敦煌》亮相新加坡等国，以精彩的视听盛宴，让东盟国家观众了解中西方文明的交流成果。[①]2019 年，中共中央印发《中国共产党宣传工作条例》。这是中国共产党历史上第一部关于宣传工作的主干性、基础性法规，鲜明提出了党的宣传思想工作的根本任务是，高举中国特色社会主义伟大旗帜，巩固马克思主义在意识形态领域的指导地位，巩固全党全国人民团结奋斗的共同思想基础，建设具有强大凝聚力和引领力的社会主义意识形态，建设具有强大生命力和创造力的社会主义精神文明，建设具有强大感召力和影响力的中华文化软实力。[②]

上述机遇为中国—东盟人文交流提供了强劲的政治、经济动力，为双方更大规模、更高频度的人员往来提供政策支持和基础保障。

---

① 赵承等：《彩云长在有新天——党的十九大以来以习近平同志为核心的党中央关心推进宣传思想工作纪实》，2020 年 1 月 2 日，见 https://baijiahao.baidu.com/s?id=1654615706699245473&wfr=spider&for=pc。

② 《中共中央印发〈中国共产党宣传工作条例〉》，2019 年 8 月 31 日，见 http://www.gov.cn/zhengce/2019-08/31/content_5426158.htm。

第四章　中国—东盟及其他地区促进人文交流的典型案例研究

推动中国与东盟之间人文交流进一步顺畅化常规化，还有很多工作要做。目前碰到的瓶颈主要有：中国与东盟人文交流的深度需要进一步拓展、方式有待改进、主体尚待挖掘、缺乏文化认同感、存在交流障碍，如面向东盟的复合型人才匮乏、精通东盟语言的翻译人才匮乏、直接与东盟民众及其非政府组织打交道的专业人才和机构的匮乏等。学习国内一些机构和其他国家的成功做法、总结他们的经验，很有借鉴意义。

一、《中国—东盟博览》杂志社走出去设立海外平台

（一）案例背景

自 1991 年中国—东盟建立对话关系以来，中国—东盟全方位合作得以不断推进，双方民众对信息交流的需求大增。但长久以来，双方信息交流的渠道很大程度上被西方媒体垄断，无论是中国还是东盟的媒体，在中国—东盟合作报道上都显得声音微弱，与不断拾级而上的中国—东盟合作相比显得脱节。

新闻传播界有一个共识，世界上话语权的分配很不平衡，80%的信息被西方媒体垄断。一件事情发生后，总是由西方媒体来定调、传播和被受众接受。这一情况在中国—东盟之间也同样存在。在中国—东盟合作报道过程

中，《中国—东盟博览》杂志社（以下简称“东博社”）记者在接触东盟国家的受访者，无论是政府高层还是商务精英，或是普通民众时，他们的普遍反映是“客观介绍中国的西方媒体比较少，带有偏见的比较多”。

2013年，在中国—东盟建立战略伙伴关系10周年之际，中国国务委员兼外交部部长王毅接受了东博社记者的专访，并对东博社的发展作出了指示：“杂志要走出去，增加在东盟的话语权和影响力，为中国—东盟合作发声，不让西方媒体做中国—东盟合作的判官。”①

（二）案例现状

东博社作为中国—东盟博览会秘书处主办的权威官方融媒体平台，除每月发行杂志之外，还通过在海外建立分社，践行与东盟国家媒体的合作。2015年，东博社马来西亚分社在吉隆坡成立，同年11月，与马来西亚合作出版了东博社海外第一本期刊——《中国东盟商界》杂志的创刊号。2016年，东博社泰国分社在曼谷成立，与泰国合作出版了泰国《TAP东盟博览》，并和泰华卫视建立战略合作，推动和促成了中国多家媒体与泰国的合作。2019年1月，东博社与南洋国际俱乐部达成合作，成立新加坡分社。新加坡、通讯及新闻部兼文化、社区和青年部高级政务部长沈颖见证了东博社新加坡分社的成立。

几年来，东博社各海外分社积极与驻在国媒体开展交流合作，出版本地化的杂志和电子媒体，与当地民众广泛接触，客观反映中国—东盟合作情况，增进了双方民众的相互了解，促进中国与东盟人文交流合作“落地有声”。

（三）案例亮点

东博社的海外平台已初具规模，传播中国—东盟友好交流、合作抗疫等

① 林涵：《东博社力做中国—东盟媒体合作典范》，《中国—东盟博览（政经版）》2019年第2期。

信息，吸引了诸多读者，得到了所在国政府高层、国际组织的点赞，还举办一系列会议活动，为中国—东盟友好合作聚集人脉。

1. 传播中国—东盟合作抗击新冠肺炎疫情信息，为双方抗疫注入正能量

新冠肺炎疫情暴发后，东博社利用其官方网站（中文版和英文版），大力宣传中国和东盟团结协作、守望相助、共克时艰的信息，包括东盟国家向中方援助物资，中方向东盟国家援助抗疫物资，派出医疗专家组、分享抗疫经验等，让双方民众了解到双方友谊在合作抗疫中升华。

2. 广泛吸引读者

以东博社在泰国合作出版的《TAP 东盟博览》杂志为例，该杂志是中泰双语杂志，发行量 5 万多册，报道内容以泰国政商界新闻信息为主，在泰国拥有相当数量的读者，而其中的读者不乏诸多泰国内阁成员。

3. 获得泰国政府高层的肯定

东博社泰国分社积极推广中国的扶贫经验，得到了包括泰国总理在内的泰国人民点赞。2017 年 11 月，泰国《TAP 东盟博览》杂志将中国的扶贫内容翻译成泰文，并在脸书上推出，上线一天浏览量就达到了 45 万次，泰国总理巴育拿着手机问内阁部长们："你们看过这个视频吗？你们要看看，看看中国如何扶贫，我们能够学习什么。"2018 年 3 月 14 日，泰国商业部部长颂提叻在泰国曼谷向东博社社长高航颁发"泰国商业部海外荣誉顾问"证书。这既是给予东博社社长个人的荣誉，也是对东博社落地泰国，为促进两国合作所作贡献的积极肯定。

4. 得到各方重视，被寄予厚望

中国—东盟中心秘书长陈德海为东博社新加坡分社的成立写了贺信，他在贺信中写道："东博社致力于传播中国—东盟友好声音，讲述中国—东盟合作故事，为宣传推动中国与东盟之间的友好交往与互利合作发挥了积极作用。"中国—东盟博览会秘书处秘书长王雷在新加坡分社成立的贺信中写道："相信新加坡分社的成立，将为加强东博社与新加坡各界交流，为新加坡客商更深入了解和参与中国—东盟博览会提供一扇最好的窗口。时值 2019 中

国—东盟媒体交流年，希望东博社继续讲好东博会升级发展的精彩故事，传播中国—东盟合作共赢的和美声音，助推中新合作和中国—东盟合作不断破浪前行。”

5. 多渠道广聚人脉

东博社海外平台除了媒体报道传播外，还积极举办各种线下活动，与中国和东盟的政府机构、企业共同举办教育、旅游、投资、商贸、工业等领域合作论坛，推动中国—东盟各国经贸往来、人文交流，为双方民心相通广聚人脉。主要活动有：

（1）留学马来西亚论坛

2016 年，东博社与马来西亚分社联合主办了“留学马来西亚论坛”，新华联国际置地马来西亚有限公司冠名总赞助。广西北部湾和东盟合作办公室、中国—东盟博览会秘书处、广西教育厅、广西中马钦州产业园区开发有限公司等机构负责人出席活动。同年，东博社与马来西亚分社还联合承办了“投资马六甲论坛”，该由马来西亚马六甲州政府主办，广西政协副主席刘正东、马六甲行政议员拿督林万锋、钦州市领导、马来西亚永大集团和凯杰发展有限公司负责人出席本次活动，并对论坛的举办表示高度的肯定。

（2）中国—东盟中小企业贸易促进平台（CASTPP）推介会

2016 年、2017 年、2019 年，在东博社与海外分社的共同努力下，分别在泰国、马来西亚、中国钦州举办推介会，泰国副总理顾问蓬猜、泰国中小企业贸易促进委员会主任罗建民、泰国中小企业发展研究院、马来西亚贸工部副部长、马来西亚对外贸易促进发展局 CEO 等 1200 家泰国和马来西亚的中小企业参会，进一步促进了中国—东盟中小企业的实质性合作。

（3）中国—泰国产业合作发展论坛

2018 年，东博社以及泰国分社协助崇左市政府、中泰产业园举办中国—泰国产业合作发展论坛等项目接洽活动。泰国商业部领导，中国商务部、国家发展改革委等部委领导，以及广西壮族自治区领导，贵州、四川、重庆、陕西等省市商务部门领导，广西崇左市委市政府领导，中泰产业园管委会，中泰企业家，中泰专家学者约 200 人参会交流，推动两国产业务实合作。

（四）案例经验

东博社走出去取得的积极进展，归因于以下三个方面的经验。

一是加强对外传播能力建设，提升国际话语权。东博社加强海外平台内容的选题策划，加强话语体系建设，着力打造融合中外的新概念新范畴新表述，用海外读者的视角和语言，讲述好中国故事，讲好广西故事。

二是加强新媒体平台建设，扩大传播渠道。东博社在海外不仅出版纸媒，而且在海外社交媒体平台内容生产、微信公众号运营、网站建设等方面加强规划及团队建设，扩大影响力。

三是争取支持，形成合力。东博社争取国家部委及广西各级政府部门的支持，以《中国—东盟博览》政经版、文旅版及泰国《TAP 东盟博览》、马来西亚《中国东盟商界》两本杂志作为广西面向东盟的发声渠道，体现杂志的官方和权威性，更好传播中国—东盟合作。

（五）存在问题

1. 语言和文化方面的障碍依然存在

虽然马来西亚和泰国是英语普及度相对比较高的国家，而且这两个国家华人数量也比较多，但文化传媒类的企业走进这些国家，开展更深度地交流合作，需要用当地语言沟通交流，以获得更好的效果。然而目前东博社在这方面的语言人才比较匮乏。在文化认同方面，马来西亚是伊斯兰国家，泰国是佛教国家，对这些国家的宗教文化习俗，还需要更加深入了解，才能在尊重当地宗教习俗的前提下更好地开展工作，这也是东博社走出去需要注意的方面。

2. 东盟国家对投资本国文化产业有一定的限制

出于意识形态的原因，马来西亚、泰国等都不允许在本国投资文化产业领域的外企 100%控股，所以找到适合的企业联合建设海外平台是关键。东博社与泰国华人企业合作，成功在泰国落地。

3. 缺乏真正了解中国—东盟合作的专业媒体运营人才

近年来，中国—东盟各领域合作不断推进，取得了积极的成效。但在媒体合作、人文交流领域，专业的人才还是很匮乏，东博社也面临这个问题。

4. 资金短缺

办刊发展经费需要支持，受体制机制影响，东博社只能通过广告合作自筹经费，用以维持海外平台生存、发展。资金的短缺也影响了海外平台的发展、传播力量建设。

（六）案例展望

展望未来，东博社进一步巩固和发展好现有的海外传播平台，并计划在印度尼西亚、缅甸、柬埔寨等开设新平台，继续努力跨越语言和文化的障碍，向东盟国家生动且形象地说明中国，介绍中国的历史、文化以及目前发展进步的实情，准确地展示中国的真实形象，积极服务国家周边外交。

二、“一带一路”国际教育学院探索以国际留学生教育促进公共外交新模式

（一）案例背景

2017 年，广西维伯教育集团抓住“一带一路”倡议机遇，与桂林旅游学院采用产教结合机制共建“一带一路”国际教育学院（以下简称“一带一路”学院）。该学院是桂林旅游学院的二级学院，专门负责面向“一带一路”

沿线国家和地区开展留学生教育，主要通过“海外校区”计划和跨国跨校园联合培养等形式，创新开展来华留学教育，共建旅游教育国际社区，探索了以国际留学生教育促进公共外交的新模式。

（二）案例现状

2017 年至 2020 年为“一带一路”学院第一个发展阶段，通过校企合作，创新性地开展了留学生教育、课程输出、海外校区运营监管、跨国跨校园管理协调等工作。

1. 设立多个海外校区

“一带一路”学院与当地教育部门、高校、培训机构合作设立“海外校区”，招收当地高中毕业生、大学在校生为培养对象，联合培养本科层次国际旅游人才，将学习任务分布于中外两个校园。学生一部分在当地大学，另一部分在桂林旅游学院学习。该学院实行学分转换、学分互认的联合培养形式，部分学生能够获得中外两所大学的双文凭。目前，学院已实现与印度尼西亚、哈萨克斯坦、巴基斯坦等国家合作。2017 年 12 月 12 日中印尼旅游商学院、中印尼旅游研究院在雅加达揭牌，这是启动“海外校区计划”的第一站。2018 年 12 月，先后在印度尼西亚雅加达、哈萨克斯坦阿拉木图设立了海外校区（教学点），面向当地学生开展本科层次的学历教育；此外，还在巴基斯坦拉合尔、泰国曼谷设立海外办公室，与老挝旅游部、迪拜旅游局深入探讨开展旅游教育合作。

2. 开设多类型项目，服务不同学生的需求

“一带一路”学院项目从文化体验到学历教育，帮助留学生从多元的文化环境和行业实践中获得独特的体验。重点建设来华学历教育项目，开设本科专业 23 个、专科 29 个，其中一些是政府授予的区域性优质专业，如酒店管理、旅游管理等，如表 5–1 所示。

表 5-1 “一带一路”学院开设项目

名称	来华时长	学习内容	学历	入学要求
学士学位项目	4 年	汉语 专业课学习 行业实践 带薪实习	桂林旅游学院学士学位	高中毕业生
“2+2”双学士学位项目	2 年	汉语 专业课学习 行业实践 带薪实习	桂林旅游学院学士学位 国外合作大学学士学位	本科在校生
“2+2”专升本项目	2 年	汉语 专业课学习 行业实践 带薪实习	国外合作大学大专文凭 桂林旅游学院学士学位	大专在校生
学分转换——“中文学习 + 带薪实习”	6—12 个月	汉语 带薪实习 商务技能课程	国外合作大学学士学位	本科在校生
当代中文与文化	6 个月	汉语 中国商业环境 中国商业法律环境 中国行政管理 中国商业文化	国外合作大学学士学位	本科在校生
旅游景区项目策划实践	6 个月	汉语 旅游景点规划 旅游景区项目实践	国外合作大学学士学位	本科在校生
旅游工艺品设计项目实践	6 个月	汉语 旅游工艺品设计 产品设计	国外合作大学学士学位	本科在校生
汉语与中国文化体验课	6 个月	汉语 中国文化历史 茶文化 中国画 中国陶器	国外合作大学学士学位	本科在校生
夏令营	2—4 周	汉语 中国经济	国外合作大学学士学位	本科在校生

3. 学历留学生教育形成一定规模

截至2020年5月，项目的本科学历留学生在册总人数310人，其中入境学习161人，海外校区（教学点）149人（其中印度尼西亚校区73人，哈萨克斯坦旅游中心56人，乌兹别克斯坦20人）。

（三）亮点

1. 发挥校企合作优势，吸取各界力量办学

“一带一路”学院拥有公办高校“硬壳”与企业“强芯”。校企联手境外办学，共同定制职业人才的培养方案、开发针对性教材、建设教学资源、实施教育管理，能积极拓宽校、企、政的教育合作渠道，吸收合作各国政府、行业、企业组织和其他社会力量参与办学，大大提高了办学效率和质量。

2. 创新引进来和走出去相结合的中外办学模式

引进来方面，2018年开学季，“一带一路”学院迎来两批国外留学生在桂林报到注册，同年还组织了印度尼西亚教师12人到校进行5天的培训。走出去方面，2017年筹备建立“一带一路”国际学院，并在印度尼西亚、哈萨克斯坦等国家设立分校区。2018年，哈萨克斯坦学习中心的24名首批“海外校区”留学生也在阿拉木图开学。这是桂林旅游学院首次通过引进来和走出去相结合的形式开展留学生学历教育，创新合作形式直接服务“一带一路”建设。

3. 融合创新，引进世界先进教育理念，建立面向国际的中国化课程标准

突出桂林国际旅游胜地建设对东盟旅游业的示范意义，在中国和东盟的旅游院校之间搭建起一座文化认同的“立交桥”。“一带一路”学院与世界旅游组织、瑞士洛桑酒店管理学院和香港理工大学等合作办学，引进世界领先的教育理念与课程标准，整合中国文化特质和东盟旅游业差异化需求，按共同体机制所需的知识、能力和态度，构建面向国际的中国化课程标准。

4. 注重专业实践，培养企业真正需要的人才

“一带一路”学院的教育强调理论学习与工作实践相结合。学生们来华期间将加强汉语和旅游专业的汉语和商务课程的学习，还将参加工业研究以及毕业商业项目设计，并提供为期 6 至 12 个月的带薪实习，实现“中国化 + 专业化 + 产业化”。

5. 整合教学资源，打造立体化跨国教学资源平台

“一带一路”学院构建“交互式共享平台、开放式自主学习模块、线上线下动态教学模式”的立体化跨国教学资源平台，通过建设国际师资库、远程跨国同步教学系统、高水平东盟旅游职业培训、多模式学历合作教育、多层次旅游科学研究等业务有序衔接，实现国内外合作方的教学资源双向流动支持学校教学，克服学校国际教学资源不足的问题，促进教育对外开放持续反哺学校的国际化内涵建设，有效满足学校及东盟各个教学点的差异化需求，不断优化共同体协同育人机制。

（四）社会效益

1. 推动“一带一路”教育交流

“一带一路”学院设立的海外校区，集语言培训、学历教育、行业技能培养、人文交流“四位一体”地推动“一带一路”教育交流。一是促进语言互通。将中文课程纳入当地学生的课程体系，联合培养双语旅游人才，全力满足汉语学习需求。二是提高旅游人才质量。“一带一路”学院具有中国特色的优质教学体系，为东盟国家培养了优秀的旅游人才。在 2018 年度印尼国家级优秀学生选拔赛中，中印尼旅游商学院学生安德烈 · 吉利塔沙（Andre Gilitasha）以优秀的作品和论文获得了评委和公众的一致好评，荣获专科类学生第一名。三是促进人文交流。“一带一路”学院与国外合作高校开展了多类型的文化交流活动，例如在海外校区举办校园开放日，介绍中国文化，增进了彼此的友谊与文化认同。

2. 获得政府认可

“一带一路”学院海外项目先后得到文化和旅游部、教育部、中宣部，印度尼西亚外交部、科技研究与高等教育部、旅游部、农业部，泰国教育部，越南北部四省（广宁、高平、谅山、河江）的文化和旅游厅，柬埔寨旅游部，老挝旅游部，中国—东盟中心、阿联酋驻华大使馆等认同。“一带一路”学院印度尼西亚校区项目被文化和旅游部列为2019年度“一带一路”文化产业和旅游产业国际合作重点项目，“一带一路”学院在乌兹别克斯坦丝路国际旅游大学的海外办学项目成果被评为2019年广西高等教育教学成果特等奖。“一带一路”学院海外校区项目入选中宣部“中华文化走出去工作重点任务清单”复评项目。海外校区模式已被国内同行纷纷借鉴，目前已有28个类似海外校区项目落地。

3. 获得业界认可，受邀参与重要国际活动

“一带一路”学院旅游教育专业优势已得到旅游教育界认可，树立了品牌。2018年，“一带一路”学院负责人赴印尼雅加达参加“旅游、美食和旅游目的地”国际会议，会上作了题为《全域旅游与区域发展：一种旅游目的地发展模式的中国实践》的主旨演讲，并与印度尼西亚国家旅游局国际旅游市场开发处、巴厘岛旅游局等官员一同初步考察调研了印度尼西亚旅游业的情况。同年，文化和旅游部出资邀请桂林旅游学院专家到印度尼西亚进行行业诊断服务，此行也得到印度尼西亚旅游教育界认可。

4. 获得学生和家长的认可

“一带一路”学院有一位留学生刚来到桂林时就出现了水土不服的情况，学院市场负责人赶到了学生在印度尼西亚的家，其母在面谈后对学院的管理和教师的工作能力非常有信心，成功劝说她的孩子留在桂林继续学业。与家长见面获得家长的认可和支持是本次事件解决的关键。新冠肺炎疫情突如其来，“一带一路”学院的大多数留学生都无法入境继续学业，身处异国的他们在网络上传达了对老师的思念、对学校的思念、对桂林的思念：“老师，我好想你们啊！”“我好想桂林呀！”“什么时候才能让我回到学校？”他们的

思念也是对学院的认可。

（五）存在问题

1. 缺乏媒介平台，传播力弱，招生事倍功半

桂林旅游学院作为课程的输出方，是国内小有名气的旅游类高校，其海外市场知名度不高，海外学生对它知之甚少，甚至不知道它的存在。在当今的品牌时代、媒介时代、传播时代里，“酒香不怕巷子深”的观念早已过时了，缺乏国际传播力就难以立足国际留学生市场。桂林旅游学院多次组织合作院校的交流活动，多渠道宣传“一带一路”学院中外办学项目，也通过广西维伯教育集团的海外资源拜访业内优秀机构，促成交流与合作。但这样的活动属于细水长流型，相比网络传播来说消耗财力物力更多，且无法短期收效，更期盼相关权威平台的建立。

2. 中文是“一带一路”沿线国家和地区学生留学中国的“高门槛”

“一带一路”学院的中外办学项目以中文为主要语言，并要求报名学生有一定的中文基础，相比之下，当地学生更青睐英文授课的留学课程，因为很多学生从小就开始接触英文。为此，“一带一路”学院与当地中文培训机构合作，加大中方培训力度。

3. 来华留学生文化差异大，造成管理困难

“一带一路”学院来华留学生存在中文水平不高、普遍有宗教信仰、生活习惯差异大等问题。对此，学院采取中外学生混班制，提高留学生专业素质，解决文化排斥问题。创新导师制，所有岗位的教师都必须参与留学生辅导工作，导师与学生比例为 1∶5，导师积极站在学生角度思考问题，认真听取学生反馈问题，及时解决及时调整管理方法。除此之外，还带领留学生参与各项中国特色活动，如中秋节赏月摄影大赛、留学生中国舞比赛等，让留学生更了解且喜爱中国文化，一方面有利于他们深入了解中国，另一方面有利于更好地进行留学生管理。

（六）案例经验

1. 创新校企合作运营模式，提高办学质量

（1）校企深度融合是有效解决招生、营运短板的动力源。桂林旅游学院作为经济社会发展水平一般的地方性行业院校，存在办学经费不足、办学条件有限的制约。广西维伯教育集团有大批海外优质教育资源，并积累了丰富的国际教育管理经验。通过校企合作，发挥了维伯集团在运营上的灵活性，还为海外校区的设立提供资金支持，并为优秀留学生提供企业奖学金，成为吸引海外生源的亮点。

（2）校企合作，打通国际教育资源化通道。通过校企合作，盘活中国—东盟旅游教育共同体各方资源，支持学校走进东盟建立海外校区，同时吸引东盟院校到桂林合作设立校中校，实现中外学生双向跨国跨校园培养，突破国际教育的时间、空间和资源约束，驱动各类国际教学资源内化到学校，为学校的国际课程走进东盟走向“一带一路”提供综合性保障。

2. 创新宣传方式，打开项目知名度

（1）创新对外传播观念，实现多层次深入交流目标。2018—2019 年两年间，桂林旅游学院中印尼旅游商学院先后策划并组织了“校园开放日”“中国旅游教育进学校”“中国饮食文化进社区”“中国旅游教育体验日”等活动共 18 场次，在雅加达、万隆、泗水等地超过 3000 名印度尼西亚群众参与了活动，还开展了国际旅游、合作研究、旅游职业培训和旅游产业咨询服务等，向印度尼西亚各界推介具有中国文化和广西桂林特色的旅游形象。

（2）丰富对外传播内容，促进文化交流走出去、迎进来。自 2018 年起，中印尼旅游商学院吸引了来自印度尼西亚的 130 多名优秀学生到桂林留学、200 多名师生及其家长到桂林短期交流，有近 200 人次学生获得印度尼西亚政府奖学金、广西政府东盟国家奖学金、广西维伯集团企业奖学金等各类奖学金。学校积极组织和参与国际文化交流活动，通过举办印度尼西亚文化节、参加文艺演出、志愿者活动等方式让更多的中国师生和民众了解印度尼

西亚的文化与风情。以印尼学生为代表的桂林旅游学院国际学生多次在校级、市级和自治区级国际文化相关比赛中获奖，起到了双向交流的作用，从而达到文化交流走出去、迎进来的“双融”目的。

（3）整合对外传播资源，打造高层次外宣平台。2018 年和 2019 年，“一带一路”学院举办了两届“一带一路”与旅游发展国际论坛，邀请了政府高层官员、国内学者、企业家及媒体代表参会，发布了《桂林宣言》，形成一个具有较高水平的国际交流平台。同时，与媒体的合作，围绕办学理念、办学成果、国际交流与合作活动等开展对外宣传活动，收到了良好的宣传效果。

3. 创新海外合作办学平台建设，联合国外业界资源促进人才培养机制改革

“一带一路”学院构建了从主动服务国家战略找着力点、从体制机制创新找发力点、从业务差异化找聚力点、从人才培养定位找续力点的发展思路，将桂林旅游学院的优势专业和资源整合成国际课程，形成适合在海外合作办学的教育标准，除在印尼雅加达合作建立海外校区外，还在泰国华欣合作建立海外教学点，在菲律宾马尼拉建立海外办公室，搭建一批功能各异的国际业务平台，促进国际人才培养的功能模块有序运行；以价值教育促进文化认同，螺旋式构建出中国—东盟旅游教育联盟协同育人机制，助力实现培养具有建设人类命运共同体精神的中国—东盟国际旅游人才目标。

（七）案例展望

展览未来，“一带一路”学院将向以下方面发展：

一是进一步明晰经济效益与社会效益并重的办学方向。2020 年 9 月—2023 年 12 月是项目第二发展阶段，学院面临合理消化第一阶段成本和项目持续投入的双重压力，须根据第一阶段实际运行情况调整第二阶段办学步伐，兼顾校企双方利益，经济效益与社会效益并重。

二是进一步优化校企合作制。根据校企双方各自优势，从“职责分工”与“人员编制”上调整合作模式，使管理更加科学高效。

三是大力开展留学生在线学历课程。根据新冠疫情的新形势，第二阶段实施期主要以保持规模稳定、稳步提升质量为原则，在出国难的条件制约下，转变思维开拓学历教育新方式，发挥学校海外校区的阵地优势和在线学习学历课程的低成本优势，以招收在职学习为主、应届高中毕业生为辅大力开展留学生在线学习学历课程，灵活扩大学历留学生规模，另辟蹊径强化国际教育特色。

三、新加坡对华开展人文交流促进公共外交

（一）案例背景

新加坡自 1965 年独立以来，通过展开公共外交，作为政府间外交的补充，不断在海外展示其良好的国家形象，从而更好地提升自身的软实力。特别是在公共外交视角下的人文交流，新加坡更是取得了可圈可点的成绩。

（二）案例发展历程

新加坡开展公共外交分为三个阶段。

1. 第一阶段：1978—1991 年

在这一阶段，新加坡通过自身的发展吸引了中国前来“取经”。在该阶段，中国主要向新加坡学习改革开放经验。

2. 第二阶段：1992—2001 年

该阶段，新加坡的社会管理经验成为中国学习的主要内容。于 1992 年成立的“新加坡合作计划”就是新加坡对中国以及周边的东盟国家展开积极有效的公共外交的一个举措，并取得了不错的成效。该计划主要为有意与新加坡合作的国家提供课程培训以及安排考察访问，课程包括经济、基建、互

联互通、创新、智慧城市等方面。其中，南洋理工大学的中国“市长班”堪称新加坡开展公共外交活动的优秀范例。

3. 第三阶段：2002 年至今

在这一阶段，新加坡模式中的体制建设经验成为中国向新加坡学习的重点内容。与此同时，经过几十年的努力，中国各方面取得了飞速的发展，中新两国进入互相学习的新阶段，由此，中新两国的公共外交进入实质性的良性互动阶段。新加坡继续通过“市长班”展开公共外交。中国的发展也给新加坡提供了宝贵的参考价值，新加坡也开始积极汲取中国的优秀经验。例如，中国政府如何应对中产阶层的崛起、如何回应年轻人对未来的期望、如何发展科技与金融等。2017 年 9 月，新加坡总理李显龙在访华前接受中国媒体采访时，也曾盛赞中国在电子支付领域走在世界的最前端，值得新加坡学习、借鉴。

（三）亮点

1. 通过国际游客，树立和宣传国家形象

国际旅游是实现公共外交的重要渠道。新加坡对于通过吸引国际游客，实现公共外交的最大效果，有着自己的特色。近 40 年来，赴新旅游的外国游客数量一路飙升：1982 年，国际游客人数 280 多万人，超过了本国人口；1994 年，680 万人次，在亚洲诸国和地区中名列前茅；2018 年，新加坡国际游客人数 1850 万人次。对于吸引中国游客，新加坡更是不遗余力。20 世纪 90 年代，新马泰之旅成为中国游客出境游的首选路线。进入 21 世纪，中国出境游出现井喷式增长。据中外文化交流中心、文化和旅游部海外文化设施建设管理中心发布的信息，长期以来，中国都是新加坡的主要游客来源地。2019 年，中国赴新加坡旅游的游客达 363 万人次，占入境新加坡国际旅客人数的 23.9%，中国已经连续多年是新加坡最大的入境旅游客源地。2019 年，中国内地前往新加坡旅游的游客，为新加坡创造了 41 亿新元（约合 205 亿元人民币）的旅游收入，是新加坡旅游的最大收入来源。① 新加坡全国积极接入支付宝，进一步吸引了中国游客赴新旅游。在注重观光游、商务游的同时，新加坡现在还非常重视教育修学游、医疗保健游和培训游等旅游项目，② 持续地展示本国形象，增进世界各国人民对新加坡的了解，将旅游公共外交的作用发挥到了极致。

2. 发挥传媒优势，做中西方的桥梁

媒体交流是公共外交的重要一环和重要力量，在信息沟通、双向交流、增进了解、消除偏见等方面，媒体可以起到非常重要的作用。长期以来，一些新加坡媒体秉持客观、中立的新闻报道原则，成为中西方文化沟通的桥梁。

一是打造自己的话语权阵地。新加坡《联合早报》及其网络版，深受中国读者特别是中产阶级和知识分子的喜爱，成为为数不多的有重大影响的境外中文新闻网站。③ 特别是在传播一些西方声音和对中国热点评析上，《联合早报》都能最大限度地保持客观中立的立场，不做任何一方的传声筒，为媒体的公信力树立了良好的榜样。

二是注重社交媒体的运用。新加坡通过社交媒体，不断丰富其公共外交的内涵和外延。国家领导人积极参与媒体外交。新加坡总理李显龙就是社交媒体外交的亲力亲为者。李显龙于 2012 年设立了个人脸书和推特账号，经常在个人社交账号上发布一些国家事务，如在 2017 年访华行程结束之后利用脸书表达对中方接待的感谢，彰显了其个人魅力，增进了人们对新加坡的了解和认同。

三是通过社交新媒体加强和中国的沟通交流。在中国非常火爆的抖音、微博、微信公众号，在新加坡都有着大量的用户，通过抖音分享新加坡好吃

---

① 参见王濛濛：《新加坡旅游局持续面向中国加大旅游促销力度》，2022 年 6 月 8 日，见 https://www.cice.org.cn/pubinfo/2022/07/22/500005004001019002/fbe03e7bcd2d45148b-f65787e15e194c.html。

② 参见《新加坡正采取措施　吸引中国游客》，2006 年 5 月 25 日，见 http://www.cafta.org.cn/show.php?contentid=35813。

③ 参见韩方明：《亲历新加坡与中国的公共外交活动》，《公共外交季刊》2013 年第 1 期。

好玩的短视频，通过微博短图文内容传递新加坡方方面面的新闻、热点、旅游资源等，通过微信公众号撰写中国读者关心的深度分析好文。

3. 开展教育合作，吸引全球高精尖人才

留学生作为公共外交的主体之一，发挥着增强文化影响力和促进民情民意相通的作用。通过留学生达到文化的软输出，让外国民众能够以一种更信任的方式了解本国，以这种“润物细无声”的方式，消除隔阂、促进沟通、建立友谊。[①] 国际留学生是新加坡实现公共外交目标的重要群体。据新加坡政府公布的《2019 年人口简报》，留学生人数达 6.72 万名。这些国际留学生在新加坡学习生活，甚至是工作，对新加坡的社会经济、文化教育等方面都有了一个直观的了解，新加坡的国际形象通过留学生公共外交得以不断提升。

4. 打造花园城市国家品牌，兰花外交独具特色

新加坡独立建国以来，倾力打造花园城市这一国家品牌。只要一提“花园城市”，世界人民的第一反应是新加坡。新加坡植物园是新加坡首个联合国教科文组织世界文化遗产。园内有 1000 多个纯种和 2000 多个配种的兰花，总数达 6 万多株。新加坡还启动“贵宾”兰花计划，以人名为兰花命名，打造“无声的公共外交使者”。现如今，贵宾花园已有近百种“名人兰花”，包括以中国国家主席习近平和夫人彭丽媛、中国国务院前总理朱镕基夫人劳安、南非前总统曼德拉、已故英国王妃戴安娜等政治人物以及成龙和孙燕姿等明星命名的品种。新加坡的兰花外交，让人看到了新加坡公共外交中，接地气的人文交流元素，为新加坡公共外交攒足了人气。

（四）案例经验

新加坡从一个第三世界小国发展成为得到各国认可的发达国家，其公共外交方面的成功之处，主要归因于以下方面。

---

① 参见马想斌：《每个留学生都是外交一份子》，《留学》2016 年第 17 期。

1. 注重与周边国家的合作

通过文化外交的手段加强与周边国家的沟通交流，是新加坡展开公共外交的重点方向之一。例如，新加坡公共外交的重要项目“新加坡合作计划”的援助对象非常明确，就是面向周边国家。

2. 充分发挥媒体作用

新加坡媒体外交取得了较多的成功经验，如建立了较为完善的“新闻舆论管理机制”，注重传统媒体与新型媒体有机结合，等等。

3. 充分发挥教育外交的力量

新加坡教育国际化成为其外交软实力的主要来源和输出途径之一，新加坡国际教育对象的精英化使其对外软实力产生倍增效应。

4. 注重青年的力量

青年公共外交是公共外交的重要内容，青年发展潜力大，青年公共外交日益受到重视。青年公共外交对两国关系的当下和未来都有重要意义，尤其是为两国关系的长远发展储备力量。① 于 1991 年成立的新加坡国际基金会（Singapore International Foundation），旨在通过观念、技能和经验共享创造出更美好的世界，最终目的就是提高各国生活水平并且给新加坡人民和其他国家人民搭建起沟通的桥梁。

四、美国公共外交案例

（一）案例背景

美国作为公共外交实践的发源地之一，是公共外交的传统大国。悠久的公共外交历史，丰富的公共资源，明确的服务美国全球超级大国的战略目标定位，美国公共外交发展势头迅猛，对外大力宣传输出国家观念和政策，加

① 参见由凯宇：《日本对东盟国家的青年公共外交及其启示》，《公共外交季刊》2019 年第 2 期。

强国际教育文化合作扩大国家影响力，已构建起国家首脑、政府部门、非政府组织、企业及个人的多元多维度立体成熟的公共外交体系，是公共外交的典范，无论在理论上还是实践上都有重要的参考价值。

（二）案例发展历程

美国的公共外交经历可分为以下几个阶段和关键时间节点。

一是公共外交的起源：美国成立之初，本杰明·富兰克林和托马斯·杰斐逊前往英国和法国发表演讲，派发美国宣传册子，与当地学界交流沟通，宣扬美国的治国思想，被认为是美国公共外交的第一次尝试。

二是公共外交的缓慢发展期：第二次世界大战结束后，以美苏为代表的资本主义和社会主义两大阵营开始了长达40多年的冷战，两大阵营开展争夺文化思想领域的话语权，拉拢争取世界民众的认同。1953年8月1日美国新闻署应运而生，成为美国公共外交的领导机构。冷战后，由于美国部分官员认为在冷战中美国已经取得胜利，公共外交不再那么重要，1999年10月，美国新闻署取消，归属并入国务院，公共外交相关的投入经费拨款缩减，公共外交地位持续下降。

三是公共外交的转折点："9·11"事件发生后，美国认为公共外交的缺失导致世界人民对美国形象误读甚至引发憎恨。因此美国迅速将公共外交提升到国家安全和对外战略的核心地位，加大对公共外交的经费投入，整合增加多个专门负责的部门，加紧对世界人民输出美国政策和民主、自由的价值观念，致力打造美国在中东甚至世界的良好形象的"攻心"计划，助力反恐战争取得了胜利。

四是外交巩固升级期：奥巴马执政后，制定了"公共外交全球战略框架"，多方面扶持公共外交发展，推行"新媒体社交"和"全面网络外交"，以网络为依托宣传美国政策，与网民对话，自下而上利用新媒体手段达到对内缓解国内矛盾，对外继续塑造良好的美国形象，公共外交非政府主体的作用凸显。到了特朗普时代，特朗普为实现其"让美国再次伟大"的承诺，试图采取强化对信息、网络资源的协调掌控策略，回击外国政府发动的信息战。美国自由、民主的价值观念在世界确立并日益巩固加强。美国公共外交从小布什到奥巴马再到特朗普政府呈现了一个持续发展加强巩固的过程，美国公共外交已成为其外交整体战略的重要部分，在对外工作中发挥至关重要的作用。

（三）案例特点

1. 围绕外交整体战略

美国始终将中国作为公共外交政策的主要实施对象，以跌宕起伏的中美关系为主线，外交整体战略“亲华”“疏华”与美对华公共外交呈现正相关。第二次世界大战时期至新中国成立，美国对中国不仅在军事和经济上援助，而且注意在多方面与中国加强公共外交合作交流；朝鲜战争至中美关系正常化时期，美国只单方面通过本国影响力较大的媒体、中国港台等地区向中国内地大陆输出本国价值观，两国没有直接交流；中美两国关系正常化至冷战结束时期，双边关系逐步恢复；冷战结束到布什政府初期，双方关系在冷淡中前进。1998 年克林顿访华，签订了多项公共外交中的文化交流项目文件。“9 · 11”事件后，美国公共战略转型，加速与中国合作。奥巴马政府时期，为进一步缓和与中国的关系，采取“软外交”，2009 年奥巴马访华塑造亲民的美国领导人形象，拉近中美关系。而特朗普政府将中国作为威胁对象，在外交关系中采取强硬手段。

2. 注重国际合作

美国是崇尚合作精神的国家，在公共外交中善于通过国际实现共赢。富布莱特项目就是美国人文交流合作的著名案例。1946 年美国通过《富布莱特法案》，资助包括美国学生赴国外学习、外国学生赴美国交流在内的 9 个项目。通过项目美国公民赴国外带去美国的价值观念，外国人进入美国，感受美国独特的文化，成为美国价值观的最佳传播者，富布莱特项目被认为是与马歇尔计划比肩的美国国家重大计划。其意义体现在：一是构建了学术交流的平台和桥梁，培养高素质人才；二是宣传和输出了本国价值观和意识形态；三是项目的组织者涵盖政府组织和民间组织，民间组织的加入使国家的文化输出更加隐蔽，不易引发受众的排斥和反感，同时充分发挥民间力量，有效减轻了政府的压力；四是促成了资本主义和社会主义人民的相互交流、理解及进步，有助于消除两国的担忧和疑虑。

3. 善用网络“巧力”

现代通信工具和网络迅猛打破公共外交的地域局限，带来了“新公共外交”模式，在网络上公共外交无处不在，受众广，成本低，美国充分利用网络“巧力”这个新手段新渠道来实现公共外交的目标，这是美国公共外交的重要特点。

一是利用本国优势网站平台达到传播目的。灵活利用自由亚洲电台、美国之音、《纽约时报》、谷歌、推特、脸书等本国网络及社交平台，及时并有效地传播其政策和理念。二是“入乡随俗”利用当地社交平台加速国际传播。奥巴马执政期间，充分利用当地新媒体宣传本国政策、与网民对话。2009年奥巴马访华期间，美国驻华大使馆专门开展了一场吹风会，在网上回答中国网络提问，为奥巴马总统访华做了很好的铺垫。而2014年3月，奥巴马在其夫人米歇尔·奥巴马受我国国家主席习近平夫人邀请访华期间，更是在接受了美国当地著名脱口秀艾伦秀的视频采访中侃侃而谈，向当地民众及中国公民彰显的是一位亲民、随和而没有任何“官架子”的宛如邻家大哥的美国总统形象。而实践证明，这种营销式的公共策略深受大众接受和喜爱。三是充分发挥世界级网络社交平台作用。美国充分利用其推特、脸书、MSN、Linkedin、Myspace等世界级社交平台，传播范围更大，受众人群更大，更能发出美国声音，建立美国在国际上的话语权。

4. 外交主体多元化明显

美国公共政策建立了首脑、政府、非政府组织、企业、个人主体多元化架构，“全民外交模式”作用日益凸显。

一是首脑外交圈。在美国，最高领导人及其家属带头开展公共外交，形成首脑外交圈。如2017年上任的美国总统特朗普打破美国总统已延续一二十年给华人拜年的案例，但为了不至于中美关系过于紧张，特朗普女儿伊万卡和其外孙女却一起到中国驻美大使馆给华人拜年，其外孙女还专门录了一个小视频给华人拜年，赚足了人气。特朗普不给华人拜年，是当时美国正在调整国家对外政策，他不给华人拜年来显示自己对华强硬的姿态。女儿及外孙女则给美中关系留有空间。万一特朗普的政策达不到目的，他女儿就可以登场扮演斡旋者的角色。

二是发挥政治家独特魅力树典型。美国驻华大使是中美之间的桥梁，对美国对华公共外交政策产生重大影响，因此美国在任用驻华大使时注意考虑政治家与中国独特的关系。中美建交以来历任的美国13位驻华大使，就有6位专门起了中文名或会说中文，又或者与中国有着其他千丝万缕的关系。美国驻华大使布兰斯塔德在2017年圣诞节期间返回美国出席活动分享其在中国半年的生活，直言自己爱上中国米饭，还学会了用筷子，而自己5岁的孙女则学会了说中文和唱中国歌。美国驻华大使等政治家对公共外交的驾驭能力炉火纯青，通过与中国民众的近距离接触，用个人的魅力深化两国人民的友谊，同时对美国国家形象构建起到事半功倍的作用。这些美国推行的政策都为未来长期向好的中美关系奠定良好的社会基础。

五、日本对东南亚国家开展人文交流服务其总体外交

（一）案例背景

日本对东南亚国家开展的人文交流活动使日本从当年东南亚国家排斥的“殖民者”形象转变为当今东南亚各国口中的“主要合作国”，推动双方关系不断走深走实，很好地服务了日本总体外交战略。

第二次世界大战后，东南亚国家认为日本是“残酷的殖民者”，对日本存在明显的抗拒心理。日本急需寻找重返东南亚的契机和机遇，化解双方的

紧张关系。在美国的帮助下，20 世纪 60 年代，日本以赔偿实物或劳务合作项目为主要途径，对缅甸、越南、老挝、柬埔寨、泰国、印度尼西亚等东南亚国家进行经济赔偿，巧妙地将“坏事”变成了“好事”。不仅因此开拓了东南亚原料和商品市场，还增进了日本与东南亚国家的相互理解，东南亚各国逐渐放下戒心，对日本态度逐步转变，后续阶段日本与东南亚国家开展了持续性人文交流。2017 年日本外务省公布委托益普索国际在东盟 10 国进行对日民意调查中，90%的东盟受访者对双方人文交流的成效持肯定性态度。

（二）案例发展历程

日本历届领导人在顶层制度设置上高度重视并制定各项政策充分保障对东南亚国家的人文交流活动有序开展。20 世纪 70 年代的“福田主义”成为日本重视在东南亚公共外交的重要节点；80 年代日本提出的“文化强国”理念，进一步确定东南亚国家的支持是日本实现政治大国目标的必要条件；90 年代的“桥本主义”强调要“建立丰富多彩的文化合作与交流关系，通过文化交流进一步培养亚太地区共同体意识”。[①]2002 年，日本首相小泉纯一郎首次提出“东亚共同体”国家战略目标，确定以教育和人力资源开发为重点。2009 年，日本首相鸠山由纪夫强调以“东亚共同体”为目标加强日本外交政策。菅直人任日本首相后，进一步将“东亚共同体”目标具体化，加深日本在东南亚的文化影响力。2013 年，日本首相安倍晋三提出了对东南亚的新的五项原则，即“安倍主义”，进一步强调加强日本与东南亚的青年交往，促进双方人文交流，建构新型外交关系。

日本设立了专门机构如国际教育协会、亚洲学生文化协会、日本国际交流基金、统合基金协会等，支持对东南亚招收留学生，支持专业人员赴日进修，并对外实施“和平友好交流计划”，举行“亚洲文化恳亲会”，塑造日本文化影响力。同时，持续拓展对东南亚人文交流活动的内容。

---

① 由凯宇:《日本对东盟国家的青年公共外交及其启示》,《公共外交季刊》2019 年第 2 期。

1. 开展高度发达的人员交流

一是青年交流。对东南亚开展了“青年日本研修”“东南亚青年之船”“为了21世纪的友情计划”“东盟留日校友会”“和平国际校友会”“对话东南亚穆斯林”“日本东盟柔道”“东盟文化交流中心”“留学生10万人计划”“日本东盟综合交流项目”“湄公河青年交流”等诸多交流项目。二是资助留学生。日本制定了“国费留学生”制度，并提供高额奖学金，鼓励东盟国家来日留学，东盟10国赴日留学人数不断攀升，特别是越南赴日留学生，从1996年的257人增至2017年的12409人。2006年，日本为“东南亚青少年交流基金”投入217亿日元。三是专家派遣。日本积极派遣专家学者深入东南亚国家开展文化、社会问题研究，传达日本的“善意”，培养了日本在东南亚国家的“亲日派”“知日派”。

2. 推动流行文化外交

日本以动漫等为抓手，在东南亚开展文化外交，推动日本文化在东南亚发展。21世纪后，日本将动漫产品列为对外文化交流的内容，针对动漫推广开展了一系列措施：一是建立针对海外的英语广播宣传日本动漫文化；二是自2007年起设立一个面向世界的国际漫画奖；三是自2008年起推动动漫文化大使计划，任用优秀的漫画家或者动漫人物为推广大使，其中包括东南亚喜爱的动漫形象哆啦A梦；四是自2008年起，每年在东南亚地区举办亚洲动漫节，推动日本动漫及文化在东南亚的推广；五是推出“商品＋动漫”合作品牌，如日本年轻人品牌WEGO（东京都涩谷区）与动漫合作，这个作为象征日本文化的品牌代表在东南亚深受年轻人的追捧。

3. 深化城市外交

1965年，日本与东南亚确定了第一对友好城市日本横滨市和菲律宾的马尼拉市。随着双方关系的深化，日本与东南亚国家的友好城市数量不断增加，但仅停留于“交流”层面。20世纪90年代初日本跳出象征意味较强的友城关系，成功完成友好城市合作“从国际交流到国际合作”的转型，更加注重城市合作的实效性，进一步密切日本与东南亚国家的友好合作关系。

4. 推进日语教育

日本将日语推广作为对外文化教育的重要内容，并指派国际交流基金会、文部省、邮政省共同负责推广。1962 年，日本成立了对外日语教育学会。日本国际交流基金会在印度尼西亚首都雅加达设置办事处，1962 年日语进入印度尼西亚高中课堂。1984 年印尼正式将日语纳入国民教育部课程体系。同时，国际交流基金会通过向海外的日语培训机构派遣专家形式，让日本本土语言来到东南亚国家，加深东南亚人民对日本语言文化的了解，在东南亚多个国家掀起日语学习的浪潮。

（三）亮点

1. 依托多种公共外交措施助力人文交流

政治上，日本高层领导对东南亚密集互访，并在政策制定上给予充分保障；经济上，以经济补偿为敲门砖重返东南亚，后期加大对东南亚提供经济援助、经济贷款，强化双方基础性设施和产业合作，通过技术输出和资金支持等手段持续参与东南亚的经济建设，增强东南亚对日本的经济依赖性，也为增进东南亚国家对日本的好感铺平了道路。

2. 充分考虑对象国需求

日本在人文交流中准确把握东南亚需求，给予对象国发展文化的支持，在此基础上输出本国的价值观和思想，比单纯地输出更能让人接受，也更有效果，赢得了东南亚国家的积极响应。比如海啸、台风、地震是挑战东南亚城市安全的重要隐患，日本派遣专家赴东南亚积极分享灾害应对经验协助抗灾，开展灾害应对合作，帮助东南亚解决燃眉之急；东南亚国家人才培养需求强烈，日本积极接收大批东南亚留学生，又培养了“亲日派”“知日派”队伍。

3. 聚焦文化核心打造“文化 + 商品”

众所周知，日本动漫、音乐、教育和影视等在全球都享有盛名。在与东南亚交往中，日本善于将其本国的文化优势进行创新，用现代理念将其动漫、影视作品进行包装并打造文化产品，用商业化手段彰显日本文化潮流，提高本国文化吸引力。

4. 充分发挥人的主体性作用

在人文交流活动中，日本紧紧围绕“人”来做文章。为东南亚国家学生提供奖学金，推进干部交流培训、青年交流、学术研讨，普及日语等都是日本紧紧围绕人在人文交流中主体性作用的表现，特别是抓住青少年群体，为双方长期的友好交流从小打下基础，为日本的未来打造良好的国家关系。

5. 发挥“借力”作用，形成合力

一是借盟友之力。借助美国的影响力，以美国的桥梁作用重返东南亚，打破了与东南亚国家的障碍，积极加强文化交流、人才培养，建立起日本与东南亚稳定、持续的人文交流体系，建立起自身在东南亚国家的影响力。二是集合官方力量和民间力量。日本开展人文交流活动的组织，既有官方的机构，如外务省，又有非政府组织、非营利组织等，政府与民间力量凝聚形成合力共同促进日本与东南亚国家的人文交流活动。

六、五个案例对我国公共外交的启示

（一）周边国家是我国开展人文交流促进公共外交的优先方向

我国与东盟及其他周边国家友好交往的历史悠久，开展人文交流具有得天独厚的条件。东博社选择在马来西亚、泰国、新加坡设立分社；“一带一路”学院选择在印度尼西亚、哈萨克斯坦设立海外校区，在巴基斯坦、泰国设立办事处；新加坡着重吸引中国前来“取经”；日本对东南亚开展培训；这些都是对周边国家开展人文交流的成功案例。今后，我国应加强对东盟和其他周边国家的人文交流，使公共外交在周边率先开花结果，取得实效。

（二）要因地制宜制定新媒体新战略，构建中国国际话语权，讲好中国故事

从上述案例中可以管窥新媒体在公共外交中发挥着越来越重要的作用。美国充分利用网络和社交媒体开展公共外交，新加坡总理李显龙也利用新媒体社交平台传递国家声音，展示个人魅力。我们应借鉴他们的做法，在公共外交中更多地用好新媒体，要针对不同的国家讲述不同版本的“中国故事”，根据对象设置“中国故事”的不同讲法，让“中国故事”更接当地的“地气”。

（三）要加强文化自信，通过文化交流促进价值观的认同

东博社把意识形态工作纳入办刊及对外传播活动当中，以海外分社为阵地，以举办各种活动为载体，积极做好中国传统文化的挖掘和成就的对外展示宣传，把优秀的中国文化传播出去；“一带一路”学院以海外校区为阵地，以外国来华留学生、来华培训教师、学生家长为对象，在教学和其他交流活动中积极向海外传播桂林旅游和中国文化。日本以动漫为载体，提高本国文化对海外青少年的吸引力。随着“一带一路”建设深入推进，我们要加强文化自信，加强对优秀传统文化的挖掘，把中国的优秀传统文化与新时代的中国故事有机结合起来，创新文化产品，提高中国文化的国际影响力，让文化在公共外交中发挥更大作用。

（四）要做好“人”的工作，培育更多公共外交的“使者”

新加坡十分注重吸引中国旅游者，注重对中国干部和专业人员进行培训，使旅游者和受训者成为“新加坡故事”的对外传播者。日本也注重招收东南亚青年留学生，把留学生培养成“亲日”者。我们要借鉴其经验，坚持把青年作为对海外开展公共外交的重要对象，通过留学、培训、互访、考察等各种渠道，让海外青年更多地了解中国，让他们成为“中国故事”的传播者。同时，要加强与海外华侨华人的联系，东博社在马来西亚、泰国设立

分社，都得益于当地华人的帮助。我们要充分发挥海外华侨华人既熟悉中国文化又了解所在国家国情的优势，对他们加强联谊，使他们成为公共外交的“润滑剂”。

（五）要加大非政府机构参与度并探索设立相关基金，为公共外交提供更有力的支持

美国、日本等国家的公共外交实施主体都是多元化，包括政府、非政府组织、企业、个人。在资金保障上，新加坡建立“新加坡国际基金会”，支持新加坡对外交流；日本专门成立国际教育协会、亚洲学生文化协会、日本国际交流基金、统合基金协会等，支持东南亚学生赴日本留学。在上述“一带一路”学院的案例中，广西维伯教育集团作为一家企业，通过校企合作，提供资金支持，这是一个积极的创新。今后，应加大创新力度，争取更多的非政府组织、企业、个人加入公共外交工作中来。此外，有关方面应探索设立相关专项基金，为公共外交提供资金保障，确保细水长流。

第五章　促进中国—东盟人文交流的构想、路径对策和推进建议

全球化、信息化视野下的21世纪海上丝绸之路建设、人类命运共同体建设是超越国际的，应从人类社会发展本身去认识它的意义。“国之交在于民相亲，民相亲在于心相通”，落实建设21世纪海上丝绸之路、构建中国—东盟命运共同体的倡议，需要通过“民心相通”实现与东盟的互联互通。“民心是最大的政治”，争取东盟国家民众的民心与民意是我们推进与东盟各国人文交流的出发点和落脚点。因此，如何通过人文交流，使得中国与东盟民众之间有效沟通、增进彼此间的相互理解，进而交流思想、加深感情、改善双方人民之间感情认知、消除“误解”、增加彼此间的宽容、厚植双方国家民众之间的民意基础，是我们对东盟开展公共外交的核心。

要提升中国在东盟地区的接受度和认同度等，必须在构建人类命运共同体思想的引领下，明确对东盟开放人文交流的方向和目标，寻求人文交流的重点路径和最佳路径，夯实为达到这个目标和终极效果所需的保障。

一、总体构想

“关系亲不亲，关键在民心。”“民心相通”是中国与东盟民众之间人员往来的最高准则。民心相通指的是来自不同国家、不同文化、不同种族、不同宗教、不同信仰的民众之间通过充分沟通和交流，其不同思想、

情感能得到对方的充分认可和接受，从而达到真心换真心的效果。相较对于国家间关系的发展依靠的其他两大支柱——政治安全、经贸合作来说，人文交流的效果比政治交流的影响更久远更稳定，比经贸交流更深刻，更有温度和力度。对于发展与东盟国家的人文交流，我们应清楚地认识它与政治交流和经贸交流有不同的作用和效果，应更注重它的相对独立性、持久性，使其能更大范围、更长久、更深层次地在我国对外关系中发挥作用。

为此，我们应该做到以下三方面。首先，要有指导思想和顶层设计。开展民心相通工程、引领民心相通工作，需要有一个面向未来、站位高远的指导思想。在指导思想的引领下进行顶层设计，从战略高度加强高层引领，制定总体规划，布局相关方案、行动计划；为达到民心相通的效果，需要为促进各国的人文交流和民间交往确立方向和目标。其次，要有保障。为确保人文交流的方向性、有效性和可持续性，需要建立制度保障，整合各方面资源，搭建起一批战略交流平台、架设互学互鉴桥梁。最后，形成全民外交局面。通过推动务实普惠的民生合作项目、关注一些重点领域、重点项目的人文交流，全方位、多渠道、多层次地推进人文交流，构建多元互动的人文交流大格局，双方民众通过交换思想、加深感情，从而“交心”“走心”，以达到“以心相交，成其久远”的现实效果。

（一）关于指导思想和顶层设计

对于中国与东盟国家之间的人文交流发展方向和目标，必须站在国家层面制订高瞻远瞩的指导思想，在这个指导思想的框架下，明确对东盟人文交流的发展方向、厘清发展目标。

2013 年 10 月 3 日，习近平主席在印度尼西亚国会演讲时，郑重提出了“携手建设中国—东盟命运共同体”的倡议，强调要坚持讲信修睦、合作共赢、守望相助、心心相印、开放包容，使双方成为兴衰相伴、安危与共、同舟共济的好邻居、好朋友、好伙伴。[①] 这个讲话，指出了中国与东盟之间彼此是休戚相关、命运与共的伙伴，它为中国—东盟关系的长远发展指明了方向，[②] 也为中国与东盟国家之间的人文交流发展明确了指导思想：即通过人文交流，不断推动文明互鉴，夯实民意基础，促进民心相通，让命运共同体意识在中国与东盟之间落地生根。

（二）关于发展方向：构建中国—东盟命运共同体

构建中国—东盟利益共同体、中国—东盟责任共同体和中国—东盟命运共同体的落脚点是人员交往的共同体。“一带一路”倡议的最终目的是通过推动基础设施互联互通，使得“天堑变通途”，服务于人员之间的交往。人员交往的频率越高，中国与东盟各国之间的熟识度越高，认可度也相应越高。通过多层次、多领域、多渠道、多形式地开展与东盟人文交流与合作、拓展人文交流的主体（青年、智库、媒体、社会团体、非政府组织、民间组织、华侨华人、跨国企业、贸易人员乃至全体公民），以形成一个中国全民外交、全方位外交的大格局。

（三）关于实施目标：服务于构建人类命运共同体

1. 让命运共同体意识深入人心

培育和激发双方人民的命运共同体意识，强化双方人民的命运共同体行动自觉，让命运共同体意识更加深入民心，提升双方人民对建设命运共同体的认可度、支持度、参与度和获得感。[③]

2. 推动文化包容融合、价值观认同和政治互信

在尊重本地区文化和社会价值多样性的基础上，架设不同文明互学互鉴

① 杜尚泽：《中国—东盟命运共同体——记习近平访问印尼和马来西亚》，2013 年 10 月 7 日，见 http://www.gov.cn/ldhd/2013-10/07/content_2501358.htm。

② 参见李晨阳：《中国—东盟命运共同体建设的整体思路》，《中国社会科学报》2020 年第 7 期。

③ 李晨阳：《中国—东盟命运共同体建设的整体思路》，《中国社会科学报》2020 年第 7 期。

的桥梁，推动不同文明的交流互鉴，[①] 寻求与东盟文化的相容相通，以加强与东盟国家的文化认同和融合。

3. 构建全民外交新格局

通过全方位人文交流，带动多元交流主体参与，推进各个层级、各个领域和社会各界人民进行对话交流，形成全民外交格局，让中国与东盟各国的关系更可持续发展，让世代友好薪火相传，使其达到“民心相通”并“成其久远”。

（四）关于人文交流原则

“人文交流”的目的是促使“民心相通”，夯实国家间关系的社会土壤。[②] 因此，如何使得人文交流更到位、更恰如其分地发挥作用，需秉承以下几个原则。

1. 开放性原则

鉴于人文交流的主要作用是沟通人与人之间的情感、搭建心与心之间的桥梁，它能帮助来自不同国家、不同文化、不同种族、不同宗教、不同信仰的民众加深理解和信任，应将人文交流与民间外交、人文外交等外交手段和途径做一些适当的区别。《牛津国际和平百科全书》对“民间外交”（People-to-People Diplomacy）的解释是：“一种跨国的冲突解决策略，它鼓励普通公民在缓和国家间敌意方面发挥作用。”[③]“民间外交”带有鲜明的功利性、国家本位性，是一个含义相对狭窄的概念；同样，人文外交，也服务于国家利益。最起初的“人文交流”很多活动的开展类似于民间往来、“民间交流”，这种“人民间的交流”很多都是自发的，它的开展是不受种族、宗教、族群信仰和政治立场而开展的，是人类社会的天然属性并早于国家和国际关系的诞生。这种交流议题广泛、形式多样、重在跨国族群等“民众之间的交流”，执行官方意志和政策并不是其首要出发点。因此，“它同其他的外交手段相

① 李晨阳：《中国—东盟命运共同体建设的整体思路》，《中国社会科学报》2020 年第 7 期。

② 庄礼伟：《中国式“人文交流”能否有效实现“民心相通”?》，《东南亚研究》2017 年第 6 期。

③ 庄礼伟：《中国式“人文交流”能否有效实现“民心相通”?》，《东南亚研究》2017 年第 6 期。

比，更具有基础性、先导性、广泛性和持久性”。① 也就是说，稳定的人文交流，其发展应该是不受国家之间、地区之间的关系变化而发生变化，不应该受某个时期双边国家关系的恶化而受阻甚至终止。为此，我们在对于开展对外人文交流的指导思想上，应持开放包容的心态，应该尽可能地使其少受政治、经济或宗教、信仰等因素的影响。

2. 平等性原则

平等待人、真诚待人，是中华优秀传统美德，是我们传统礼仪的待客之道。唯有平等地与交往对象真诚相待，双方之间才会产生长久的互动。人与人交往如斯，国与国交往亦如斯。东盟国家中绝大多数是小国、是穷国、是弱国。中国近年来的飞速发展让它们望而止步，而“一带一路”倡议等相关政策解读不到位，也让这些国家及其民众产生比较复杂的心理以及防范心理。在与这些国家各个层面的群体交往的过程中，我们应摒弃“大国优势”心理，应当尽量避免炫耀性的、展示性、宣教性的交流，应重视与对象国公众的互动，持真诚态度平等待之，向其展示友好姿态。如此“以心相交”，方能“成其久远”。

3. 双向性原则

只有单向展示的人文交流不会长久。“望河洛之交流兮，看成皋之旋门。”（汉・班昭《东征赋》）；“历水出历祠下，众源竞发，与泺水同入鹊山湖。所谓交流也。”（仇兆鳌注《三齐记》）所谓交流，谓江河之水汇合而流，指的是不同的小溪、河流在某处汇合，然后并行向前流淌。对人文交流而言，指的是不同地区、地域、国家的人之间的往来、信息互换、情感沟通，然后可能一起朝着一个方向奔去。对于我们与东盟国家之间开展的人文交流，我们要关注的不单是它有流动，更应该在乎其汇集点以及双方之间的互动上。我们在对外“人文交流”中，存在过于偏重单向式乃至灌输式“交流”的倾向，

① 刘延东：《深化高等教育合作，开创亚洲人文交流新局面》，《世界教育信息》2010 年第 12 期。

多是“走出去的多，请进来的少”的单向式格局，有时过于偏重展示性的“交流”，大多关切我们如何教别人学中文、如何向别人展示中国文化、对别人解释何为中国道路、中国制度的优越性以及中国内外政策为什么是对的，[①]而不重视对对方国家价值偏好、核心关切、文化特性的了解，致使双方之间的交流更趋向于单向性的输出。在交往的过程中，如果我们多一些换位思考，多想想他们需要什么、他们想听什么、什么样的方式他们更易于接受，才会产生良好的互动。

4. **大众性原则**

对外“人文交流”的格局应予以调整：减少过于倚重政府、出钱出面统筹、规划和主办的交流格局。在我国与东盟国家已经开展的人文交流中，有时有一些片面追求数量、追求表面热闹，只注重“走出去”但不顾“走进去”的现象，难以做到“入乡随俗”和影响他们的情感与态度，虽耗费了大量人力物力但效果欠佳；还有，东盟一些国家的民众对由我们政府、官方组织的人文交流活动往往怀有抵制情绪和消极态度，这样一来反而拉大了双方之间的距离。people-to-people exchanges 本身就包含或更倾向于不受约束的、非正式的、非官方、双向的、可以是任何议题下的互动、交流和“一起工作”。[②] 应多鼓励民间的“直接交流”、千千万万草根之间直接相互交流，使我们与东盟国家之间的群众基础更扎实，从扶贫、教育、公共卫生等低政治敏感度的活动领域做起。应推动促成尽可能多的务实普惠的民生合作，形成共建共享的合作方式。鼓励或派出更多的志愿者去到当地人民的“核心关切领域”，比如医疗、减贫、环境环保、就业、反毒、禁止网络博彩、生活便利化、人权、社会公正等领域中“一起工作”[③]，促进双方民众在实实在在

① 参见庄礼伟：《中国式“人文交流”能否有效实现“民心相通”?》，《东南亚研究》2017 年第 6 期。

② 参见庄礼伟：《中国式“人文交流”能否有效实现“民心相通”?》，《东南亚研究》2017 年第 6 期。

③ 参见庄礼伟：《中国式“人文交流”能否有效实现“民心相通”?》，《东南亚研究》2017 年第 6 期。

的工作领域形成“有机对接”。通过这样的深度交往、真实互动的有效合作，才能真正彼此相互了解、相互理解，继而才可能理解包容彼此的差异、相互接受，从而真正达到“民相亲”“心相通”的效果，真正夯实中国与东盟国家间的社会土壤。

二、路径对策

党的十八大报告明确提出“扎实推进公共外交和人文交流”。人文交流是公共外交的重要组成部分，目的是促进国家之间、地区之间民众的相互沟通并相互理解，从而塑造区域文化认同、价值认同。[①] 党的二十大报告明确提出：促进各国人民相知相亲。以文明交流超越文明隔阂、文明互鉴超越文明冲突、文明共存超越文明优越。[②] 巩固和扩大我国同东盟各国国家关系长远发展的社会和民意基础，推动区域文化认同和价值认同，是加强对东盟公共外交和人文交流的出发点。为此，我们的交流途径应该以增强国家软实力、提升国家形象、促进文化认同为目标，以一些特殊领域、重点项目的交流与合作为抓手，以构建全民参与的公共外交大格局为方向，推动我国与东盟国家之间更深层次的人文交流和思想交流。

（一）加强重点项目的人文交流与合作

2013 年 10 月，中国国家主席习近平在印度尼西亚国会演讲时强调：“我们要促进青年、智库、议会、非政府组织、社会团体等的友好交流，为中国—东盟关系发展提供更多智力支撑，增进人民了解和友谊。中国愿向东盟派出更多志愿者，支持东盟国家文化、教育、卫生、医疗等领域事业发展。”[③]

① 许利平等：《中国与周边国家的人文交流》，时事出版社 2015 年版，第 4 页。

② 《党的二十大文件汇编》，党建读物出版社 2022 年版，第 47—48 页。

③ 《习近平谈治国理政》第一卷，外文出版社 2018 年版，第 294 页。

李克强总理在第 16 次中国—东盟（10+1）领导人会议上的讲话表示，中方将继续支持中国—东盟中心、中国—东盟思想库网络、中国—东盟公共卫生合作基金等平台建设，促进文教、青年、智库、媒体等领域交流，夯实双方合作的民意基础。

国家领导人的讲话精神，为我们推进与东盟的人文交流明确了路径。纵观这些年来，中国与东盟各国之间的人文交流既有教育交流、文化交流、青少年交流等传统路径，也有科技交流、媒体交流和旅游交流等现代路径。总体来说，路径多样，交流面广，有阶段性收获，但成效与“民心相通”所希望达到的效果仍有一定的差距。这与我们常年追求“大而多”、全面铺开的观念和思想不无关联。在全方位推进与东盟国家的人文交流中，我们应战略性地加强一些特殊领域、重点项目的交流与合作，突出民心相通重点工程，使其发挥龙头带动作用，以达到广交朋友、广结善缘的目的。

1. 加强教育合作

教育是人文交流的重要载体，是培育人文修养、传承人文精神的重要途径。教育合作是我国与东盟国家人文交流的重中之重，是民心相通的重点工程。

（1）建设面向东盟教育合作高地

依托我国教育资源优势，主动融入中国—东盟人文交流合作领域，积极推动高校参与中国—东盟区域教育一体化建设，构建合作开放的“双向互通、学历、论文互认”的双边人才培养体系。支持我国与东盟国家开展各层级高校交流与合作，开展境外互设学院办学。充分发挥西南、中南地区区位优势，尤其是与东盟国家地理相近，历史往来源远流长因素，支持西南、中南地区率先推动与东盟的一体化教育机制。推进滇泰教育合作交流活动，扩大云南与东盟教育合作。继续支持贵州办好中国东盟教育交流周，务实推进中国—东盟教育合作；支持开展中国国际教育展、中国—东盟职业教育联展暨论坛，推进双边高等院校国际化办学进程；扩大留学生规模，逐步增加我国地方政府东盟国家留学生名额和奖学金经费，实施中国与东盟互派留学生

“双十万人”计划，打造“留学中国”品牌；创新留学生管理机制，扩大我国与东盟国家双边留学生相互交流以共同提高，向建设国际留学目的地迈进。中国与东盟之间可以在语言教学、合作办学、学位互认等方面加强合作。

（2）办好跨境教育培训中心

依托我国各类高校，针对不同国家、不同层次、不同教育对象的需求，努力办好面向东盟的国家级省级教育培训基地，积极开展党政人员、职业专业人员等各类教育培训活动，为中国—东盟民心相通和国际人才储备打下坚实基础。积极推进我国跨境汉语、壮泰语、客家语等教育合作，促进中国—东盟跨境族群文化交流。加强培养东盟国家汉语人才，支持当地高等院校和华人华侨兴办各类华语教育。鼓励各类对外友好协会、学会等社会组织参与中国文化中心、客家语族、侗台语族、苗瑶语族组织开展传统语言教育活动。

专栏 1　中国—东盟教育合作重点项目
1. 中国—东盟教育交流周
2. 中国国际教育展
3. 中国—东盟职业教育联展暨论坛
4. 滇泰教育合作交流活动

2. 加强科技合作

科技是生产力，是国家软实力价值体现，科技无国界，是促进中国—东盟社会发展的内在动力。

（1）加强中国—东盟科技创新合作

加强与东盟各国产学研合作，构建跨境产学研合作创新网络。实施中国—东盟科技伙伴计划，探索建立中国—东盟技术转移联盟，重点建设中国—东盟技术转移中心，全面提升中心服务功能和效益。大力支持我国各省（自治区、直辖市）科研机构、高校和大型企业与东盟各国合作共建实验室或研究实验中心，争取在合作重点领域和重大项目取得突破。鼓励和扶持大型企业、科研机构与东盟各国建设中国—东盟知识产权国际交流合作中心、中国—东盟科技创新政策研究中心、中国—东盟技术交易（所）平台、中国—东盟质量科学创新中心和国际创新园。依托中国—东盟博览会、中国—东盟技术转移与创新合作大会，建立中国与东盟创新合作的长效机制，积极争取中国—东盟创新中心、中国—东盟海洋合作中心、21世纪海上丝绸之路海洋科技合作科技园等平台和项目落户中国，打造面向东盟的区域创新中心。

（2）打造中国—东盟国际科技合作集聚区

依托我国优质科技资源，支持鼓励科研实体借桂面向东盟国家开展系列双边技术对接交流活动，拓展中国与东盟国家技术转移协作网络。针对东盟国家亟须的技术领域，组织科研机构、高校和企业等实体，与东盟国家共建双边技术转移中心，联合攻关，争取在现代农业、亚热带作物、水牛、生物靶向诊治等优势领域，以及环保装备、生态保护等率先取得突破，打造高水平国际科技合作基地。推动中国—东盟检验检测认证高技术服务集聚区建设。

专栏2　中国—东盟科技合作重点项目
1. 中国—东盟技术转移中心
2. 中国—东盟创新中心
3. 中国—东盟海洋合作中心
4. 中国—东盟知识产权国际交流合作中心
5. 中国—东盟科技创新政策研究中心
6. 中国—东盟技术交易（所）平台
7. 中国—东盟质量科学创新中心和国际创新园

3. 深化跨境环保合作

加强我国与东盟国家界山界河及海洋环境保护合作工作。云南、广西重点加强中越界山界河及北部湾海洋生态环境保护的合作，继续实施中越跨境生物多样性保护廊道示范点建设，推进中越平而河、水口河、北仑河、黑水河，中老中缅界河等跨境界河监测与防控。加强对我国北部湾近海环境保护合作，实施中越北部湾沿岸环保合作项目，使中越跨境生物多样性保护、生态环境保护成为中国—东盟合作的示范项目。

4. 加强医疗卫生合作

（1）建立新冠疫苗研发方面的生产与合作

近阶段，当务之急是应与东盟国家联手，重点加强在新冠肺炎防治及救援、新冠疫苗研发和疫情传播方面合作。加强与东盟等各邻国之间的共同合作抗疫，加强与东盟国家尤其是越南、老挝、缅甸等邻国在疫情常态化形势下双边的防控合作，增加对医疗水平较低、医疗设备不足的国家的援助。

（2）加强应急医疗援助合作

根据东盟国家卫生医疗需求，推进我国与东盟国家在传染病防治、妇幼保健、残疾人康复、专业人才培养、应急医疗救助、远程医疗试点等领域务实合作，强化双边多边卫生应急和紧急医疗援助合作机制。

（3）开展跨境医疗保健合作

以提高中国—东盟国家公共医疗卫生水平为目标，以项目为载体，加快推进中国—东盟医疗保健合作中心建设，使项目建设工作平稳有序运行；推进中国—东盟食品药品安全检验检测中心，努力提升检验检测能力；务实推进中国—东盟公共卫生人才培养与交流中心，为东盟国家培养更多的卫生人才。实施中越沿边地区食品药品安全长廊、边境重大动物疫病防控阻截等项目建设，提升中国—东盟重大疾病防治及消费品、食品、药品安全风险联合监测能力。

（4）推进跨境传统医药研发合作

依托中国—东盟传统医药高峰论坛、中国—东盟传统医药健康旅游国际论坛（巴马论坛）、中国—东盟国际口腔医学交流与合作论坛等系列论坛，进一步深化中国和东盟国家医药卫生合作交流，拓展传统医药研究领域，开展双边传统医药资源调查交流与分析，探索合作领域与路径。依托我国生态、药用资源，推进中国—东盟中医药医疗合作工程，建立一批跨境集散基地，扩大与东盟国家传统医药领域合作，提升壮、瑶、苗等民族传统医药影响力。加快推进防城港医学开放试验区的建设，使其能尽早在东盟的医学合作方面起示范作用。

专栏 3　中国—东盟医疗卫生合作重点项目
1. 中国—东盟医疗保健合作中心
2. 公共卫生人才培养与交流中心
3. 食品药品安全检验检测中心
4. 中国湄公河流域疟疾监测项目
5. 中越沿边地区食品药品安全长廊
6. 边境重大动物疾病防控阻隔带等项目建设
7. 国家基本药物及重大疾病原料基地和西南濒危药材资源开发国家工程实验室
8. 中国—东盟中医药医疗合作工程
9. 防城港医学开放试验区

5. 推进跨境旅游合作

旅游交流是民间交流的重要渠道，也是人文交流的重要桥梁。密切中国与东盟国家的旅游交流与合作，对拉近中国与东盟国家民众之间的感情、增加彼此的认知具有促进作用，使得双方之间的交流更丰富、更立体、更鲜活。中国—东盟旅游合作具有历史渊源，是双方人文交流合作的需求，也是中国面向东盟各国开放发展，实行“走出去”的“活名片”。

（1）构建中国—东盟旅游走廊

中国与东盟各国旅游资源非常丰富，互补性很强。应在推进中国—东盟交流合作中，谋划构建中国—东盟旅游走廊。利用西南、中南地区与东盟地区地理相近的优势，突出发挥其“通道”作用，使得走廊贯穿中国与东盟各国。旅游走廊可分为东线旅游走廊、中线旅游走廊和西线旅游走廊三条。东线旅游走廊以东线走廊通道为依托，整合我国广东、广西、湖南与东盟的越南、老挝、柬埔寨等国家旅游资源，构建东线旅游走廊；中线旅游走廊，以中线走廊通道为依托，整合我国云南、贵州、重庆、四川和东盟的老挝、泰国、马来西亚、新加坡、印度尼西亚、文莱六国的旅游资源，建设中线旅游走廊；西线旅游走廊以西线交通走廊为依托，整合我国云南、贵州、重庆、四川与东盟的缅甸等旅游资源，构建西线旅游走廊。通过构建中国—东盟旅游走廊，可以提高中国—东盟旅游竞争力，打造世界旅游新增长极。

（2）合作开发一批世界级旅游品牌

一是联合打造世界文化遗产旅游品牌。以现有的世界文化遗产为依托，整合东盟各国世界级旅游资源，打造世界文化遗产旅游品牌。以区位优势、地理优势和历史渊源等因素为合作的突破口，首先重点推进四川九寨沟、黄龙、四川大熊猫栖息地、峨眉山—乐山大佛、青城山—都江堰；重庆大足石刻，中国南方喀斯特之武隆的以天生桥、地缝、天洞为代表的立体喀斯特自然遗产；云南丽江古城、“三江并流”自然景观；云南南方喀斯特之石林的剑状、柱状和塔状喀斯特，贵州、广西的中国南方喀斯特（广西桂林、环江与贵州荔波），中国丹霞之赤水，广西左江花山岩画景观等景区建设，与东盟国家世界级文化遗产景区整合，推进世界文化遗产旅游线路，让游客尽享世界文化遗产之美。二是打造民族文化旅游品牌。中国与东盟国家族群众多，文化丰富，应结合“一带一路”建设，充分挖掘东盟各国的民族文化资源，打造一批民族文化和跨境族群文化旅游品牌。重点推进西南陆上和海上“丝绸之路”文化景观，打造南方丝绸之路文化品牌；整合西南跨境民族文化资源，积极推出西南跨境民族泼水节、陇峒节、三月三节、三月街节、苗族跳坡节、瑶族盘王节、京族哈节等一批闻名世界的节庆文化旅游品牌。此外，利用我国与东盟国家各国民族风情等资源开展“中国—东南亚国际民族风情游”项目。四是推进城市旅游联盟等机构联合开发一批高质量的特色旅游产品。

（3）推进中越国际旅游合作区建设

深化中越旅游合作，积极推进中越德天—板约跨国瀑布国际旅游合作区、友谊关国际旅游合作区、东兴—芒街国际旅游合作区建设，规划建设爱店—峙马公母山国际旅游合作区、龙州—高平国际旅游合作区、靖西—茶岭国际旅游合作区，打造边关融喀斯特地貌山水、历史文化、红色旅游、南海丝路和壮岱民族风情为内涵的国际旅游长廊。在中越国际旅游合作区试点基础上，逐步推进中老、中缅国际旅游合作区建设。

专栏 4　中国—东盟旅游合作项目
1. 中国—东盟旅游走廊
2. 中国—东盟世界文化遗产旅游合作项目
3. 跨境民族文化旅游合作项目
4. 香格里拉民族文化旅游区
5. 武陵山生态文化旅游区
6. 南岭森林生态文化旅游区
7. 滇黔桂民族文化旅游区
8. 特色邮轮旅游项目
9. 环北部湾海洋文化旅游区（南海丝绸之路文化博览园等）
10. 中越国际旅游合作区
11. 中国—东南亚国际民族风情旅游合作
12. 中国—东盟国家跨国自驾游

6. 加强文化交流合作

文化交流是人文交流的核心，也是人文交流的动力和源泉。文化交流产生于异质文化之间的相互碰撞和吸引。建立在相互尊重、平等相待基础上的文化交流才会更易于让人接受。一种文化、一种价值观要得到其他民族、其他文明、其他国家人民的认同理解与欣赏，必须具有一种宽广的世界视野。①

（1）搭建跨境文化合作大平台

继续办好中国广西南宁国际民歌艺术节、中国—东盟文化产业论坛等，完善文化合作机制，充分发挥国际文化平台作用。规划共建共享中国—东盟跨国春晚试点项目，推进中国声音走向东盟，合力打造跨境大众文化大平台。拓宽中国—东盟国际体育交流，合作开展中国—东盟青年体育培训，建设中国—东盟竞技体育训练基地。继续推进中国—东盟国际汽车拉力赛。保护和开发利用民族节庆文化，支持云南、贵州与东盟各国各族群轮流互办跨境民族民间文化艺术活动，推进壮族、瑶族、苗族、京族、侗族、仫佬族、

① 学诚：《加强国家文化软实力建设》，《中国宗教》2008 年第 3 期。

毛南族等与东盟各国各族群合作共办各种传统节庆文化活动，为东盟各族群搭建民俗文化交流平台，推进跨境民族交流交往交融。

（2）加强跨境文化遗产传承与保护

充分挖掘中国—东盟各国丰富的文化资源，着重保护和传承中国—东盟国家物质文化遗产和非物质文化遗产，重点推进稻作文化、骆越文化、丝绸之路文化、侬垌节、蛙婆节、土司文化等民族民间文化遗产研究与保护，联合东盟相关国家和省份申报丝绸之路、骆越文化、侬垌节、蛙婆节等世界级文化遗产，合力打造特色文化品牌，提升中国—东盟国际知名度。

（3）积极推进“六个一批”文化工程

实施中国—东盟文化大繁荣大发展战略，积极推进“六个一批”文化工程。即：一是出版一批用东盟各国语言文字出版的有关中国与东盟历史和现状研究方面的图书（包括文学、网络佳文、历史童话故事等），同样，选取一批东盟国家出版的其国与中国共同发展的相关书籍翻译成中文并出版，推进双边历史文化进入社会各阶层；二是合作拍摄推出一批题材多样、高品位的、东盟各国民众喜闻乐见的影视作品（包括动漫作品、手机版微型影视作品等），通过影视传播我国与东盟各国故事和声音；三是培养一批通晓中国和东盟各国语言和历史文化的中国和东盟国家明星（歌手艺人、体育明星）相互“走出去”“请进来”，借用明星效应影响东盟各国民众；四是建设一批传统文化传承中心，依托孔子学院及相关学校，聘请中外老专家学者传承中国文化，有计划派遣一批精通中国与东南亚国家语言和地区方言的留学生进入东盟各国高校和科研机构，协助开展传播中华文化；五是培养一批通晓中国—东盟历史文化和东盟语言的传统医药大师名师走进东盟各国传医行道，弘扬中国传统医药文化，让传统医药惠及东盟民众；六是研究推广一批适应东盟各国生产生活实用技术，让中国科技文化变成东盟民众离不开、留得住的文化。

7. 推进跨境劳务和国际减贫合作

（1）推进跨境劳务合作

东盟国家人力资源丰富，近年自发形成劳务流动输入我国，为顺应东盟国家跨境劳务输入浪潮，应积极探索建立中国—东盟跨境劳务合作机制。可在河口、蒙自、瑞丽、防城港、崇左等边境地区设立劳务市场开放试点的基础上，认真总结经验，变堵为疏，按照“有序放开、属地管理、分类管理”的原则，创新跨境劳务人员规范化管理途径，有计划地引导东盟国家劳务人员入境到我国合作园区、指定商贸区、生产基地等从事劳务活动，大力支持地方发展经济，开展人力资源区域合作，促进国际人力资源合理流动。

（2）积极开展跨境国际减贫合作

努力提升中国—东盟社会发展与减贫论坛功能，充分发挥减贫理论研究对东盟减贫工作的指导作用。深化中国与东盟国家减贫交流合作，积极实施东盟跨境减贫合作示范项目，优先在越南、老挝、柬埔寨、缅甸等国家贫困乡村，选择推进一批产业脱贫、智力减贫等不同类型的合作示范项目建设，促进东盟各国各族人民共同致富。重点实施越南高平、谅山省边境旅游扶贫、边贸扶贫试点项目，探索中越边境产业扶贫新模式。创立中国—东盟扶贫技能培训基地，以东盟国家贫困人口为培训对象，加大对跨境贫困人口实用人才队伍教育培训，为中国—东盟跨境劳务合作、减贫合作提供高素质的人力资源。

（二）提升人文交流的软环境建设

习近平总书记在主持十八届中共中央政治局第十二次集体学习时的讲话强调：“提高国家文化软实力，要努力夯实国家文化软实力的根基。”① 国家文化软实力是指一国基于文化而具有的凝聚力、生命力、创新力、传播力和文化张力，以及由此而产生的感召力和影响力，② 是一个国家从精神面貌、价值观念、生产生活方式等方面对世界各个国家的辐射力、引导力和渗透力。一个国家是不是文化强国，是不是在文化上处在核心地位，最根本的标志是

① 《习近平谈治国理政》第一卷，外文出版社 2018 年版，第 160 页。

② 吕东升：《新中国发展史上第三个重要里程碑——关于第十七届五中全会的学习报告》，《政策》2010 年第 12 期。

它是否保持着极大的文化吸引力、辐射力和影响力。[①] 提高国家文化软实力，是指将文化力量由内而外散发，通过加强文化吸引力或者文化影响力来提高一个国家的整体文化力量。这股文化吸引力或影响力须从一个国家现存的制度及体制、国民素养及意识形态等体现出来。从延伸的角度来讲，这股力量主要表现为一个国家制度及体制的先进性和在理性、国民文化素养及精神风貌的良好性、国家国际形象及外交能力的突出性、国家传统文化及历史底蕴的深厚性。

1. 加强国际传播能力建设，提升国际话语权

党的十九大报告明确指出："加强中外人文交流，以我为主、兼收并蓄。推进国际传播能力建设，讲好中国故事，展现真实、立体、全面的中国，提高国家文化软实力。"[②] 提高国家文化软实力，要努力加强国际传播能力建设。文化的影响不仅取决于内容是否具有独特魅力，而且取决于是否具有先进的传播手段和强大的传播能力。在国际关系中，谁的传播能力强大，谁就拥有强大的国际话语权，谁的话语能够得到更加广泛的接受、认同和尊重，谁的文化理念和价值观念就能广为流传。因此，要加强国际传播能力建设，精心构建对外话语体系，发挥好新兴媒体作用，增强对外话语的创造力、感召力、公信力，讲好中国故事，传播好中国声音，阐释好中国特色。[③] 党的二十大报告明确提出："增强中华文明传播力影响力。坚守中华文化立场，提炼展示中华文明的精神标识和文化精髓，加快构建中国话语和中国叙事体系，讲好中国故事、传播好中国声音，展现可信、可爱、可敬的中国形象。加强国际传播能力建设，全面提升国际传播效能，形成同我国综合国力和国际地位相匹配的国际话语权。"[④] 要提高国家文化软实力。必须加强国际传播

① 朱耀先：《试论提高国家文化软实力与推进文化强国建设》，《中国浦东干部学院学报》2012 年第 2 期。

② 习近平：《决胜全面建成小康社会　夺取新时代中国特色社会主义伟大胜利——在中国共产党第十九次全国代表大会上的报告》，人民出版社 2017 年版，第 44 页。

③ 《习近平谈治国理政》第一卷，外文出版社 2018 年版，第 162 页。

④ 《党的二十大文件汇编》，党建读物出版社 2022 年版，第 35 页。

能力建设，提升国际传播效能，以提升我们的国际话语权。

（1）提升面向世界的中国媒体的国际化水平

要提高国际话语权，必须注重提升我国媒体的国际化水平，使全球化、信息化时代不需“走出国门”落地、信息已“走出国门”的中国主流或非主流媒体真正成为不只是面向东盟的、更是面向世界的国际性媒体、世界一流媒体。“走出国门”的中国媒体要成为世界一流媒体，必须做到三要：一要树立建设国际一流媒体的意识和理念，明确目标定位；二要重视提升中国媒体在全球的覆盖率和落地率；三要实现中国媒体表达方式的国际化，提升对外报道的艺术和水平，使得中国话、中国观点能够被他国受众理解和接纳。

（2）精心构建对外话语体系

精心构建对外话语体系，增强对外话语的创造力、感召力、公信力，是促进国家文化软实力提升的重要途径。“中国立场，国际表达”是构建对外话语体系的基本持守。我们的对外表达与东盟国家受众的语言习惯、思维方式、话语风格要贴近，保证其所要表达之意能够被东盟受众正确理解，而不是曲解或误解。要遵循新闻传播的规律，改变传统的媒体传播思维模式，实事求是，不妄自菲薄，提高媒体的公信力和受众对传播内容的可信度和兴趣。同时，要学会讲好中国故事，包括在对外宣传时要选准故事素材，对话语资源会取舍；要懂得如何才能把故事讲精彩，既能够掌握话语表达技巧与艺术，又要使故事蕴含的思想观念能够对东盟受众、听众产生深刻的影响力，使中国声音、中国理论、中国思想得以更精准地传播，让东盟民众更好地读懂中国，以提升我国国际形象，增强东盟民众对我们的信任感。

（3）大力推进传播手段创新，发挥好新兴媒体作用

拓展传播渠道，丰富传播手段，加快构建传输快捷、覆盖广泛的传播体系，使我国传播能力有一个大的提高。我们在充分利用印刷媒体、国际广播、卫星电视和网络媒体这些主流媒体进行国际传播的同时，应该充分考虑

“第四媒体”的作用。国际传播已经进入新媒体时代，利用新兴媒体达到引导社会舆论的目的，应该与时俱进地成为我国公共外交的重要手段之一。信息化时代，公众更多的是借助媒体的信息，形成对外部世界的认识。在当今的国际话语体系中，英文媒体占据绝对优势；相对地，全球华文媒体都处于弱势。① 这不利于全面、客观真实地报道中国与中国的和平发展战略。在“信息即力量”的时代，网络越来越显现出举足轻重的作用。我们应在两方面下功夫：一要加强新兴媒体建设，发挥好新兴媒体作用、提高国际话语权的基础工程。加强网络基础设施建设；推动传统媒体与新兴媒体的融合发展。二要激活新兴媒体优势。增强新兴媒体主动发声的意识；借助新兴媒体，回应和纠正海外媒体对国际事件特别是针对中国的不实报道和言论，避免“失语”现象；借助新兴媒体，传播中华文化、讲好中国故事、传播好中国声音，展现可信、可爱、可敬的中国形象。我们应充分利用新兴媒体开展人文交流，探索新兴媒体人文外交路径。首先，要做到“入乡随俗”。我们应充分考虑东盟国家及其公众的需求和兴趣，考虑他们的兴趣点和关注的话题，精心打造能客观真实地展示中国又易于东盟民众接受的传播内容。其次，要注意“方式方法”。可以考虑采用平易近人、生动活泼、易于对方接受的传播方式，传递中国“好声音”。最后，要有“互动”效果。我们应遵循新媒体传播的基本规律，重视与东盟公众的交流和互动，强化公共外交的人文指向，变传统的单向宣传为沟通交流，给人以平等真诚之感，做到“润物细无声”。可以尝试“微博外交”“微信外交”“抖音外交”“脸书外交”等新方式。依托微博、微信、抖音等平台，一方面向世界发出声音，向东盟发出声音，传递我们想传递的信息，掌握外交的主动权；另一方面东盟各国公众通过这些平台与我们直接互动，可以使我们更直观地了解东盟各国公众对我们的想法，可以提醒我们关注我方先前缺乏关注的方面。通过这种方式，我们可以

---

① 参见包雪琳、刘昶：《试论公共外交的针对性和人文指向——以美、英、法驻华使馆的“微博外交”为例》，《现代传播》2012 年第 6 期。

监测舆情、引导舆论。此外，“微博外交”“微信外交”“抖音外交”“脸书外交”等新方式可以展示我国政府在外交领域的适应和创新能力，树立良好的国家形象。此外，我们应大力推进与当地新兴媒体深度合作。可以考虑联合举办论坛，相互供稿、共同制作节目、共同开发文创产品等深度合作方式。

（4）推进“互译工程”

开展中国与东盟各国之间的书籍、文学作品互译，通过“互译工程”加大中国与东盟出版合作的力度。互译工程可以成为解决版权输出问题的一种途径，避免“为了输出而输出”等短视行为所造成的作品“走出国门，反响平平”的尴尬局面。关注合作出版中的与当地文化元素相互融合问题。在与东盟国家出版的双向交流中，注重与当地文化的融合，融入其本土元素的原创作品既能满足其本国读者对我国文化的兴趣，又符合其阅读习惯和表达方式，更受当地读者欢迎。

（5）重视国际传播人才队伍建设和全国网民力量

一个国家能否形成强大的国际传播能力，根本上取决于国际传播人才队伍的质量。应加强国际传播人才队伍建设，以提高中国国际传播能力。同时，重视调动起中国庞大的网民群体的力量。可以探索引导全国民众舆论的有效机制，激发全体中国公民媒体外交的形象塑造与传播的内驱力。

2. 营造更开放的对外交流环境，推进文明交流互鉴

中共十八届三中全会通过的《中共中央关于全面深化改革若干重大问题的决定》要求：“加快同周边国家和区域基础设施互联互通建设，推进丝绸之路经济带、海上丝绸之路建设，形成全方位开放新格局。”党的二十大报告明确提出：“世界各国弘扬和平、发展、公平、正义、民主、自由的全人类共同价值，促进各国人民相知相亲，尊重世界文明多样性，以文明交流超越文明隔阂、文明互鉴超越文明冲突、文明共存超越文明优越。”①“一带一路”倡议的提出、丝路文化的再构建，就是为了“把中国梦同周边各国人民

① 《党的二十大文件汇编》，党建读物出版社 2022 年版，第 47—48 页。

过上美好生活的愿望、同地区发展前景对接起来，让命运共同体意识在周边国家落地生根”。[①]

（1）建造更开放的对外交流环境

要更积极全方位地参与国际交流与合作，我们必须做到更高水平的开放。从更务实的人文交流的要求来讲，至少做到两个方面的更便利化。

一是民间往来互通更便利化。旅游便利化方面：适度放宽对东盟国家的旅游签证。可以在一些合作较好的东盟国家先行试点，实行落地签，方便其民众进出中国；试点效果好，可推广至部分国家免签，正如美国之于加拿大、欧盟各国之间。同时，鼓励其旅游方式从短途旅行转换成度假、旅居等。通过城市旅游联盟、友好城市等机构和平台，联合开发特色旅游产品，提高旅游便利化。务工签证便利化方面：将现行的来我国务工人员的签证由30天延长至180天的政策现实化。可以先试着延长至90天，如果管理效果好，可以通过网上续签的方式延长至180天。

二是经济贸易互通更简速化。提升广西、云南两省区与越南、老挝、缅甸等国家海关、检验检疫、国际运输等部门信息互换、监管互认、执法互助的合作与交流，提高我们与其通商口岸和互市贸易点的通关便利效率。出台相关文件，规范我国各口岸处理对方进口至我口岸的时间不能超过两天等细节，提高其工作效率，提升国家形象。

（2）推动文明交流互鉴，促进与东盟国家的文化认同和融合

众所周知，异质文化容易产生文化摩擦和冲突，同源文化则促进国际合作。文化融合，主要是不同文化之间相互的学习、借鉴和吸收。文化融合的程度越深，它对国际关系的正面效应就越大。文化融合的本质就是促进不同文化的交流、借鉴和吸纳，减少文化斥异性所造成的隔阂、误解和曲解，达到更大范围和更高层次的文化认同，以推动不同文化的国家之间的

① 《阔步走在中华民族伟大复兴的历史征程上——记以习近平同志为总书记的党中央推进全方位外交的成功实践》，《人民日报》2016年1月5日。

和谐共处。[①] 由我国提出的携手建设的中国—东盟命运共同体不单是利益共同体和责任共同体的结合，更是情感共同体。这些共同体的打造，需得到东盟各国各个层面的认同。通过加深利益融合，打造利益共同体；通过深化政治互信，可以打造责任共同体。[②] 难度最大的是打造情感共同体。中国与东盟国家深受儒家思想熏陶，共享佛教文化，拥有丝绸之路的历史纽带，在数千年的历史交流中形成了千丝万缕的联系。由此发展而成的亲近感，是我们开展人文交流和友好往来，打造情感共同体的突破口。应重新发掘东南亚社会的历史与文化资源。东南亚很多民众都对郑和有认同和亲近感，从官方到民间，都极其重视纪念与宣传郑和。[③] 因此，可以考虑以“郑和文化”作为一种文化外交方式来推动中国—东盟国家关系发展。此外，我们可在创设中国—东盟文化共同体、构建“中国—东盟文化产业开放区”等方面积极着手，联合东盟国家方方面面，加强东盟国家对我国的文化认同，以促进双边融合发展。

3. 由内发力，全力提升国家形象

良好的国家形象有助于提升国家的国际地位与声望，增强国际亲和力，形成对世界的吸引力，增进国家间的交流与合作，提升国家文化软实力和国际竞争力。习近平总书记在十八届中共中央政治局第十二次集体学习时的讲话强调，“要注重塑造我国的国家形象，重点展示中国历史底蕴深厚、各民族多元一体、文化多样和谐的文明大国形象，……对外更加开放、更加具有亲和力、充满希望、充满活力的社会主义大国形象。”[④] 党的二十大报告也明确提出：“围绕举旗帜、聚民心、育新人、兴文化、展形象建设社会主义文

① 俞新天等：《强大的无形力量——文化对当代国际关系的作用》，上海人民出版社 2007 年版，第 247 页。

② 《建设中国—东盟命运共同体研讨会暨中国—东盟思想库网络启动大会在京召开》，2014 年 7 月 5 日，见 http://www.xinhuanet.com//world/2014–07/05/c_126713818.htm。

③ 参见邢丽菊：《从传统文化角度解析中国周边外交新理念——以“亲、诚、惠、容”为中心》，《国际问题研究》2014 年第 3 期。

④ 《习近平谈治国理政》第一卷，外文出版社 2018 年版，第 162 页。

化强国。”①

（1）提升国民整体素养，提高社会文明程度

中国共产党第十九届中央委员会第五次全体会议公报明确提出：“要提高社会文明程度，提高国家文化软实力。”② 党的二十大报告也同样明确提出：“提高全社会文明程度。实施公民道德建设工程，弘扬中华传统美德，加强家庭家教家风建设，加强和改进未成年人思想道德建设，推动明大德、守公德、严私德，提高人民道德水准和文明素养。统筹推动文明培育、文明实践、文明创建，推进城乡精神文明建设融合发展，在全社会弘扬劳动精神、奋斗精神、奉献精神、创造精神、勤俭节约精神，培育时代新风新貌。”③ 一个社会的文明程度，与其国民思想道德、文明素养息息相关。早在党的十九大报告就明确指出：“加强思想道德建设。要提高人民思想觉悟、道德水准、文明素养，提高全社会文明程度。”我们国民整体的思想、道德、素质是我们国家文化软实力的基础。国家文化软实力的道德支撑，归根到底，在于国民思想道德素质的支撑。所谓“大学之道，在明明德，在亲民，在止于至善”④。德，既是个人的德，也是一种大德，就是国家的德、社会的德。国无德不兴，人无德不立。社会风气是国家文化软实力强弱的“晴雨表”与“风向标”。因此，构建形成崇德向善的社会风气，是夯实我们国家文化软实力道德根基的关键和重要着力点。我们应着力全面提高广大国民的思想道德素质建设，提升每一位社会公民明是非、辨善恶的能力，培养眼观世界、兼济天下的胸襟，形成崇德向善的社会风气，以夯实国家文化软实力大厦的道德基础。

（2）把控监管对外工程质量、中国制造质量，注重“走出去”形象

管控我国对东盟出口及投资服务质量，提升中国在东盟的国家形象。一

① 《党的二十大文件汇编》，党建读物出版社 2022 年版，第 32 页。

② 《14 个关键词速读五中全会公报》，2020 年 10 月 29 日，见 https://wap.peopleapp.com/article/6019233/5934285（2020–10–30）。

③ 《党的二十大文件汇编》，党建读物出版社 2022 年版，第 34 页。

④ 习近平：《在北京大学师生座谈会上的讲话》，人民出版社 2014 年版，第 4 页。

是加强对中资企业在东盟的管理。出台诸如《中国在东盟开展建设规范条例》等相关条文，派出权威监理机构等方式，确保项目在合同规定时间内高质量建设好。二是进一步提升出口东盟的“中国制造”产品质量。加强我国海关、市场监督管理局等相关部门对我国出口产品的质量监控，严把出口产品质量关，以防产品以次充好走出国门而影响国家声誉。三是对东盟投资和援助的项目应是东盟国家所需所急所盼。我国“一带一路”建设项目走进东盟时，应注意除了帮其做锦上添花之事外，还需多做雪中送炭之举，可以适量增加诸如“白内障”复明行动、务农务工技能培训、饮水工程等东盟民众比较欢迎的项目的援助。大凡走出国门的，不管是企业还是个人，他们在外的一言一行都备受当地人关注，都代表着我们国家的形象，展示着我们的软实力，直接影响着当地民众对我国的印象。我们对此必须加以引导和规范。中国企业走出国门时除了应遵守当地的法律、规章制度，还要有社会责任感。应该鼓励它们多做一些公益性、慈善性的活动以获得当地人民的好感和认可。中国公民到东盟国家旅游或者公务、留学等，都应该尊重当地的风俗习惯、礼仪规范和宗教信仰，避免文化差异引起的误解和矛盾。

（3）营造一流的国际营商环境

良好的营商环境是企业投资兴业的土壤，是新发展格局下加快推进更高水平对外开放、重塑国际合作和竞争新优势的重要基石。优化营商环境，推进规则标准“软联通”，有利于促进中国与东盟各国制度和规则兼容，推动双方经贸合作顺利开展，推动中国—东盟命运共同体建设。① 从战略部署上，应持续深化改革、不断优化营商环境，营造法治化、国际化、便利化的营商环境，形成吸引外资前来投办商业、工业的良好氛围。着力提升开办企业、缴纳税费、跨境贸易、执行合同等营商环境指标，增强投资者获得感、提升其投资信心，使其接近、达到国际一流营商环境水平。在提升基础设施建设的同时，应注重提升我们的服务软环境：如提升服务业的服务水准、降低运

① 张斌：《“三联通”构建更为紧密的中国—东盟命运共同体》，《当代广西》2023 年第 8 期。

输成本，尤其是海运时间成本、提高通关效率等。

（三）拓展人文交流的主体，构建全民公共外交大格局

新时代公共外交和人文交流的主体呈现多元化趋势。随着全球化和信息化时代的来临，非政府部门、民间机构、企业乃至普通公民个人都自然而然地成为公共外交的参与者和行为主体，逐渐参与国家的对外事务，并发挥着不可低估的作用。这是当代社会进步的趋势，也是当前各国外交面临转型的根本前提之一。当代的公共外交不仅在主体上突破了政府的界限，更将受众扩大到从政府到民间社会和公民个人的各个方面，从而使公共外交的内涵更加丰富。从一国领导人直接面对他国公众的首脑公共外交、外交部门针对他国公众和媒体的政府公共外交到科教、文化、体育、军事等领域的交流，再到非政府组织、企业和公民个人开展的民间外交、企业外交和公民外交；从国家政策的宣示、国家形象的塑造，到国家攻关和各类文化交流的开展，再到人文交流和人员往来，共同组成了新时代公共外交的立体画面。①

1. 进一步密切中越高层互访，发挥首脑外交聚焦效应

近年来，我国国家领导人身体力行、率先垂范，在出访各国时发挥了国家领导人出访及参加重要首脑会议带来的聚焦效应的优势，开展了首脑公共外交，大大促进了与对象国及其交流对象的人文交流，产生了非常好的影响。典型范例：2012 年 2 月，时任国家副主席习近平出访美国，在与奥巴马等美国政要会面后接下来的几天，主要是在美国展开人文之旅，给我们示范了首脑公共外交的巨大作用：在艾奥瓦州亲切会见了 27 年前到美国专题考察学习时结识的部分老朋友并同他们举行茶叙、亲切座谈；在美国农业部部长维尔萨克、艾奥瓦州州长布兰斯塔德等陪同下，参观考察了该州金伯利农场并亲自登上农用车进行试驾；和美国副总统拜登共同参观

① 参见陈雨露等：《中国公共外交研究报告》，时事出版社 2012 年版。

了洛杉矶国际研究学习中心，并同学校师生亲切交流；亲临 NBA 现场，观看湖人队和菲尼克斯太阳队的比赛。习近平这 5 天 3 地的访美之旅，人情味浓厚，在密集的外交场合的言行充分展现了国家领导人的亲和力，他此行表现出的沉稳、从容、开放、亲民的行事风格以及一系列富有浓厚人情味的外交言行给外界展示了一个开放的有温度的有诚意的“中国形象”，同时也赢得了国际舆论的称赞。中国国际问题研究所副研究员沈雅梅分析，随着全球化的深入，各个国家在交往中会出现利益的交融和观点的碰撞，国家形象已经上升到国家利益的层面，一个国家对外形象的好坏，决定着这个国家被世界包容程度的深浅，而领导人的形象最能直观地体现国家形象。从这个角度来说，这次习副主席的访美行程安排在传递一种真诚的人文关怀，传播出一个自信开放的“中国形象”，体现了中国公共外交的努力。① 近些年来，当代国家领导人对于东盟的重视程度不小：习近平主席、李克强总理就任后密集访问东盟国家；外交部长王毅的首访选择的是东盟国家，并于 2013 年年底前访问了除菲律宾以外的所有东盟国家。这些国家及政府领导人都在新任后不久密集访问东盟国家，意在向东盟显示我们的诚意，同时向外说明东盟是我们周边外交的优先方向。② 这些举措，效果良好。作为公共外交的先行者和人文交流的示范者，我们国家领导人和政府重要领导可以通过出访周边国家等外交活动，提升东盟公众对中国的兴趣和印象。

2. 进一步促进双边民间往来，推动中国—东盟人文交流新格局

一是继续深化中国与东盟智库的交流与合作，充分发挥智库应有的重要作用。定期举办双边和闭门会议，探讨当前影响中国与东盟发展的热点和难点问题，为双边决策建言献策；同时，鼓励我国研究工作者利用各种媒介在东盟媒体发声，积极地向东盟公众进行我国相关政策理念的传播。

---

① 《习近平访美之旅：系列人情味浓厚言行展现亲和力》，2012 年 2 月 18 日，见 http://www.chinanews.com/gn/2012/02-18/3679308.shtml。

② 张国祚：《谈谈“软实力”在中国的发展》，《思想政治工作研究》2014 年第 6 期。

二是注重发挥东盟华侨华人、跨境民族的桥梁作用。东盟华侨华人、跨境民族群体既是公共外交的主要受众，也是推动中国—东盟人文交流的重要媒介与渠道，是我国对东盟外交的重要力量。应注重加强和推动东盟华侨华人、跨境民族群体在文化传递、经贸来往和情感维系等方面的互动。通过打造“文化认同”“中华民族认同”，凝聚海外侨民和跨境民族群体人心，通过实施侨民教育政策，培植“亲中友中”人士；通过华人社团组织为中国拓展国际空间。通过华侨华人的报刊和媒介平台，引导东盟公众舆论，改善中国国家形象。东南亚地区作为世界华文媒体的重镇，有众多的华文报刊和传媒平台，如世界华商大会、世界华文传媒论坛、华人报《国际日报》等。① 我们应加强与这些华文媒体的交流与合作，注重利用这些东南亚华人网络及世界性的华人论坛，向东盟展示中国，让东盟民众了解中国文化，向东盟民众客观真实地报道中国政治经济与社会文化。

三是进一步调动从事与东盟有相关业务联系的参与者、跨国企业工作者和对外贸易行业的相关人员及对外交流人员的主体能动性。企业公共外交是中国公共外交体系中的中坚力量之一，企业公共外交不仅有助于祖国的国家形象，也有利于企业自身的国际化生存和可持续发展。② 企业的国际化行动，无论是有意识的还是无意识的，都会产生公共外交效果。“一带一路”倡议是国际合作和全球治理新模式的探索，“民心相通”是“五通”建设的主要内容之一，企业公共外交无论在国际合作、全球治理，还是在民心相通方面，都是大有可为的，能够发挥其独特的重要作用。③ 多年来，中国与东盟关系蓬勃发展，双方政治互信不断深入，在许多重大国际和地区事务上相互支持，保持了睦邻友好、和谐共处。双方务实合作进展迅速，中国和东盟建成了世界上最大的发展中国家自由贸易区。双方人文交往日益密切，民生

① 参见施雪琴：《华侨华人与中国在东南亚的公共外交：回顾与展望》，《创新》2013 年第 1 期。
② 赵启正：《中企在“一带一路”建设中要做好公共外交》，《中国经济时报》2019 年 5 月 9 日。
③ 赵启正：《中企在“一带一路”建设中要做好公共外交》，《中国经济时报》2019 年 5 月 9 日。

与社会领域合作不断深化。[①] 东盟 10 国均已成为中国公民出国旅游目的地，双方互为主要旅游客源对象。取得这些成绩，很大程度上是从事与东盟各国贸易及各项务实合作等方面的业务联系者的功劳。这些在跨国企业工作和从事对外贸易行业的人员及与东盟有相关业务联系的参与者直接与东盟各国政府、各相关组织和民众打交道，他们是代表我国与东盟各国上到政府部门下到普通民众最直接的信息传递者、国家形象代表者。凡是从事与跨国人文交流相关的行为体，都是人文交流的主体。企业的品牌有时候就代表国家的品牌，企业的形象会影响国家的形象，而跨国企业的从业人员在这方面的影响和作用不容忽视。

四是鼓励中国—东盟民众之间的交往交流交心。鼓励中国—东盟民众开展正常的寻亲认亲探亲活动，让东盟民众通过民间家族、宗族、跨境民族的认同，从而增强对我国的文化认同感。继续推进中国—东盟青少年大联欢、边民大联欢、跨境民族大联欢等联谊交流活动，促进中国—东盟青少年、边民和跨境民族继承和弘扬传统友谊，增强民族民间互信互敬互助。继续加大中国—东盟公费互派留学生力度，创新留学生学习交往交流方式，不断增强两边留学生交流交友交心，推进双边青年学生奋发学习，为双边和平发展、合作共赢贡献力量。

3. 构建中国公民全民外交大格局

中国与东盟的关系如果仅靠最高层的带动，仅有一系列的双边协议，这种关系就只是停留在国家层面、政治层面和政策层面。而中国与东盟的关系要谋求深远就必须把双边关系的基础根植于双边人民中，要在民间和社会层面挖掘。[②] 外交部前部长杨洁篪曾说过："中国的外交是人民的外交。"推进公共外交人人有责。国家形象的塑造既要发挥政府的主导作用，同时也应该

① 李克强：《在第十六次中国—东盟（10+1）领导人会议上的讲话》，《人民日报》，2013 年 10 月 10 日。

② 参见《习近平访美之旅：系列人情味浓厚言行展现亲和力》，2012 年 2 月 18 日，见 http://www.chinanews.com/gn/2012/02–18/3679308.shtml。

调动社会组织、企业、全国公众的积极性。我们每一个公众都是国家形象的表达者，每一个公民都是中国对外人文交流的使者和实践者。全球化、信息化的当代，全球各个地区各个国家之间信息交流顺畅便利，我们也应该树立起全民外交的观念。应重点以推动文化外交、民间外交、公共外交为推手，打造全方位外交局面以促进我们对外交流的格局，构建起一个中国全民外交的大格局。

三、保障措施

平台的搭建、机制的建立并有效运行，是中国与东盟国家人文交流活动深入发展的根本保障。这些年来我们已逐渐建立并形成了一批中国—东盟人文交流平台和机制：成立了中国—东盟中心、中国驻东盟使团；设立了中国—东盟合作基金、中国—东盟公共卫生合作基金、中国—东盟海上合作基金和中国—东盟投资合作基金等一系列合作基金；筹建了亚洲基础设施投资银行等。[①] 通过这些不断构建的平台和机制，我们开展了形式多样的双向交流活动，促进双边交流常态化发展，形成了多元化交流格局。然而，尽管平台、机制众多、各项活动广泛展开，现实中中国与东盟之间人文交流存在交流内容局限、交流深度有限、交流人员参与度受限等问题。中国与东盟一些国家及其民众之间仍存在近而不亲的现实、东盟相当多的民众甚至对我们的相关政策、理念存在误解。要破解这些问题，我们必须围绕以构筑互联互通的“民心相通”为最终目标，重视项目实施的质量和效应，在现有的各种机制、平台的基础上，更精细化地构建我们面向东盟的人文交流平台和机制，使其更精准发力地拓展中国—东盟人文交流内容的深度、交流范围的广度以及提升交流人员的参与度和感知度。

---

① 《背景资料：中国—东盟关系（10+1）》，2017 年 11 月 2 日，见 http://www.gov.cn/zhuanti/2017-11/02/content_5238971.htm。

（一）精细化搭建中国—东盟人文交流平台

平台不在于多，关键在于项目或者活动对接出现问题或不顺畅时能有一个专门的机构帮助具体协调。

1. 设立中国东盟人文交流促进办公室

现实中，现有的中国—东盟交流平台已不少。为促进中国—东盟人文交流活动开展更顺畅、效果更显著，可以成立一个专门针对中国—东盟人文交流（活动）而设的协调机构。可以考虑专事专办，设立中国东盟人文交流促进办公室，与中国—东盟中心秘书处对接，专门负责指导和协调国家层面以及中国各省份与东盟及其成员国人文交流的方方面面。

中国—东盟中心作为双方的政府间国际组织于 2011 年 11 月第 14 次中国—东盟领导人会议期间揭牌成立，旨在促进中国与东盟贸易、投资、文化、教育、旅游五大领域合作。该中心对于我国开展与东盟各国的人文交流的顺利开展还存在缺陷。原因在于：一是该中心是双方一站式信息和活动中心，主要为中国和东盟的商务人士和民众提供一个关于贸易、投资、旅游、文化和教育的综合信息，属于信息、咨询和活动的核心协调机构。二是该中心的组成成员包括东盟国家及外籍国家的人员，涉及我国国内事务时，不好协调和处理。

设立中国东盟人文交流促进办公室，可以补充中国—东盟中心在业务行使范围之外的不足，使得中国—东盟中心的工作更精细化。其主要负责包括中国与东盟之间人文交流相关政策的制定、交流合作方式方法的确认、交流内容的协调等，以促进与东盟及其成员国的双方之间活动的展开；协调中国国内与人文交流相关的各部门之间的沟通与合作；加强国内各主管部门与东盟国家相关部门的政策沟通与交流；指导和协调国内各机构与东盟国家成员国及其各机构之间开展合作交流；加强国内人文交流领域人力资源开发和培训合作；负责协调国家层面以及国内各省（自治区、直辖市）与东盟及其成员国在人文交流及合作方面需要解决的问题。

2. 构建智慧交流平台

整合现有中国—东盟各种智慧交流平台资源，努力办好现有各种论坛，以解决问题为导向选择好论坛主题，组织专家学者撰写高质量的论文，以文会友，做好同传翻译，提高交流对话质量和效果。重点打造以下五个智慧交流平台。

（1）构筑学术交流平台

深化泛北部湾合作论坛、中国—东盟智库战略对话论坛、中国—东盟民族文化论坛、中国与东南亚民族论坛、中国—东盟经济发展论坛五个学术交流平台，重点发挥现有中国—东盟思想库网络（NACT）作用，推进我国与东盟国家学术思想交流和政策沟通。

（2）搭建文教媒介交流平台

整合和优化中国—东盟文化论坛、中国—东盟职业教育论坛、中国—东盟及中日韩大学校长论坛、中国—东盟媒体论坛、中国—东盟广播影视论坛、中国—东盟大众体育合作论坛六个平台，推进中国—东盟文化教育体育新闻出版合作。

（3）务实创新产能投资合作交流平台

推动中国—东盟国际产能合作论坛、中国—东盟物流合作论坛、中国—东盟工商论坛、中国—东盟农业论坛、中国—东盟农资产业论坛、中国—东盟矿业合作论坛、中国—东盟林业论坛、中国—东盟商会领袖高峰论坛、中国—东盟金融合作与发展领袖论坛、中国—东盟电信高峰论坛、中国—东盟电力合作与发展论坛、中国—东盟卫星导航合作论坛、中国—东盟信息港论坛、中国—东盟网络空间论坛等 15 个平台，推进中国与东盟产能与信息化合作。

（4）加强环境卫生领域交流平台

加强中国—东盟环境合作论坛、中国—东盟气象合作论坛、中国—东盟科技创新与台风灾害应对论坛、中国—东盟卫生合作论坛、中国—东盟传统医药高峰论坛、中国—东盟传统医药健康旅游国际论坛、中国—东盟口腔医学交流与合作论坛、中国—东盟药品发展合作高峰论坛等 8 个平台，促进中国与东盟环境和医疗卫生领域合作。

（5）推动人文交流合作平台

积极推动中国—东盟市长论坛、中国—东盟港口城市合作网络论坛、中国—东盟残疾人论坛、中国—东盟统计论坛、中国—东盟社会工作论坛、中国—东盟大法官论坛、中国—东盟警学论坛、中国—东盟旅游合作论坛（北京）、中国（广西）—东盟国际旅游合作论坛、汇商聚智—知名企业·专业人士交流会等 10 个平台，促进中国与东盟人文、司法、统计、旅游等交流与合作。

3. 推动智库联盟建设、设立“中国东盟人文交流专家智库”

（1）推动智库联盟建设

以政府和官方智库为重要平台，按照自愿原则，与东盟国家的官方、高校、企业和社会智库一起，整合中国—东盟思想库网络（NACT），建立中国—东盟智库合作联盟。允许高校和科研院所灵活创新跨省、跨国合作模式，支持国内外高校、智库机构互设分支机构，加强与国内外智库开展联合研究，鼓励和支持智库联盟专家学者为双边合作建言献策，促进中国—东盟关系健康发展。

（2）设立“中国东盟人文交流专家智库”

考虑设立“中国东盟人文交流专家智库”，为双方人文交流政策的分析、制定提供建议和支持。该机构可以有一个牵头组织单位，设立秘书处，并有常规的工作人员。该秘书处的主要任务是：建立中国东盟人文交流专家人才库和与人文交流相关的机构信息库；建立并维护中国东盟人文交流专家智库网站。中国东盟人文交流专家智库主要由中国加上部分由东盟各国推荐并有志于从事促进双方人文交流的专家和学者组成。该智库的主要目标是为中国与东盟人文交流方方面面提供分析和咨询。其主要任务包括：为东盟国家在与中国的人文交流方面问题提供解答；每年为中国与东盟提供人文交流研究、决策咨询报告等，为促进中国—东盟务实合作提供更精准化的建言献策。

4. 重点为企业"走出去""引进来"搭建合作平台

发挥地域、地缘优势，重点加强与西南、中南等相关省区及东盟国家合作交流，统筹推进经贸交流、口岸通关、产业投资、友好省州等4个重大平台建设，为企业"走出去""引进来"创造有利条件。

（1）建立投资促进平台

深化打造中国—东盟博览会、中国—东盟商务与投资峰会等一批重要展会，推进中国—东盟旅游展、文化展、林木展、电子能源汽车展等系列专题展，丰富会展内容，建立日常投资贸易平台。支持企业"走出去"赴东盟国家开展经贸活动。充分发挥南亚博览会、亚欧博览会、西部博览会等重点展会的作用，扩大企业之间的经贸交流。

（2）畅通口岸通关平台

深化我国与越南、老挝、缅甸等东盟国家沿边地区海关、检验检疫等合作交流，全面实现口岸管理边检、海关、检验检疫、国际运输等部门信息互换、执法互助合作。支持边境口岸升级改造建设，加快滇桂建设沿海沿边区域口岸一体化信息系统，提高口岸通关平台水平。

（3）共建跨国产业平台

鼓励西南、中南地区与东盟国家合作共建跨境产业园区，支持企业赴东盟国家设立加工区、生态农业园、物流合作园区，打造对外开放重要窗口。

（4）发展友好省州平台

积极推动与东盟各国各地建立友好合作关系，着力巩固我国西南地区与越南、缅甸、老挝、柬埔寨等国家友好省州关系。在巩固现有与东盟建立友好省、市的基础上，争取更多的城市与东盟国家缔结友好城市。务实推进友好省州（城市）开展高层互访，互办经贸、文化推介等活动，促进政府、企业以及民族民间交往常态化，推进西南地区与世界友城的人文交流，推动双边合作项目有效实施。

（二）进一步完善人文交流保障运行机制

机制的建立与有效运行是保证中国与东盟国家人文交流深入发展的根本保障。一方面，人文交流机制的建立既是国家间、政府间“顶层设计”的产物，成为国家间、政府间沟通的重要渠道；另一方面，人文交流机制的运行和实践需要民间的支持。因此在机制的设立上，需要考虑人文交流的具体实际，以调动活动主题的积极性，保证活动的有序化、规范化。

1. 建立合作协调机制

设立中国东盟人文交流促进办公室，作为政府层面上的合作协调机制部门，主要联络外交、商务、文旅、教育、广电、财政等部门，负责指导和协调国家层面以及中国各省份与东盟及其成员国在人文交流各个方面及合作中需要解决的问题。该办公室主要负责协调中国与东盟国家的双边人文交流范围内的事务的办理，起草、签署中国与东盟国家之间的人文交流相关的文件和协议，组织实施协调政府及民间的文化交流等。出于地理和交通方面的考虑，建议中国东盟人文交流促进办公室设在北京或者南宁。

2. 完善有效扶持机制

为加强与东盟的合作，促进双方之间的交流，中国在各方对东盟均制定了一系列的政策扶持措施，采取了各种优惠政策。如在投资及开发等方面提供税收、进出口、贷款、旅游等优惠政策，促进了双方之间的商贸经济往来。我们可以考虑在科技开发、企业互相投融资、国际学生及学术交往、旅游便利化、务工签证、通婚政策、各项水果食品农产品的关税减免等方面给予扶持，如给予更优惠的政策和制度，以促进双边民众进一步沟通协作。

3. 建立专款专用经费保障机制

为确保中国—东盟基础设施等重大合作项目、支持双方具体领域务实合作的顺利开展，中国设立了中国—东盟投资合作基金、中国—东盟合作基金、中国—东盟公共卫生合作基金、中国—东盟海上合作基金、丝绸之路基金、亚洲区域合作专项资金等，为双方提供融资支持。可考虑增加设立地方对外交流合作基金、友好城市合作基金，出台政策专款专用，直接拨款给地方或机构，专用于地方或机构、民间组织用于组织开展有实际价值、指向明确、效果明显的民心相通工程。

4. 建立人才培养机制

近年来，中方已向东盟国家提供 1 万多个政府奖学金名额，并在国内建立众多的面向东盟国家的教育中心和培训机构，如中国—东盟检察官培训中心、中国—东盟青少年培训中心等。随着国际环境发生深刻变化以及我们国内民众外交素养提升的需要，下一步我们的培训重点可以考虑转向国内人员的素养提升方面，用于深化双方人文交流与能力建设。一是开展重点培训。针对目前我国缺乏与东盟进行人文交流方面的人才，尤其是翻译人才、跨文化交流人才、精通东盟国家各领域的专业知识储备人才等，出台培训政策，给予专款资金扶助实施。二是开展普及型培训。针对走进东盟的企业、民间组织、机构以及到东盟短暂访问的或旅游的个人，出台政策，进行临行前知识普及培训。重点培训东盟国情，所到国的宗教、习俗、礼仪规范，提升综合素质。

5. 建立人文交流评价体系

建立和完善行之有效的中国—东盟人文交流评估机制，对中国—东盟人文交流的效果进行科学评价，是我们更科学、更合理推进中国—东盟人文交流的基础，也是保障我们与东盟国家之间人文交流活动正常有序发展的需要。现实中，良好的人文交流项目能够提高我们在东盟的影响力，促进我们与其国民的交流、增进与其民众之间的感情、增加彼此的了解和认同，提升我们的国家形象。正因为人文交流的双向性这个特性注定了交流必须是有往来的、有互动的，中国的影响力、中国形象是由对象国的民众来感知，人文交流活动是否促进了他们对中国的理解由他们本人来评判，我们才会注重项目实施的质量和效果，才会知晓我们活动开展需要加力的方向，才会追求活动更贴近对方民意和社会基础。因此，建立系统的人文交流评估机制，可以为我们进一步科学推进中国—东盟人文交流提供科学依据。

附录 1　关于对中国认知方面的问卷

尊敬的先生 / 女士：

您好！首先感谢您花时间填写本问卷。问卷设计是出于本人目前正在研究的课题的需要，意在找出东南亚各国民众对中国的真实看法、了解程度及期待，以期探求促进双方民众进一步交流、两国进一步友好往来的建议。本问卷用于纯学术研究，绝不用于商业目的。问卷不要求填写个人姓名、ID 号等，问卷本身遵循尊重个人隐私及保密原则，请答卷者无须顾虑。问卷有部分是单选题，有部分是多选题。问卷需要真实反馈答卷者的实际看法。

感谢您的大力支持！

1. 你是否和中国人有过交往（认识）？

A. 是　B. 否

2. 如果第 1 题选 A，请继续：如何认识的？

A. 去中国时认识的　B. 在本国认识的　C. 通过网络、媒体认识的

3. 你到过中国几次？

A.0 次　B.1—3 次　C.4—9 次　D. 常来　E. 长期居住在中国

4. 如果第 3 题选 A，请回答：

A. 想近期内去中国学习　B. 想近期内去中国旅游

C. 想近期内去中国工作　D. 没想过要去中国

5. 你对中国的印象来源于：

A. 从学校看到的　B. 从媒体看到的　C. 从文艺作品了解到的

D. 从朋友、家人等他人处得知的　E. 没印象

6. 第 3 题选 A 以外答案的，请继续：你来中国主要是：

A. 学习　B. 旅游　C. 工作　D. 生活　E. 探亲

7. 还想到中国来：

A. 旅游　B. 学习一段时间　C. 定居　D. 工作　E. 不再想来中国了

F. 无所谓

8. 你知道中国有多少个民族？

A.12 个　B.56 个　C.22 个　D.46 个　E. 不清楚　F. 不关心

9. 你知道中国的哪些少数民族？

A. 瑶族　B. 壮族　C. 仫佬族　D. 苗族　E. 蒙古族　F. 藏族

G. 维吾尔族　H. 不清楚

10. 你知道中国的哪些语言？

A. 普通话　B. 客家话　C. 桂柳话　D. 粤语　E. 壮语

F. 其他少数民族语言　G. 中越跨境方言　H. 傣语系　I. 不知道

11. 你知道的中国节日有哪些？

A. 春节　B. 中秋节　C. 端午节　D. 国庆节　E. 元旦　F. 泼水节

G. 壮族“三月三”　H. 清明节　I. 不清楚

12. 你喜欢下面哪些中国的东西？

A. 中国名菜　B. 中国麻将　C. 中国象棋　D. 中国茶叶

E. 中国丝绸　F. 中国瓷器　G. 都不喜欢

13. 以下的一些中国民族文化你知道哪些？

A. 东巴文化　B. 中原文化　C. 骆越文化　D. 藏文化

E. 其他，如________　F. 想知道，但不清楚　G. 不关心

14. 你喜欢读中国什么书籍？

A. 历史类　B. 侦探推理　C. 言情小说　D. 文学　E. 没读过

15. 你对中国在贵国以及其他国家开设孔子学院有什么看法？

A. 不知道有这个事情　B. 挺好的，可以多了解中国文化

C. 反对，这是一种文化入侵　D. 无所谓

16. 中国—东盟博览会的地址是哪个城市？

A. 桂林　B. 南宁　C. 昆明　D. 广州　E. 上海　F. 北京

17. 你对中国—东盟博览会怎么看？

A. 不知道有这个事情　B. 挺好的，可以加强双方之间的交流

C. 这种活动费钱费力，又没有什么好的效果　D. 无所谓

18. 你对现在本国有同胞到中国来工作的看法是：

A. 能赚点钱养家，挺好

B. 没什么啊，在哪都是干活

C. 觉得他们有的人是非法打黑工，不应该这样

D. 担心他们会留在中国

E. 都不知道这个事情

F. 完全没有这个事情

19. 你对有些本国姑娘嫁到中国来的看法是：

A. 没什么啊，挺好的

B. 会造成本国人员资源流失

C. 觉得这样不好

D. 有些是被骗过来的，嫁给中国人后生活状况并不好

E. 中国男人愿意分担家务、疼爱老婆

F. 完全没有这个事情

20. 你觉得中国的现状是怎样的？

A. 反腐力度很大

B. 一个经济快速发展的国家

C. 国内各地区经济发展不平衡

D. 中国的贫富悬殊很明显

E. 中国人口基数非常大

F. 中国资源不够丰富，有些方面缺乏

G. 其他，请补充________

21. 你认为阻碍中国全面更好发展的因素有？

A. 经济原因　B. 体制　C. 国际形势　D. 区域发展不平衡

E. 中国的文盲数量还很大　F. 贫困人口还相当多

G. 其他，请补充________

22. 假如贵国发生重大自然灾害并且政府求助于中国时，你认为：

A. 中国会强力救援

B. 中国大概应付了事

C. 中国会观望其他国家的做法再行动

D. 不期待中国的援助

23. 你怎么看待中国对发生疫情国家的援助？

A. 人道主义　B. 政治施压　C. 拉拢人心　D. 大国担当

24. 疫情过后，中国与其他国家的关系会：

A. 更密切　B. 不会改变　C. 可能会疏远　D. 无所谓

25. 你对中国的印象是：

A. 一个友好的国家　B. 中国现在的国际形象很好　C. 国富民强

D. 国民素质有待提升　E. 中国所做的和所宣传的不太一样

F. 中国是一个值得信赖的国家　G. 对中国无好感

H. 对中国不信任　I. 其他，如________

26. 如果你给对中国总体印象评分（5 分为满分），你会打（）分？

A.5　B.4　C.3　D.2　E.1　F. 没接触过

27. 如果你给对中国人印象评分（5 分为满分），你会打（）分？

A.5　B.4　C.3　D.2　E.1　F. 没接触过

28. 你不太喜欢中国游客的哪些行为？

A. 公共场合大声讲话

B. 不尊重当地文化和当地习俗

C. 对当地人没有礼貌

D. 不讲究卫生

E. 接受服务后不给小费

F. 不遵守当地法律

29. 你喜欢通过哪些方式与中国人交朋友？

A. 社交媒体

B. 共同合作

C. 实实在在的工作交流方式

D. 分享、一起探讨问题

E. 共同参与文化、体育等活动

F. 实际的经贸往来

G. 通过帮扶项目建立友谊

H. 学习的方式

I. 不愿意再跟中国人打交道

30. 你觉得中国和本国之间的关系如何？

A. 挺好的　B. 不太友好　C. 一般般　D. 中国是大国，应该让利于本国

E. 其他，请补充________

31. 你希望中国与贵国之间的关系是怎样的？

A. 友好往来

B. 不关我事，无所谓

C. 不希望双方之间交往密切

D. 应该相互尊重各自的发展

E. 应该多加强各个方面的交往和合作

F. 其他，请补充

32. 你觉得影响中国与贵国往来的因素有：

A. 语言　B. 风俗习惯、文化等　C. 国家政策　D. 历史问题

E. 个人担心本国的经济和文化会被中国同化　F. 其他，请列举________

33. 你认为，本国人民了解中国存在哪些障碍？

A. 语言不通

B. 了解的渠道不多

C. 当地媒体对中国的介绍太少

D. 中国在当地宣传的方式我不喜欢

E. 增进相互了解的平台、机制和交流活动不够多

34. 你觉得中国与贵国之间该怎样进一步加强交往？

A. 多引进一些中国的电影、电视剧

B. 多把一些中国好作品翻译过来

C. 中国应多派一些到我们这来投资的公司

D. 中国多一些人到我们这的学院和机构解释中国的政策

E. 中国多接受一些我国人到中国学习、旅游

F. 放开对我们的签证，让更多的东南亚民众到中国旅游和生活

G. 对我们劳务人员的工作签证降低标准，让更多的外国人到中国工作

H. 两国高层领导人应该加强交往沟通

I. 多举办一些两国跨文化活动

J. 其他，如________

35. 你觉得东盟 10 个国家中哪个国家跟中国最好？

A. 马来西亚　B. 印度尼西亚　C. 泰国　D. 菲律宾　E. 新加坡

F. 文莱　G. 越南　H. 老挝　I. 缅甸　J. 柬埔寨

36. 你觉得“一带一路”（或“海上丝绸之路”）对中国与沿线国家和地区有什么影响？

A. 没听说过这个说法

B. 提高了中国在世界的知名度和威望

C. 觉得对中国和其他国家没有什么实质性的改变

D. 其他，如________

37. 如果你现在不了解“一带一路”（或“海上丝绸之路”）倡议，今后

你想了解吗？

A. 不想　B. 无所谓　C. 很想

38. 如果你了解“一带一路”（或“海上丝绸之路”）倡议，你的态度是：

A. 不喜欢、不支持　B. 无所谓喜欢不喜欢　C. 喜欢并支持

39. 如果你接受并支持“一带一路”（或“海上丝绸之路”）倡议，你对它有什么期待？

A. 希望在中国在本国投资建厂和修建基础设施

B. 能够获得中国政府资助到中国留学

C. 希望更多的中国人来本国旅游

D. 希望能够借此向中国出售更多的本国产品

E. 希望到中国就业和定居

40. 如果你了解“一带一路”（或“海上丝绸之路”）倡议不接受它，原因是：

A. 它可能会使本国欠中国太多的债务

B. 会使本国面临中国企业和产品的更加强大竞争压力

C. 会使本国在经济和文化上依附于中国

D. 我个人不会从中得到什么好处

E. 以上都是

41. 你的性别：

A. 男　B. 女

42. 你的年龄阶段？

A. 18 岁以下　B. 19—25 岁　C. 26—45 岁　D. 46—60 岁　E. 60 岁以上

43. 你主要生活在哪个国家？

A. 马来西亚　B. 印度尼西亚　C. 泰国　D. 菲律宾　E. 新加坡

F. 文莱　G. 越南　H. 老挝　I. 缅甸　J. 柬埔寨

44. 你目前主要是从事什么工作？

A. 学生　B. 政府雇员 C. 公司职员　D. 教师　E. 研究员

F. 自由职业者　G. 没有工作　H. 其他

45. 你的教育程度？

A. 小学　B. 中学　C. 大学　D. 研究生以上　E. 没有上过学

46. 你居住在？

A. 首都　B. 城市　C. 县城　D. 乡村

再次衷心感谢您的支持！

附录 2　中国—东盟交流平台

时间	内容	主办方	主题	参与者	备注
2004 年 5 月	中国东盟青年生态友谊园工程启动			在广西壮族自治区南宁市参加中国—东盟青年事务部长会议高官磋商会和中国—东盟企业界青年领导人峰会的代表，以及东盟各国在南宁的留学生、南宁市青年志愿者代表	
2004 年 10 月	首届中国—东盟商务与投资峰会	中华人民共和国商务部、中国国际贸易促进委员会、中国广西壮族自治区人民政府	促进互利合作，谋求共同发展	时任中国国务院副总理吴仪、中国和东盟 10 国政府官员	至 2020 年共举办 17 届
2004 年 10 月	首届中国（广西）—东盟国际旅游合作论坛			泰国朱拉隆功大学亚洲研究所副所长维琶·午东岑、东盟国家及我国 20 多位著名旅游专家、学者	
2004 年 11 月	首届中国—东盟博览会	中国和东盟 10 国经贸主管部门及东盟秘书处共同主办		东盟各国代表	至 2022 年共举办 19 届

续表

时间	内容	主办方	主题	参与者	备注
2005年6月	“中国文化月”在缅甸仰光拉开序幕	中国驻缅甸大使馆与缅甸文化部、新闻部	庆祝中缅建交55周年暨“中国文化月”	时任中国驻缅甸大使李进军、缅甸文化部长基昂少将、缅甸国家和平与发展委员会第一秘书长登盛中将和外交、文化等多名政府部长、华侨华人代表等近500人出席招待会。	
2006年	第二届中国与东南亚民族论坛	广西民族大学和国际人类学与民族学联合会第十六届世界大会筹备委员会		来自日本、泰国、越南、老挝以及中国社会科学院、国内各高校、科研院（所）的近百名学者	
2006年	首届中国—东盟文化论坛	文化部和广西壮族自治区人民政府共同主办	“一带一路”背景下的文化与旅游融合发展	文化部党组成员、中央纪委驻文化部纪检组组长王铁，马来西亚旅游与文化部国际关系司（文化）司副司长拿督杨有恒，广西壮族自治区副主席李康	至2020年共举办13届
2006年6月	印度尼西亚—中国经济、社会和文化合作协会巴厘岛分会成立			印度尼西亚—中国经济、社会和文化合作协会总主席苏坎达尼博士，中国驻泗水总领事付水根，巴厘岛分会会长司徒添民等	

续表

时间	内容	主办方	主题	参与者	备注
2006 年 12 月	合作建立的非营利性泰国教育机构——玛哈沙拉坎大学孔子学院	中国国家汉办、中国广西民族大学与泰国玛哈沙拉坎大学	加强中国与泰国教育文化交流合作，继续发展中国与泰国的友好关系，促进两国、两校多元文化发展		玛哈沙拉坎大学孔子学院拥有独立的教学场所，即建筑面积750平方米的独立教学办公楼，内设办公室、会议室、活动室、图书馆、体验中心、多媒体教室等，可同时容纳 500 多人上课
2007 年 4 月	首届深化泛北部湾合作论坛	中国国务院西部地区开发办、财政部、人民银行、国务院发展研究中心、人民日报社、广西壮族自治区人民政府、亚洲开发银行等在广西南宁联合主办	共建中国—东盟新增长极	中国、越南、马来西亚、新加坡、印度尼西亚、菲律宾、韩国的 160 多位政府官员、专家学者和著名企业家代表	至 2020 年共举办 13 届
2007 年 2 月	“菲中传统文化节”开幕	马尼拉市政府、中国驻菲律宾使馆文化处和菲华青年学社共同主办		中国驻菲律宾大使李进军、文化参赞戴星元、武官刘忠祥等，马尼拉市长雅典沙之子、市经济发展署长阿里·雅典沙等	

续表

时间	内容	主办方	主题	参与者	备注
2007 年 9 月	2007 越中文化知识竞赛在越南河内举行	越中文化交流中心和中国广西对外文化交流协会联手策划共同主办		500 多名来自越南河内大学、河内师范外语大学和中国广西农业职业技术学院的中越大学生代表	
2007 年 10 月	中国—东盟青少年培训基地			中国外交部副部长武大伟、中国共青团中央书记处书记贺军科、泰国驻南宁总领事拉蒂坤、越南驻南宁总领事陈维海	
2007 年 10 月	首届中国—东盟电力合作与发展论坛	中国电力企业联合会、中国贸促会电力行业委员会和中国—东盟博览会秘书处共同主办	包括中国电力行业走出去的商务经验；服务东盟电力市场的优势与策略；东盟 10 国电力市场的发展、商务环境和投资机会；大湄公河次区域电力现状及规划；电力合作策略、投资与技术等	中国和东盟国家的部长级官员和电力行业人士约 300 人	

续表

时间	内容	主办方	主题	参与者	备注
2007年10月	首届中国—东盟林业论坛	中国国家林业局和广西壮族自治区人民政府联合举办	中国—东盟林业合作与可持续发展	中国及马来西亚、泰国、文莱、菲律宾、越南、老挝、柬埔寨、缅甸等国林业部的副部长级以上官员	
2008年4月	首届中国—东盟广播影视论坛	中国—东盟广播电视合作高峰论坛由中国国家广电总局主办	增进了解、扩大合作、共建和谐		
2008年	首届中国—东盟物流合作论坛	自治区政府、中国物流与采购联合会	中国—东盟物流陆路通道互联互通	广东、海南、甘肃、山西、四川、福建、上海等省市的物流行业协会	至2020年共举办6届
2008年	首届中国—东盟智库战略对话论坛	中国社会科学院、广西壮族自治区人民政府主办	加强新形势下中国—东盟合作	柬埔寨国王顾问、前副总理兼外交部长诺罗敦西里武先生，中国社科院国际研究学部主任张蕴岭教授，东盟各国代表及中国代表。	至2020年共举办12届

续表

时间	内容	主办方	主题	参与者	备注
2008年7月	首届“中国—东盟教育交流周”	外交部、教育部和贵州省人民政府主办		教育部副部长章新胜，贵州省常委、常务副省长王晓光，外交部大使刘健，联合国教科文执行局主席亚伊，以及来自东盟秘书处等机构、东盟各国教育部和驻华使馆官员、国内外大学校长和参加中国东盟夏令营的学生等400余人出席了开幕仪式	至2020年共举办12届
2008年11月	首届中国—东盟口腔医学交流与合作论坛	国家卫生部和广西壮族自治区人民政府主办	促进中国—东盟口腔健康教育及医疗的发展与合作，进一步推动中国与东盟面向和平与繁荣的战略合作伙伴关系，加强中国和东盟各国在口腔医疗卫生领域的交流与合作	中国和东盟国家的卫生行政管理部门官员8人，口腔医学会（牙医学会）领导9人，口腔医学院院长级领导或专家71人，口腔医学院特邀代表11人，参会代表55人。来自美国、英国、日本、荷兰、中国香港和中国台湾等国家和地区的学者14人，东盟国家代表64人，国内代表84人	至2020年共举办7届

续表

时间	内容	主办方	主题	参与者	备注
2008 年 11 月	第三届东盟—中日韩（10+3）科技高官会在古晋召开			会议由东盟科技委主席、菲律宾科技部副部长 Graciano Yumul 先生主持，来自东盟 10 国及中日韩三国 40 余人与会。科技部国际合作司徐海参赞等人代表中方应邀出席了此会	
2009 年 4 月	“2009 中国杭州·菲律宾文化周”活动免费开放			杭州市人大常委会副主任陈振濂、副市长佟桂莉、市政协副主席吴正虎及市有关部门领导	
2009 年 10 月	首届中国—东盟传统医药高峰论坛	国家中医药管理局、国家民族事务委员会、广西壮族自治区人民政府共同主办	传统医药可及性与国家卫生体系建设	世界卫生组织亚太区传统医学顾问，中国、东盟国家的政府官员，传统医药方面的专家学者和知名企业家约 250 多人	至 2020 年共举办 5 届
2009 年 10 月	首届中国—东盟金融合作与发展领袖论坛	中国人民银行、银监会、证监会、保监会联合广西壮族自治区人民政府共同主办	深化交流与合作，建立中国—东盟金融服务平台	中国和东盟国家的金融主管部门领导，世界银行、亚洲开发银行代表，中国和东盟及欧美驻亚太区域的商业金融机构高管人员和其他银行代表，金融界知名专家学者，有关企业代表	至 2020 年共举办 12 届

续表

时间	内容	主办方	主题	参与者	备注
2009年10月	第六届中国—东盟博览会农村先进适用技术暨高新技术展	由中国和东盟10国经贸主管部门共同主办		东盟十国在内的十余个国家，数万名国内外客商参展参会	
2009年11月	中国“文化交流号”专列赴越南柬埔寨举办图书展销会	由广西壮族自治区新闻出版局和越南通信传媒部出版局联合承办		中国出版代表团一行119人	
2010年2月	“文化中国·四海同春”慰侨晚会在菲律宾成功举行	中国国务院侨办、中国驻菲律宾大使馆和菲华各界联合会联合举办			
2010年9月	首届中国—东盟矿业合作论坛		中国—东盟自贸区建成背景下的矿业合作	中国和东盟国家的政府官员、企业家、专家学者、商协会负责人共500多人	至2020年共举办6届
2010年10月	中国—东盟农业展			广西壮族自治区农业厅厅长张明沛、荣华百香果产业发展有限公司董事长郭维钦等。	

续表

时间	内容	主办方	主题	参与者	备注
2010 年 11 月	柬埔寨创办首个大学中文系：班迭棉吉大学中文系	柬埔寨王家研究院孔子学院与柬埔寨班迭棉吉大学联合创办		恩潘速帕、盛蔚蔚和柬埔寨王家研究院孔子学院柬方院长谢莫尼勒也先后在仪式上致辞、柬埔寨王家研究院孔子学院中方院长王贤淼出席仪式	柬埔寨历史上首个大学中文系
2011 年 3 月	中国·泉州文化周在菲律宾举行			泉州市委书记徐钢、市委副书记黄少萍率团，与马尼拉市华裔市长林雯洛、菲律宾全国记者协会会长胡尔厚、中国驻菲律宾大使馆文化参赞陈永山，以及菲华商联总会永远名誉理事长陈永栽、菲华商联总会理事长黄祯潭等	
2011 年 4 月	越南磨漆画展推动中越文化交流	中华人民共和国文化部和越南社会主义共和国文化部		中国文化部对外联络局副局长舒晓、越南驻华使馆公使、副馆长阮荣光出席开幕式并讲话	

续表

时间	内容	主办方	主题	参与者	备注
2011 年 5 月	北京大学举办“菲律宾主题文化周”			菲律宾驻华大使馆临时代办蔡福炯先生、菲使馆领事诺谦勇先生和方明易女士、菲律宾雅典耀大学著名教授艾丝卡萨女士、北京大学菲律宾语教研室主任史阳和中国国际广播电台菲籍专家王晖良等	
2011 年 10 月	首届中国—东盟环境合作论坛	广西壮族自治区政府与环境保护部共同主办	创新与绿色发展	广西壮族自治区领导林念修、李彬，东盟秘书处副秘书长米斯然·卡尔梅，亚洲开发银行副行长宾度·洛哈尼及国内外环保知名人士	至 2020 年共举办 9 届
2011 年 10 月	首届中国—东盟电信高峰论坛		提升中国—东盟区域内信息领域合作，更好地服务中国—东盟自贸区	中国工业和信息化部副部长尚冰、广西壮族自治区副主席杨道喜、中国联通副总裁韩志刚和缅甸邮政电信总局董事长 Eaik Di Hla 等	
2011 年 11 月	首届中国—东盟大众体育合作论坛	国家体育总局、广西壮族自治区人民政府、亚洲及大洋洲地区大众体育协会主办	大众体育、健康和谐、合作发展	20 家国内外及港澳台地区体育部门、学术机构的近 30 名官员和专家学者	至 2020 年共举办 4 届

续表

时间	内容	主办方	主题	参与者	备注
2011 年 12 月	中国人民解放军文化交流代表团访问老挝举办“中国军事文化活动周”			中国人民解放军文化交流代表团一行 49 人	
2012 年 4 月	滇版图书赴柬埔寨推介 加强中柬文化交流	云南省新闻出版局主办		中国云南和柬埔寨数十家出版机构	
2012 年 5 月	广西师范大学举行“印度尼西亚文化日”	广西师范大学印尼留学生联谊会主办		印度尼西亚驻华使馆教育参赞安华、印度尼西亚驻华领事馆社会文化领事布启、广西师大副校长蔡昌卓等	
2012 年 5 月	中国东盟科技联委会第七次会议顺利举行			合作司续超前副司长作为会议中方主席与会议东盟方主席、越南科技部副部长黎庭田共同主持了会议。来自合作司、东盟 10 国科技主管部门以及东盟秘书处官员参加了会议	

续表

时间	内容	主办方	主题	参与者	备注
2012 年 9 月	首届中国东盟职业教育论坛	中国—东盟职业教育研究中心主办	交流互鉴合作共赢构建职教共同体	老挝教育及体育部副部长孔习·盛玛尼、越南教育部副部长阮荣显、柬埔寨教育青年体育部副国务秘书英·德、印度尼西亚教育部总秘书长古塔玛	
2012 年 10 月	“文化中国·名家讲坛”首站新加坡活动告捷	中国海外交流协会主办		福建省海外交流协会郑惠文副会长、福建中医药大学的郑美凤教授、福建省佛教协会副会长释本性法师、福建省师范大学张善文教授、福建省师范大学张善文教授等	
2012 年 10 月	“面向东盟国家科技政策与管理研修班”成功举办	由科技部合作司主办、中国科学技术交流中心承办		交流中心主任孙洪致欢迎词，科技部合作司阮湘平参赞做主题发言，研修班成员、部分东盟国家驻华使馆外交官及技术参观组织单位的嘉宾，共 40 余名代表出席	

续表

时间	内容	主办方	主题	参与者	备注
2012 年 11 月	首届东盟与中日韩大学校长会议	东盟大学联盟主办		31 所高校的校长，东盟大学联盟秘书处副主任 NguyenKy-Hnh 副教授，东盟大学联盟执行主任 Nantanan Gajseni 女士，教育部国际交流事副司长刘宝利，以及泰国、日本教育部官员	至 2020 年共举办 3 届
2012 年 11 月	曼谷中国文化中心正式揭牌			中国国务院总理温家宝和泰国总理英拉当天共同出席。	
2013 年 1 月	“文化中国魅力新疆”艺术团在缅甸演出	中国海外交流协会、中国驻缅甸大使馆联合主办			

续表

时间	内容	主办方	主题	参与者	备注
2013年9月	首届中国—东盟港口城市合作网络论坛	交通运输部、广西壮族自治区人民政府主办	加强中国—东盟海上互联互通·建设港口城市合作网络	广西壮族自治区副主席张晓钦、中国驻东盟大使杨秀萍、柬埔寨西哈努尔省副省长普拉·西亚、中国贸促会副秘书长陈正荣、印度尼西亚三口洋市市长阿旺·艾萨、越南下龙市委常委、市人民委员会副主席黄光海、中国商务部亚洲司司长陈洲，钦州市委书记、钦州人大常委会主任肖莺子	
2013年9月	首届中国—东盟技术转移与创新合作大会	由中华人民共和国科技部、广西壮族自治区人民政府主办，由广西壮族自治区科学技术厅、中国—东盟技术转移中心承办	联合创新共同发展	来自中国与东盟国家企业、大学和科研机构代表、东盟科学技术委员会、中国和东盟国家科技主管部门代表、中国和东盟国家主要技术转移机构代表等参会	中国—东盟技术转移与创新合作大会是“中国—东盟技术转移中心”的标志性活动，每年举办一次。至2020年共举办8届

续表

时间	内容	主办方	主题	参与者	备注
2013年9月	马来西亚“中华经典文化寻根之旅”交流团成立				
2013年9月	中国—东盟科技创新合作大会在广西南宁举行	由中华人民共和国科技部和广西壮族自治区人民政府共同主办		中国、柬埔寨、老挝、马来西亚、缅甸、新加坡、泰国和越南科技界和企业界共约200人参加本次会议	
2013年10月	“舞动菲律宾”中菲文化交流活动走进重庆大学	中共重庆市委宣传部、中共重庆市委对外宣传办公室、重庆市教育委员会、重庆市对外贸易经济委员会、重庆市文化广播电视局、重庆市人民政府外事侨务办公室、中共重庆市渝中区委员会、渝中区人民政府全程指导，重庆市对外文化交流协会、重庆市对外文化交流中心、瑞安·重庆天地主办		校党委副书记肖铁岩、菲律宾驻重庆总领事亚美利达·阿基诺女士、重庆市教委副巡视员胡斌	

续表

时间	内容	主办方	主题	参与者	备注
2013年11月	“中国文化节”活动在文莱大学医学院圆满举行	中国驻文莱大使馆、文莱大学和中国援文志愿者服务队共同主办		中国驻文莱大使馆临时代办房新文、文莱大学助理校长哈嘉安妮塔、文莱各大中小学校长、文莱—中国友好协会副会长陈家福以及中国驻文莱使馆经商处主任王嘉欣及使馆工作人员等	
2013年11月	中国在柬举办中国历史文化讲座			中国中央文史研究馆馆长袁行霈一行、柬埔寨王家研究院院长克洛提达	
2014年1月	柬埔寨孔子学院走进参议院举办中国春节文化活动				
2014年5月	举行“2014中华文化大乐园—菲律宾营”	中国海外交流协会主办		菲律宾华教中心主席颜长城、侨中学院院长黄婉蓉及副院长蔡艺术等	
2014年5月	第24届中国内镜微创医师大会暨东盟医学内镜会议	世界内镜医师协会、中国医师协会内镜医师分会	共同推进中国和东盟内镜微创医学的发展		

续表

时间	内容	主办方	主题	参与者	备注
2014 年 9 月	首届汇商聚智—知名企业·专业人士交流会	中国广西壮族自治区政府与新加坡工商联合总会共同主办		新加坡以及中国广西区内外的有关知名人士、企业家、专家学者代表	
2014 年 9 月	首届中国—东盟警学论坛	中国警察协会主办	中国—东盟区域警务合作、打击跨国犯罪和警务信息交流	中国警察协会主席田期玉，公安部副部长李伟，自治区副主席、公安厅厅长高雄，柬埔寨内政部政府顾问先·拉普莱斯，泰国警察总署顾问乌东出席论坛开幕式并致辞。中国内地、香港、澳门和东盟 10 国的代表 120 余人	至 2020 年共举办 3 届
2014 年 9 月	首届中国—东盟大法官论坛		司法合作与中国—东盟自贸区发展	中国首席大法官、最高人民法院院长周强，自治区党委书记、自治区人大常委会主任彭清华，最高人民法院副院长贺荣，自治区领导温卡华、范晓莉，自治区高级人民法院院长罗殿龙，自治区人民检察院检察长崔智友，广东、海南、云南等省高院负责人	至 2020 年共举办 2 届

续表

时间	内容	主办方	主题	参与者	备注
2014 年 9 月	首届中国—东盟网络空间论坛	国家互联网信息办公室与广西壮族自治区人民政府共同举办	发展与合作	中国及缅甸、柬埔寨、印度尼西亚、老挝、泰国、马来西亚、新加坡、文莱、菲律宾、越南东盟 10 国的政府、企业和学术界代表，以及 30 多家中国著名互联网企业	至 2020 年共举办 1 届
2014 年 9 月	首届中国—东盟工商论坛	国家工商行政管理总局与广西壮族自治区人民政府联合主办	公司注册改革与合作	广西壮族自治区人民政府主席陈武、国家工商行政管理总局副局长刘俊臣、文莱工业和初级资源部部长 Pehin Yahya、缅甸商务部部长 Win Myint、柬埔寨商务部国务秘书长 Ouk Prachea、印度尼西亚贸易部副部长 Bayu Krisnamurthi、老挝计划与投资部副部长 Bounthavy Sisouphanhthong、泰国商务部副部长 Apiradi Tantraporn、中国—东盟中心秘书长马明强	至 2020 年共举办 2 届

续表

时间	内容	主办方	主题	参与者	备注
2014 年 9 月	佳能影像之桥 2014 中国—新加坡青少年文化交流活动	佳能（中国）主办		30 多位新加坡育德小学（Edgefield Primary School）学生、北京三里屯小学的 30 多名学生	
2014 年 9 月	中国东盟教育合作政策对话	中国—东盟中心、贵州省教育厅主办			
2014 年 10 月	中国文化走泰国南中国海乐团“海上丝绸之路”音乐会	南中国海乐团	中国文化走泰国	“中国第一老生”之称的当代著名京剧艺术家于魁智、泰中文化促进委员会主席披尼·扎禄颂巴、泰国文化部督察萍乐薇·瓦塔纳瓦朗功等	
2014 年 11 月	李克强同缅甸总统举行会谈			李克强、缅甸总统吴登盛	
2014 年 11 月	老挝中国文化中心在万象揭幕			中共中央政治局委员、中央书记处书记、中宣部部长刘奇葆与老挝人民革命党中央政治局委员、政府副总理潘坎等	
2014 年 12 月	中国东盟文化交流年书画展			中国驻东盟使团杨秀萍、中国—东盟书画家联合总会辅导主席胡素丹	

续表

时间	内容	主办方	主题	参与者	备注
2014 年 12 月	“书香传递 爱心校园”中国——新加坡校园文化交流活动	北京史家小学和新加坡南洋小学联合主办		校长王欢、书画大家张孝友的夫人、学生等	
2015 年	首届中国—东盟农资产业论坛		新丝路、新机遇、新平台、新合作	中华全国供销合作总社党组成员、理事会副主任肖仲凯，广西壮族自治区人民政府副主席张秀隆	至 2020 年共举办 4 届
2015 年 1 月	中国—东盟北斗科技城在湖北黄石开工建设			泰国科技部常务次长乌拉蓬、商务部投资促进局信息技术部主任黄庆红、湖北省科技厅副厅长杜耘等出席开工仪式并致辞	
2015 年 3 月	中国福建木偶戏文化交流活动在柬埔寨金边举办	联合国教科文组织亚太地区非物质文化遗产国际培训中心主办		中国驻柬埔寨王国大使布建国，柬埔寨王国文化艺术部国务秘书萨姆拉丁·坎桑先生、蒙克沙尼女士，联合国教科文组织驻柬埔寨金边办事处官员菲利普·德朗热先生，以及国家艺术基金管理中心主任韩子勇、亚太中心主任许蓉等	

续表

时间	内容	主办方	主题	参与者	备注
2015 年 4 月	新加坡中国文化中心正式由中国文化部接手			青建南洋公司董事宋修义和中国文化部业主代表、驻新加坡大使馆文化参赞肖江华	
2015 年 5 月	2015 东博会文化展	中国—东盟博览会秘书处、广西文化厅和广西新闻出版广电局共同主办			
2015 年 6 月	老挝中国文化中心举办 2015 年第一期汉语培训班结业仪式			老挝中国文化中心主任阙小华、28 名培训班学员	
2015 年 9 月	首届中国—东盟残疾人论坛	中国残疾人联合会和广西壮族自治区人民政府联合主办	促进残疾人平等参与和融合发展	中国残联理事长鲁勇、东盟秘书处副秘书长穆赫坦、中国残联副理事长贾勇，中国—东盟中心秘书长杨秀萍，印度尼西亚、文莱、柬埔寨、老挝、缅甸、泰国、菲律宾、越南八国负责残疾人事务的部长级官员	至 2020 年共举办 1 届

续表

时间	内容	主办方	主题	参与者	备注
2015年9月	首届中国—东盟信息港论坛	中国—东盟信息港论坛由国家互联网信息办公室、国家发展和改革委员会与广西壮族自治区人民政府共同主办	互联网＋海上丝绸之路—合作·互利·共赢	中国及东盟10国的280多位政府、企业和学术界代表	至2020年共举办4届
2015年9月	首届中国—东盟统计论坛	国家统计局与自治区人民政府共同主办	开展官方统计合作，支持中国—东盟经济社会发展	国家统计局局长王保安，自治区人民政府、东盟各国统计部门领导及代表	至2020年共举办6届
2015年9月	首届中国—东盟市长论坛	中国市长协会、中国—东盟博览会秘书处联合主办	“一带一路”区域互联互通，城市合作共赢	中国—东盟150余名市长、专家学者、商协会、企业代表	至2020年共举办5届
2015年9月	第三届中国—东盟药品合作发展高峰论坛	国家食品药品监督管理总局和广西壮族自治区人民政府共同主办	合作共赢——共创中国东盟药品合作发展新局面	国家食品药品监督管理总局党组成员、副局长吴浈、国家食品药品监督管理总局有关司局和直属单位、各省（自治区、直辖市）食品药品监督管理局代表及制药企业代表400余人	至2020年共举办5届

续表

时间	内容	主办方	主题	参与者	备注
2015 年 9 月	2015 中国—东盟职业教育联展暨论坛			东盟 10 国代表团成员，以及来自英国、法国、新西兰、韩国、东帝汶等特邀国的代表团成员，中华人民共和国教育部有关司局官员，中国香港、台湾地区代表，各有关省（自治区、直辖市）代表，中国 70 多所高校代表、职业教育专家、企业特邀代表等 400 余人出席	
2015 年 10 月	越南河内大学孔子学院举办中国文化周喜迎中秋			中国驻越南大使洪小勇同部分馆员、河内大学师生、中越友好人士	
2015 年 11 月	曼谷尼山论坛“儒学、佛学与中泰文化交流”在泰国曼谷中国文化中心举行	文化部和山东省政府共同主办		中国驻泰国大使宁赋魁、泰国副总理威萨努、山东省副省长王书坚、泰中知名专家学者和泰国高校师生等 400 余人	

续表

时间	内容	主办方	主题	参与者	备注
2015年11月	习近平主席为新加坡中国文化中心揭幕			中国国家主席习近平、新加坡荣誉国务资政吴作栋	
2015年12月	首届中国—东盟传统医药健康旅游国际论坛	国家旅游局、国家中医药管理局和广西壮族自治区人民政府共同主办	传统医药健康旅游的多边交流与发展，构建中国—东盟传统医药健康旅游合作机制	联合国有关组织和机构代表；中国—东盟中心、东盟秘书处，东盟国家旅游和卫生（传统医药）部分官员代表；东盟国家驻中国使领馆、办事处等机构官员代表；东盟国家专家学者及企业家代表。国内嘉宾有：论坛主办机构领导；论坛承办、协办单位代表；国内有关省（自治区、直辖市）旅游和卫生（传统医药）官员代表；国内健康旅游和传统医药知名专家及企业家代表200余人	至2020年共举办3届
2015年12月	中国东莞与东盟多国进行科技合作交流	由东莞市科学技术局与广西东盟技术转移中心共同举办		来自缅甸、越南、泰国等东盟国家的在华使领事馆领事和企业机构代表	

续表

时间	内容	主办方	主题	参与者	备注
2016 年 2 月	首届中国—东盟及中日韩大学校长论坛			中国教育部长袁贵仁、韩国副总理兼教育部长李俊植、日本文部科学大臣驰浩	
2016 年 3 月	首届中国—东盟气象合作论坛	中国气象局和广西壮族自治区人民政府联合主办	区域气象灾害监测与共同防御	广西壮族自治区人民政府，越南、印度尼西亚、老挝、马来西亚、缅甸、菲律宾、新加坡、泰国等东盟国家气象水文部门，世界气象组织、联合国亚洲及太平洋经济社会委员会、台风委员会等国际组织的代表	至 2020 年共举办 3 届
2016 年 3 月	新加坡华校举办国际青年科学论坛			120 名学生代表与领队老师	
2016 年 5 月	首届中国—东盟旅游合作论坛（北京）	中国—东盟中心		中国—东盟中心秘书长杨秀萍、东盟各国驻京使节、亚太旅游组织官员及国内旅游专家	
2016 年 5 月	中国文化信息协会“一带一路”首站泰国文化交流活动			中国文化信息协会会长黄河浪、副会长张福俭、香港敬承堂博物馆馆长姚競等一行	

续表

时间	内容	主办方	主题	参与者	备注
2016 年 5 月	中国与文莱历史文化研究中心在南京成立			南京文物局原副局长杨新华、南京市社科院文化发展研究所所长谭志云、南京大学教授、中国明史学会副会长范金民、雨花台区文化局局长朱向东等	
2016 年 5 月	广西礼仪文化交流协会与东盟 5 国驻邕总领馆共话文化交流			柬埔寨、老挝、缅甸、泰国、马来西亚等东盟国家驻南宁总领事馆的总领事或领事	
2016 年 6 月	首届中国—东盟民族文化论坛	广西社会科学界联合会、广西国际文化交流中心、广西民族大学联合主办	民族文化多样性与“一带一路”建设	国内多个省区市及东南亚、澳大利亚、印度等国的学者，柬埔寨、老挝、缅甸、马来西亚、泰国、越南驻南宁总领事馆官员	至 2020 年共举办 4 届

续表

时间	内容	主办方	主题	参与者	备注
2016年6月	中国国际文化传播中心在泰国曼谷开展文化交流活动			泰国副总理威萨努·克安，泰国前副总理、泰中文化促进委员会主席披尼·扎禄颂巴，中国国际文化传播中心执行主席龙宇翔，中国驻泰国大使宁赋魁，中国国际文化传播中心艺术总监张宗银、盛和泰等	
2016年7月	中国—东盟（罗城）农业产业发展合作交流会			广西农业产业行业协会负责人，泰国、越南、缅甸、老挝、柬埔寨等国驻南宁总领事馆总领事、领事、商务参赞，广西区内外企业家、农业专家	
2016年9月	首届中国—东盟农业论坛	农业部和广西壮族自治区人民政府共同主办	深化农业创新合作，共建21世纪海上丝绸之路	中国、东盟10国，以及中国—东盟中心、联合国粮农组织、世界粮食计划署、国际农业发展基金、国际食物政策研究所等国际与区域组织的官员、专家及企业代表200多人	至2020年共举办4届

续表

时间	内容	主办方	主题	参与者	备注
2016年9月	首届中国—东盟卫星导航合作论坛	广西壮族自治区人民政府主办	丝路导航，合作共享	中国和东盟主要国家卫星技术应用相关的政府部门、企业、商协会等组织的中外代表约300人。	至2020年共举办1届
2016年9月	首届中国—东盟商会领袖高峰论坛	广西壮族自治区人民政府主办	产业合作、共建共赢——“一带一路”建设中的商会发展	中国及东盟国家近400名官员、商界精英代表	至2020年共举办4届
2016年9月	首届中国—东盟科技创新与台风灾害应对论坛	民政部主办		菲律宾、缅甸、印度尼西亚、马来西亚、越南、老挝、泰国、柬埔寨东盟8个国家，以及联合国国际减灾战略（UNISDR）、亚太空间合作组织（APSCO）等国际/地区组织的数十位代表	至2020年共举办2届
2016年9月	第三届丝路国际电影节首设东盟电影周			东盟10国的优秀影片和电影人、中国国家新闻出版广电总局电影局副局长李国奇、越南驻华使馆公使衔参赞阮氏泰通	

续表

时间	内容	主办方	主题	参与者	备注
2016年9月	中国企业走出去东盟金融合作洽谈会	中国农业银行总行主办		广西壮族自治区人大常委会副主任刘新文、中国农业银行副行长郭宁宁等	
2016年9月	中老情·合家欢——2014年春节联欢晚会在老挝首都万象举行				
2016年9月	首届中国—东盟社会工作论坛	民政部、广西壮族自治区人民政府共同主办	社会工作与扶贫济困	民政部副部长顾朝曦、广西壮族自治区副主席黄世勇，文莱、柬埔寨、老挝、印度尼西亚、马来西亚、缅甸、菲律宾、新加坡、泰国、越南10个东盟国家的26名政府官员、16名专家学者	至2020年共举办1届
2016年9月	第4届中国—东盟技术转移与创新合作大会圆满落幕	由中国科技部、广西壮族自治区人民政府主办			

续表

时间	内容	主办方	主题	参与者	备注
2016年10月	首届中国—东盟卫生合作论坛	国家卫生和计划生育委员会、国家中医药管理局、广西壮族自治区人民政府共同主办	创新卫生合作，推进共同发展	来自相关部委和各省（自治区、直辖市）卫生部门代表、东盟国家卫生部部长级官员、医疗和学术机构500余人参加了会议	至2020年共举办3届
2016年10月	金边中国文化中心正式揭牌				
2016年11月	首届中国—东盟国际产能合作论坛	由贵州省盘县人民政府和中国—东盟商务理事会共同举办		中国和东盟国家的政务官员、外交使节、商会及企业代表和学者等303人	
2017年1月	中国—东盟成员国检察官培训基地			最高人民检察院党组书记、检察长曹建明，广西壮族自治区党委常委、政法委书记、自治区副主席黄世勇，自治区检察院党组书记、检察长崔智友	
2017年1月	“文化中国·四海同春”中马交流汇演	中国海外交流协会主办		马中文化艺术协会会长古润金等	

续表

时间	内容	主办方	主题	参与者	备注
2017年3月	越南文化交流会暨电影《金刚：骷髅岛》公映活动在北京举行			越南驻华大使邓明魁，中国公共外交协会副会长胡正跃，越南驻华大使馆副馆长武进勇公使，香港新华传媒集团高级副总裁、新华环球影业发展（北京）有限公司总经理陈骢，香港新华集团驻北京办事处主任戴一楠出席了本次活动	
2017年5月	拓展“海丝”文化交流　越南东湖年画展在沪开幕	华东师范大学博物馆与华东师范大学社会发展学院民俗所			
2017年6月	2017年“陕桂携手　共进东盟”陕桂科技合作对接推介会成功举行			陕西省科技厅副厅长兰新哲、广西科技厅副厅长唐咸来出席会议并致辞。来自陕西和广西电子信息和生物医药领域的45家企业、高校、科研院所及相关科技管理部门120多人参加会议	

续表

时间	内容	主办方	主题	参与者	备注
2017 年 5 月	中国—东盟国际艺术节			中宣部老干部局书记薛启亮、文化部原副部长潘震宙、凭祥市政协主席李明忠、越南文化体育旅游部处长欧越兴、越中文化交流中心主任阮文情、纵横华媒体国际集团董事长马康华及有关商会、企业、艺术培训机构代表	
2017 年 7 月	首届中国马来西亚“一带一路”国际交流文化节暨中国佛教艺术“一带一路”巡展筹备座谈会			时任中国宗教学会常务副会长曹中建、中国宗教学会顾问王志远、中国佛教协会副会长纯一法师、驻会副会长演觉法师、中国道教协会副会长袁志鸿道长、中国伊斯兰教协会原副会长杨志波、中国佛教文化研究所所长、北京大学教授楼宇烈、中马国际智库顾问、中马国际文化交流节组委会副主席金凤，执行秘书长黄子勇、马来西亚驻华使馆工作人员等	2017 年 7 月

续表

时间	内容	主办方	主题	参与者	备注
2017 年 8 月	云南境外书店缅甸曼德勒胞波书社挂牌			德宏州外事办、德宏州贸易商会驻曼德勒商务代表处、德宏传媒集团，曼德勒省民族事务部相关领导，以及曼德勒当地团体、中资企业、华文学校、商团、华人华侨代表等	
2017 年 8 月	柬埔寨中华文化交流协会成立			李成建会长、许四毛女士等柬埔寨中华文化交流协会领导成员	
2017 年 9 月	中国（广东）—东盟旅游推介交流会			东盟与广东的 16 家企业代表	
2017 年 9 月	首届中国—东盟旅游合作对接会	中国—东盟博览会秘书处与新华社中国经济信息社共同主办	“共建 21 世纪海上丝绸之路，旅游助推区域经济一体化”	中国—东盟博览会共同举办方、“魅力之城”代表团成员、旅游主管部门、投资公司、旅游项目开发公司及旅行社等 200 多名国内外与会嘉宾。中国—东盟博览会秘书处副秘书长杨雁雁、广西壮族自治区旅游发展委员会副主任胡晶波在开幕式上致辞	

续表

时间	内容	主办方	主题	参与者	备注
2017年9月	曼谷中国文化中心在泰国举行“中国文化进企业”启动仪式	曼谷中国文化中心、泰国中国企业总商会罗勇商会和北京民族文化遗产保护基金会，北京中华民族博物院、四川省阿坝藏族羌族自治州文化广电新闻出版局共同举办		中国驻泰国大使馆文化参赞、曼谷中国文化中心主任蓝素红，泰中文化促进委员会副主席披塔·乍禄颂巴，泰国中国企业总商会张雷、泰国中国企业总商会罗勇商会会长陈华等	
2017年9月	中国—东盟科技产业及企业合作交流座谈会在京举行			中国—东盟商务理事会执行理事长许宁宁、启迪控股董事长王济武致开幕词。	
2017年10月	“中华文化大篷车”系列巡演在缅甸仰光举行	中国驻缅甸大使馆	“中华文化大篷车”系列巡演	仰光英国学校、缅甸国际学校、仰光国际学校和仰光云南会馆、仰光卓越语言教育中心	
2017年10月	中国—东盟科技产业合作委员会成立			来自中国各地及东盟各国政、商、学、研等领域的领袖、专家	
2017年11月	《孔子的智慧》文化展等文化交流活动在越南举行	中国国务院新闻办公室和中国驻越南大使馆联合主办		越方政府官员和各界人士、中资企业及留学生代表等约150人出席了本次活动	

续表

时间	内容	主办方	主题	参与者	备注
2017 年 11 月	武汉交通职业学院开展泰国留学生领略中国书法文化交流活动			武汉交通职业学院外事处处长杨昌蓉和相关二级学院负责人	
2017 年 11 月	“美丽中国　美丽越南”图片展等文化交流活动在越南举行	中国国务院新闻办公室与越通社联合主办、人民画报社与越南画报社共同承办		中国驻越南大使洪小勇、中国驻岘港总领事郗慧、越方官员及中资企业代表	
2017 年 11 月	缅甸仰光中国文化中心揭牌			中国外交部部长王毅、缅甸宗教事务与文化部长昂哥、缅甸国务资政兼外交部长昂山素季	
2017 年 11 月	中国（广西）—越南“同唱友谊歌”系列文化交流活动在河内举办	中国广西人民广播电台与越南国家歌舞剧院联合主办		中国国务院新闻办公室副主任郭卫民，广西壮族自治区党委常委、宣传部部长范晓莉，越南国家歌舞剧院副院长黄春平，河内中资企业代表、中越两国近 30 家媒体记者、中国在越留学生代表及越南各界人士	

续表

时间	内容	主办方	主题	参与者	备注
2017 年 12 月	中国藏文化图片展在缅甸举行	中国国务院新闻办公室、中国驻缅甸大使馆、缅中友好协会和仰光大金塔管理委员会主办		驻缅甸大使洪亮、仰光省首席部长吴漂民登、仰光省议会议长吴丁貌吞、缅中友好协会主席吴盛温昂、中国藏文化交流代表团成员及缅甸宗教、文化等各界代表 200 余人	
2017 年 12 月	露天电影院——第二届中柬优秀电影巡映			中国驻柬埔寨大使熊波、柬埔寨文化艺术部大臣彭萨格娜、柬中友协主席艾桑奥、中国国际广播电台副台长王文俊，以及近千名中柬观众	
2018 年 1 月	中泰民间文化友谊交流赛	泰中旅游同业商会、中国文化艺术国际协会和泰国金东尼人妖歌舞剧院联合主办			

续表

时间	内容	主办方	主题	参与者	备注
2018 年 1 月	中国贵州艺术团赴柬举办“中柬筝情”文化交流义演	柬埔寨高棉传媒国际集团和中国美嘉环球国际旅行社共同主办		柬埔寨王国帕花黛维大公主、柬埔寨王国文化部长 TUY LYDA、暹粒省副省长 MS.you sopheat、中国驻柬埔寨暹粒领事馆刘志杰主任、莫源源领事；美嘉环球国际董事长周旭东、总裁郭金力；嘉恒国际总经理周晓衡、吴哥大剧院总经理孙福和、贵州海外国际旅行社副总经理曹祺等。	
2018 年 4 月	中国—东盟医疗保健合作中心项目开建	广西医科大学第一附属医院	增进与东盟医疗领域交流	2018 年 4 月	

续表

时间	内容	主办方	主题	参与者	备注
2018 年 5 月	“中马一带一路出版中心”暨“马来西亚中国主题图书编辑部”在位于吉隆坡的马来西亚国家语文出版局大楼正式揭牌成立	中国社会科学文献出版社和马来西亚汉文化中心	推动马中两国在文化、文学、翻译和出版等领域的全方位合作	马来西亚国家语文局、马来西亚汉文化中心主席吴恒灿等	
2018 年 4 月	11 国青年共议“科技与创新”促中国—东盟合作发展	由中国—东盟中心主办		来自中国和东盟 10 国的青年学生	

续表

时间	内容	主办方	主题	参与者	备注
2018 年 5 月	首届中国—东盟媒体论坛	中国—东盟中心、中国外文局、江苏省人民政府新闻办公室共同主办	新趋势　新合作　新未来	东盟副秘书长穆赫坦，中国—东盟中心秘书长杨秀萍，无锡市委副书记、代市长黄钦，中国国务院新闻办公室国际联络局局长张烨，外交部亚洲司参赞杨沐，中国外文局副局长陆彩荣，中国外文局副总编辑、中国报道社社长陈实，江苏省人民政府新闻办公室副主任杨力群，江苏省人民政府外事办公室副巡视员杨菁，红豆集团董事局主席兼 CEO 周海江，印度尼西亚、老挝、马来西亚、新加坡驻华使馆代表，中国和东盟十国媒体代表、企业界人士、专家学者等	
2018 年 5 月	东盟风情“越友趣”“泰友趣”国际文化交流活动			广西南职院副校长胡卫东教授、广西东强门业有限公司总经理张琳等	

续表

时间	内容	主办方	主题	参与者	备注
2018年5月	2018年“中国文化周”在老挝举办	老挝中国文化中心和广西壮族自治区文化厅	“中国文创产品展示周”	老挝国立艺术学校、广西图书馆人员	
2018年5月	首届“越南文化周”在南宁开幕，深化中越青年交流			越南驻南宁总领事馆总领事黄玉荣	
2018年5月	2018中国—东盟山地户外体育旅游大会启动仪式·攀岩大师赛开幕仪式	中国登山协会、广西壮族自治区体育局主办		国家体育总局登山运动管理中心副主任、中国登山协会副主席王勇峰，国家体育总局登山运动管理中心新项目部部长李文茂，国家体育总局登山运动管理中心开发部部长丁祥华，广西壮族自治区体育局副局长卢意文，大会承办方北京国奥中健体育发展有限公司总裁李文燕，光大银行体育基金代表刘大可和来自20多个国家和地区的攀岩选手和媒体记者出席了开幕式。国际登山联合会欧洲代表ARRAN ANNE JULIA女士专程到达马山参加大会	

续表

时间	内容	主办方	主题	参与者	备注
2018 年 5 月	中国“故宫文化创意产品国际综合展”在新加坡举办	新加坡中国文化中心、中外文化交流中心及故宫博物院联合举办	展出瓷器、书画、珠宝首饰、服饰以及文具类故宫文化创意产品共 169 件套	中国驻新加坡使馆文化参赞阙小华、新加坡中国文化中心主任马红英，中国文化中心理事、中国工商银行新加坡分行行长胡芳，故宫博物院文创事业部主任冯辉、故宫博物院书画部主任曾君、新加坡艺术总会会长陈声桂、新加坡美术总会会长梁振康、新加坡书法中心主席杨应群、新加坡新华美术中心负责人曾国和、新加坡华族文化中心总裁刘思伟以及各界公众近 100 人出席了展览开幕式	

续表

时间	内容	主办方	主题	参与者	备注
2018年6月	2018中国—东盟（灵山）青年文化交流营在灵山罗阳谷生态庄园开营	中国民建广西区委联络委员会和广西艺术学院国际教育学院联合主办	纪念中国—东盟建立战略伙伴关系15周年：实地体验中国新农村文化	全国红歌大赛金奖获得者艾米、泰国青年舞蹈家万良宇、万丽达、越南留学生何氏梅、阮氏美玲、老挝留学生文苏、越南留学生陈清庄与黄文勇、2017年中国－东盟好少年礼仪大赛冠军获得者林美伊等近百名东盟青年代表和广西各界文化人士	
2018年6月	中国—越南流行演唱的对比研究与实践结题音乐会	广西艺术学院音乐学院流行音乐系主办、广西艺术学院国际教育学院、科研处协办		越南驻南宁领事馆领事范仲俊、阮泰山，广西艺术学院陈艳副教授以及中国、越南、菲律宾三国16位在读学生	
2018年6月	中国南京文创展暨中越传统文化与创意产业研讨会开幕			中国驻越南大使馆临时代办尹海虹、越南文化体育旅游部副部长郑氏水及两国文化部门官员和文创产业代表	

续表

时间	内容	主办方	主题	参与者	备注
2018 年 6 月	泰国玛哈沙拉坎大学孔子学院举办首届中国戏曲文化节	泰国玛哈沙拉坎大学孔子学院联合南宁市文化新闻出版广电局举行		中国驻泰国孔敬总领事廖俊云、玛哈文化厅厅长巴帕·赛坦意汀力、南宁市文化新闻出版广电局副局长李由亮、南宁市民族文化艺术研究院院长方宁、泰国东北部华文民校联谊会永远名誉主席洪泽荣、玛哈沙拉坎大学副校长巴拉育·斯维莱博士、玛哈沙拉坎大学孔子学院中方院长何东	
2018 年 6 月	中国（辽宁）—越南旅游文化经贸交流会	辽宁省外事（侨务）办公室、越南驻华大使馆、香港新华集团主办		省政协主席夏德仁出席开幕式，省政协副主席高科致辞，越南驻华大使邓明魁致辞	
2018 年 6 月	“一带一路·梦汇南洋”中国—马来西亚文化艺术交流展在吉隆坡举行	广西壮族自治区文学艺术界联合会和联合钢铁（马来西亚）集团联合主办	共展出了中国十位画家和马来西亚两位画家的书画作品近百幅，体裁涵盖油画、水墨画、素描、书法等	广西壮族自治区文学艺术界联合会副主席黄云龙、马来西亚中国文化艺术协会副主席蔡宝强	

续表

时间	内容	主办方	主题	参与者	备注
2018 年 6 月	中国—新加坡国际科技交流与创新大会在苏州举行	由新加坡国立大学苏州研究院主办		新加坡、印度尼西亚、马来西亚等东盟国家及全球其他地区众多科技项目和企业	
2018 年 6 月	2018 广州——新加坡文化交流美展在广州百福广场开幕	广州市嘉鸿动画影视有限公司主办，新加坡教师美术协会、广州市侨联文化体育交流协会协办	增强中新两国艺术文化交流、搭建中新两国艺术沟通的桥梁，拓宽两国艺术家展示才华的平台	广州市原副市长、广州市书画艺术鉴赏交流协会会长郭向阳，广州市侨联副主席、广州市侨联文化体育交流协会会长卢启明，新加坡教师美术协会会长任玉兰等来自广州及新加坡两地的美术家代表等共 100 余名嘉宾出席开幕仪式	
2018 年 6 月	新加坡中国协会在渝设联络处		促进两国人民友谊良好发展，促进两国民间文化、教育、人文、商贸交流，致力于中国少数民族、偏远地区的扶贫工作	新加坡中国协会会长高泉庆	

续表

时间	内容	主办方	主题	参与者	备注
2018 年 7 月	中泰文化交流合作论坛	贵阳学院主办		来自中国和泰国的众多学术界专家学者	
2018 年 7 月	台湾书画家走进泰国世界梁氏书画文化中心进行文化交流			泰籍华裔梁柱稳之子梁豪庆、台湾书画家	
2018 年 7 月	中柬文化创意园在柬埔寨暹粒破土动工			中国驻柬埔寨大使馆驻暹粒领事办公室主任刘志杰、暹粒省副省长尤索翩、暹粒省文化厅厅长穆恩索片等	
2018 年 7 月	仰光中国文化中心正式启动运营		将常态化举办各类文化活动	中国驻缅甸大使洪亮、缅甸宗教和文化部长昂哥等嘉宾出席仪式并致辞，中缅双方代表数百人见证仪式	
2018 年 8 月	温医大泰国孔院牵头成立海外首家中国青瓷文化学堂			泰国东方大学孔子学院中方院长章毓林、泰方院长符丽珠	

续表

时间	内容	主办方	主题	参与者	备注
2018 年 8 月	中国—东盟青少年“友好之夜”特色节目表演			四川省人民对外友好协会会长赵平、越中友协常务副主席阮文诗、中国人民对外友好协会副会长林怡等	
2018 年 9 月	首届“一带一路”新经济发展论坛	中国国际贸易促进委员会和广西壮族自治区人民政府主办	新形势、新挑战、新机遇	中国贸促会副会长张慎峰，广西壮族自治区副主席李彬，广西壮族自治区人民政府副秘书长李盛，中国—东盟商务与投资峰会秘书处秘书长、广西贸促会会长李常官，中国贸促会国际联络部副部长徐梁，广西壮族自治区大数据局副局长韦江，南宁党委常委、副市长周中，南宁市江南区委书记梁开景，中国—东盟商务理事会执行理事长许宁宁，以及华南城集团总裁赵立东等	至 2020 年共举办 4 届
2018 年 9 月	“文化中国·味道云南”座谈会			云南、缅甸的政府机构和部分企业代表	

续表

时间	内容	主办方	主题	参与者	备注
2018年9月	中国（广西）—东盟农业科技交流合作研讨会			400多名与会中外专家	
2018年9月	《天地灵韵——中国美丽乡村摄影展》亮相泰国曼谷中国文化中心	曼谷中国文化中心、中外文化交流中心和中国对外文化集团公司、中国生态文化协会联合主办，中国对外艺术展览有限公司、北京中展丹青展览有限公司承办		中国驻泰王国大使馆文化参赞兼曼谷中国文化中心主任蓝素红、联合国开发计划署驻泰代表迪雅德·博伊女士、泰国摄影家协会、泰国东亚大学师生等嘉宾民众逾百人出席开幕式	
2018年9月	“江南百工”非物质文化遗产海外巡展（新加坡站）22日在新加坡中国文化中心拉开帷幕	上海市人民政府新闻办公室指导、上海世纪出版(集团)股份有限公司主办	天涯共此时	新加坡中国文化中心主任马红英	
2018年9月	“多彩中华——中国西南少数民族非遗文化展”走进柬埔寨	中国国家民族事务委员会、中国文化和旅游部、柬埔寨文化艺术部和中国民族博物馆联合主办		中国国家民族事务委员会国际交流司副司长张庆安、中国驻柬埔寨大使馆政治处主任王德鑫、柬埔寨首相顾问克罗提达	

续表

时间	内容	主办方	主题	参与者	备注
2018年9月	柬中建交60周年文化交流会在京举行	收藏天下（北京）网络有限公司主办		原中国驻柬埔寨大使馆参赞吴庆生，中国外交部驻香港特别行政区特派员公署原处长、原中国驻新西兰大使馆领事部主任姜殿昌，迎接新世纪纪念钞（千禧龙钞）设计者赵克俭、收藏天下（北京）网络有限公司总裁董文星、收藏天下（北京）网络有限公司业务总监张琪等	
2018年9月	中国—东盟人文交流活动暨大型文化纪录片《丹行线》发布会在南宁举行	中国驻东盟使团、中国—东盟中心、广西壮族自治区外事侨务办公室、广西壮族自治区文化厅和南宁市人民政府共同主办	“跨越地域界限 感受心灵共鸣”	外交部部长助理陈晓东、广西壮族自治区政协副主席刘正东、南宁市市长周红波、中国驻东盟大使黄溪连，东盟常驻中国代表委员会、东盟副秘书长黄英俊和中国—东盟中心秘书长陈德海等多位领导，30多个国家与地区的来宾以及中外媒体等共300余位嘉宾出席发布会	

续表

时间	内容	主办方	主题	参与者	备注
2018年10月	中国书法作品走进马来西亚	北京师范大学启功书院、马来西亚书艺协会等单位联合主办		马来西亚对华特使陈国伟、马来西亚书艺协会顾问纪永辉等	
2018年11月	2018年中国—东盟林业科技合作研讨会			广西壮族自治区人民政府副秘书长文世峰，中国工程院院士尹伟伦，老挝农林部林业局副局长本蓬·森通，中国国家林业和草原局国际合作司副司长王春峰等领导、专家受邀出席。柬埔寨、印度尼西亚、老挝、马来西亚、缅甸、泰国、越南等国家30多位代表及中国的近100位代表参加。广西科技厅党组副书记、副厅长刘建宏受邀出席研讨会并致辞	
2018年11月	“携手合作构建中国—东盟旅游创新共同体”研讨会	桂林市人民政府主办		桂林理工大学旅游与风景园林学院院长吴忠军、桂林旅游学院中国旅游研究院中国—东盟旅游研究基地主任张海琳等	

续表

时间	内容	主办方	主题	参与者	备注
2018年12月	中马青年文化交流晚会在马来西亚举行	马来西亚国民大学中国留学生协会和厦门大学马来西亚分校中国留学生联合会共同主办		马来西亚国民大学、厦门大学马来西亚分校、马来亚大学、海鸥之星艺术团等单位的学生和青年艺术家	
2019年1月	澜湄国家青年文化交流营在缅甸启动			缅甸宗教事务和文化部长昂哥，中国、柬埔寨、泰国、老挝、缅甸、越南六国青年	
2019年2月	第十九届菲中传统文化节	中国驻菲律宾大使馆、马尼拉市政府、菲律宾各界联合会、菲华青年学社、亚典耀大学孔子学院等机构联合举办		菲律宾前总统、现任马尼拉市市长埃斯特拉达，中国驻菲律宾大使赵鉴华等	
2019年2月	“感知中国·江苏文化周”在柬埔寨举办	国务院新闻办公室指导、江苏省人民政府新闻办公室和外事办公室主办		柬埔寨公主诺罗敦·帕花黛维、中国驻柬埔寨大使王文天、江苏省对外文化交流协会副会长杨立群等	

续表

时间	内容	主办方	主题	参与者	备注
2019年2月	中国（东盟）科技文化合作交流活动	泰国国家科技发展署、中国传媒记者联合会、江苏惠冠文化、河南保税集团联合主办，上海惠冠文化、河南省豫象传媒集团、泰国国家科技园、河南省中大门网络科技有限公司联合承办		泰国国家科技发展署副署长兼泰国国家科技园区主任苏维帕女士，泰国国家科技园区副主任撒那博士，泰国国家科技园区东部主任山缇博士，马来西亚NCL集团总裁辛迪女士，河南省政协常委、民革河南省委专职副主委吕心阳先生，河南省电影电视家协会副主席王建先生，民革河南省委联络处处长高勤女士，以及泰国、马来西亚和国内一百余位企业家代表等	
2019年2月	“水韵丝路 墨舞茶香”中新文化交流活动在新加坡闭幕	中华文化促进会、中国旅游产业发展联盟、华彬文化基金会联合主办		中国驻新加坡大使馆文化参赞阙小华，“一带一路”总商会（香港）联席主席、华彬集团董事长严彬，中国知名艺术家姜昆、陕西省书法家协会秘书长王改民等	

续表

时间	内容	主办方	主题	参与者	备注
2019年3月	“小小外交官培养计划”在印度尼西亚驻华大使馆举行			印度尼西亚驻华大使馆教育文化参赞苏亚德等	
2019年3月	2019年中国—东盟生态环保合作周系列活动	对外合作与交流中心（中国—东盟环境保护合作中心）主办	活动包括中国—东盟环境合作国家联络员会议、中国—东盟生态友好城市合作研讨会、中国—东盟环境信息共享平台工作组会和能力建设培训、中国—东盟应对气候变化政策与行动研讨5项活动	生态环境部国际合作司副司长张洁清、联合国环境署驻华首席代表涂瑞和、中国生态环境部国际司、生态司、气候司、对外合作与交流中心、信息中心、中国科学院等国内相关机构，深圳、广西、云南、浙江、海南、湖北等国内省市，以及东盟秘书处、文莱、柬埔寨、印度尼西亚、老挝、马来西亚、缅甸、新加坡、泰国、越南等东盟成员国的环境主管部门，联合国环境署、斯德哥尔摩环境研究所、能源基金会等国际机构约150名代表出席了活动	

续表

时间	内容	主办方	主题	参与者	备注
2019年3月	“礼乐筑梦”中越青年儒家文化交流活动在越南河内举行	广西广播电视台、河内大学、广西南宁师范大学联合主办，由河内大学孔子学院承办		广西广播电视台副台长范易、河内大学副校长、河内大学孔子学院理事会主席阮氏菊芳	
2019年3月	2019年“越友趣”中越学生文化交流活动举行			来自广西大学、广西民族大学、广西艺术学院、广西华侨学校、南宁职业技术学院等院校的师生500余人	
2019年3月	中国—东盟“新媒体与文化创意传播高级人才研修班”在北京开班	中国传媒大学中国—东盟教育培训中心主办		中国传媒大学媒介与公共事务研究院院长杨宇军及21名学员	
2019年3月	“中国—老挝旅游年”锦绣丝路文化艺术节在昆明举行	云南城投集团紫云青鸟·云南文化创意博览园与老挝驻昆总领事馆联合举办		老挝驻昆明总领事馆总领事康潘·翁桑迪，昆明经开区管委会党工委委员、党政办主任、文创产业发展领导小组组长李勇等	

续表

时间	内容	主办方	主题	参与者	备注
2019 年 4 月	驻东盟使团举办中国—东盟饮食文化交流活动			驻东盟使团临时代办蒋勤、东盟秘书长夫人曾静明、东盟妇女协会主席达尼及部分执委、东盟友好人士	
2019 年 5 月	2019 中国—东盟创新与科技合作高峰交流会	本次高峰交流会由南宁市外事办公室和广西启迪科技城集团共同主办		柬埔寨、菲律宾、加纳、缅甸、老挝、越南等国驻华使领馆官员，政府相关部门、大学院校及科研机构负责人，商界领袖等与会代表	
2019 年 5 月	湘泰文化旅游交流合作座谈会在长沙举行			湖南省文化和旅游厅厅长陈献春	

续表

时间	内容	主办方	主题	参与者	备注
2019 年 5 月	中国—东盟·桂林禅文化交流中心			缅甸联邦共和国驻南宁总领事梭岱南、泰王国驻南宁总领事蔡乐·蓬蒂窝拉卫、老挝人民民主共和国驻南宁总领事万习·维丽亚彭女士，柬中记者协会联合会主席、柬埔寨华商日报总编辑刘晓光以及广西壮族自治区第十二届人大常委会副主任、广西国际文化交流中心理事长高雄，广西国际文化交流中心副理事长黎明智，中国佛教协会常委理事、教育培训部主任园慈法师，桂林市佛教协会副会长兼秘书长、桂林栖霞寺住持乾泽法师等	
2019 年 5 月	苏州工业园区在新加坡举办文化周活动	江苏省文化和旅游厅、新加坡中国文化中心、新加坡江苏会主办		新加坡中国文化中心主任肖江华、苏州工业园区规划建设委员会主任徐国平	

续表

时间	内容	主办方	主题	参与者	备注
2019年5月	中国与东盟执政党干部共商“一带一路”、共促减贫合作活动在广西南宁举办	中联部亚洲一局、广西壮族自治区外事办公室		由东盟国家执政党干部和文莱政府有关事务官员组成的东南亚执政党干部考察团、广西壮族自治区党委及有关部门和地方负责人等100人出席	
2019年6月	2019中国—东盟农业农资产品、产能、技术对接交流会	中国东盟农资商会主办		柬埔寨、老挝、缅甸、泰国、越南及中国的多个政府部门、合作社、商协会、重点企业代表、农业经贸领域专家及媒体等120多人	
2019年6月	2019中国—东盟国际少儿文化艺术节系列活动在南宁启动	南宁市文化广电和旅游局主办	我和我的祖国	2019中国东盟国际少儿文化艺术节系列活动从6月1日启动，至9月25日结束，时间跨度长达四个月，活动范围覆盖全国100个城市及东南亚国家，活动内容囊括各类少儿艺术赛事、少儿艺术交流巡演、少儿艺术交流盛会等	

续表

时间	内容	主办方	主题	参与者	备注
2019 年 6 月	民族服饰文化交流展演活动在越南成功举行	中国文保会民族服饰文化艺术委员会及东莞市旗袍文件艺术协会主办		来自全国各地近 500 名民族代表全程参加了此次盛会	
2019 年 6 月	中老旅游暨文化交流启动会	老挝新闻文化旅游部主办		老挝国家文化旅游局、四川相关部门代表以及全国各旅行社代表	
2019 年 6 月	2019 年“文化走亲东盟行”走进缅甸、老挝	南宁市政府主办、南宁市文化广电和旅游局承办	“文化走亲东盟行”	以邕剧、粤剧、刘三姐文化、非遗文化、东盟戏剧等为载体，深入缅甸、老挝的剧场、高校、中小学、中国文化中心、社团等开展戏剧展演、艺术工作坊、演艺合作、非遗成果展、旅游推介等活动，共举办了 6 场交流演出，3 场非物质文化遗产展览，与 7 家机构签署了《中国—东盟非物质文化遗产合作交流机制谅解备忘录》	

续表

时间	内容	主办方	主题	参与者	备注
2019 年 6 月	金边举行中柬文化旅游友好交流大会			柬埔寨首相洪森特别代表、副首相兼内阁办公厅大臣宾钦、中国文化和旅游部副部长张旭、中国驻柬大使王文天、柬埔寨旅游部大臣童坤、柬中友好协会主席艾森沃，以及中柬两国文化旅游部门代表	
2019 年 6 月	“中国民俗文化东盟行”活动在雅加达举行	中国驻东盟使团主办	“中国民俗文化东盟行”	东盟秘书长林玉辉、近 30 名中国民俗文化专家与艺术家	
2019 年 6 月	“2019 中国旅游文化周”系列活动在金边中国文化中心启动	中外文化交流中心携手 60 家海外中国文化中心和驻外旅游办事处主办	活动主要由“美丽中国”图片展、“中国云南名家书画展”和中柬青年文旅交流联谊会等内容组成	中国文化和旅游部中外文化交流中心工作调研组、云南省委宣传部工作督导组一行，柬埔寨教育青年体育部副国务秘书桑瓦塔纳，柬埔寨柬中关系发展学会会长谢莫尼勒，昆明新知集团董事长李勇以及中柬两国新闻媒体和嘉宾共 200 余人参加活动	

续表

时间	内容	主办方	主题	参与者	备注
2019年6月	“中国主题国际编辑部”在新加坡揭牌			世界科技出版公司主席潘国驹和董事总经理廖学娜、广东省出版集团总经理杜传贵、南方传媒副总经理应中伟等一行9人	
2019年6月	中国（广东）—新加坡新闻文化交流周开幕式	广东省人民政府新闻办公室主办	“魅力中国—广东文化周”的首站活动	新加坡文化部兼交通部高级政务次长马炎庆、新加坡报业控股华文媒体集团社长李慧玲，以及《联合早报》兼《联合晚报》总编辑吴新迪；中国广东省委宣传部长傅华、中国驻新加坡大使洪小勇、南方报业传媒集团管委会主任刘红兵和广东省出版集团有限公司总经理杜传贵	
2019年6月	“中日韩乡村振兴经验对东盟国家的启示”研讨会	由中国国际扶贫中心主办		来自中日韩3国和东盟8国的45名政府官员、专家学者以及国际组织、企业、非政府组织代表参加了研讨	

续表

时间	内容	主办方	主题	参与者	备注
2019 年 6 月	“锦绣丝路——中国精品刺绣艺术展”在新加坡中国文化中心开展	中外文化交流中心、新加坡中国文化中心与潮州市名瑞刺绣艺术研究院共同主办		新加坡南洋艺术学院董事会主席刘心玲，中外文化交流中心主任、文化和旅游部海外设施建设管理中心主任段周武，中国驻新加坡大使馆文化科技处参赞阙小华，中国刺绣艺术研究院院长李当岐，中国刺绣艺术研究院执行院长蔡民强等	
2019 年 6 月	中国和马来西亚民间文化交流展在津开展	中冶置业天津公司和 WCO（世界文化机构）主办		中国工艺美术大师陈毅、王鹏	
2019 年 7 月	中国—东盟技术转移合作交流大会	由科技部和广西壮族自治区人民政府主办		科技部副部长黄卫出席大会并讲话。广西壮族自治区副主席费志荣、广西壮族自治区科技厅厅长曹坤华、科技部基础研究司副司长崔拓、科技部国际合作司副巡视员徐捷以及全国各省（自治区、直辖市）科技主管部门代表约 150 人参加了此次会议	

续表

时间	内容	主办方	主题	参与者	备注
2019年7月	“中国—东盟生态系统评估和管理”国际研讨会在南宁举办	生态环境部南京环境科学研究所、生态环境部对外合作与交流中心共同主办	“共谋生态保护，推进绿色发展”	来自老挝、印度尼西亚、越南、柬埔寨、菲律宾、韩国、联合国开发计划署、国际非政府组织及国内生态环境领域的专家和嘉宾	
2019年7月	杭州在越南举办文化旅游推介活动	中国浙江省杭州市政府		浙江省委常委、杭州市委书记周江勇，越南文化体育旅游部旅游总局副总局长何文超	
2019年7月	“文化产业与旅游发展及推广”展览暨研讨会在越南举行	活动由中国文化和旅游部、中国驻越南大使馆、越南文化体育与旅游部主办，由河内中国文化中心、广西壮族自治区文化和旅游厅、越南国家图书馆承办		中国文化和旅游部副部长李群、中国驻越大使熊波、越南文化体育与旅游部副部长郑氏水，以及两国文化旅游部门、行业代表等100余人	
2019年7月	中泰建交44周年庆祝活动	中国驻泰国大使馆		泰国前副总理、泰中文化促进委员会会长披尼·扎禄颂巴、泰国中华总商会主席陈振治等泰各界友好人士和华侨华人约150人出席活动	

续表

时间	内容	主办方	主题	参与者	备注
2019年7月	南宁国际学生用品交易会暨2019中国·东盟（南宁）国际教育展开幕			中国国际贸易促进委员会广西分会秘书长邓诗军等。本届学交会邀请40多家来自越南的优质买家参会，开展精准的贸易配对与现场洽谈	
2019年7月	2019中国—东盟职业教育国际论坛暨特色合作项目成果展	中国教育国际交流协会、中国—东盟中心、江西省教育厅共同主办	“示范引领，深化合作”	来自中国与东盟国家教育行政部门、职业院校、行业企业的近500名代表参会	
2019年7月	2019中国—东盟博览会文化展和动漫游戏展在南宁开幕	中国—东盟博览会秘书处、广西壮族自治区文化和旅游厅、广西壮族自治区新闻出版广电局、广西国际博览集团有限公司主办	“山水之间　壮美广西”	来自80余个国家和地区以及国内30个省市区的近千家旅游机构、旅游企业和特邀买家参展	
2019年7月	中国—东盟青少年文化艺术中心揭牌仪式			南宁市及青秀区相关领导、各大媒体记者	

续表

时间	内容	主办方	主题	参与者	备注
2019 年 8 月	东盟加强防洪抗旱技术交流活动	由水利部长江委人才资源开发中心承办		来自湄公河五国、印度尼西亚、马来西亚等东盟国家水利部门官员、专家，国际水资源管理研究所（IWMI）、全球水伙伴（GWP）、湄公河委员会秘书处（MRCS）等国际组织代表以及河海大学澜湄国家留学生代表参加	
2019 年 8 月	中国东盟“一带一路”自驾旅游文化交流峰会			柬埔寨旅游部国务秘书何沙伦、中华自驾联盟执行会长尹政群、中华自驾联盟全球总会长龙涌、柬中记者协会主席刘晓光、柬华日报总编安佳等众多嘉宾	
2019 年 8 月	2019 年东盟“一带一路”旅游文化交流周开幕仪式	中国—东盟中心等		中国—东盟中心秘书长陈德海等	

续表

时间	内容	主办方	主题	参与者	备注
2019年8月	2019中国—东盟文化旅游宣传推广大使大赛启动仪式	亚太旅游联合会海上丝路专业委员会主办		自治区文化和旅游厅代表李芝燊，亚太旅游联合会海上丝路专业委员会常务副主任兼秘书长苏德祯，本次大赛主评委沙小丹等	
2019年8月	中国（连云港市）—东盟农业经贸洽谈会	中国—东盟商务理事会和连云港市政府共同主办		连云港市企业家代表与东盟国家代表	
2019年8月	“中国艺术家走进泰国马来西亚文化艺术交流展”在泰国清风美术馆开幕	中国艺术家走进泰国文化艺术交流展组委会、泰国THAI HOW ARE YOU CO, LTD联合主办		泰国前副总理、泰中文化促进委员会会长披尼，泰国前副总理、泰中友好协会会长功·塔帕朗西，泰国中华总商会主席陈振治，华裔联合会主席蚁凡，泰中经济文化协会代表以及工商、教育、媒体界人士、华人华侨等150人出席	

续表

时间	内容	主办方	主题	参与者	备注
2019 年 8 月	2019 年中泰陶瓷（青瓷）文化交流暨艺术展在曼谷举行	泰国东方大学孔子学院、曼谷中国文化中心、中国丽水学院共同主办	“2019 年中泰陶瓷（青瓷）文化交流暨艺术展”	曼谷中国文化中心主任顾洪兴先生、泰国东方大学艺术学院院长瑟格桑、中国丽水学院、浙江龙泉青瓷协同创新中心主任周晓峰教授、泰国东方大学孔子学院中方院长章毓林，中泰陶瓷专家，在泰高校、孔子学院、商会、侨团等组织代表，中泰媒体，中泰陶瓷文化爱好者 100 余人参加了开幕式	
2019 年 8 月	马来西亚举办马中文化交流史料展	马来西亚福建社团联合会		中国驻马来西亚大使馆公使衔参赞陈辰、马来西亚福建社团联合会总会长林福山等	

续表

时间	内容	主办方	主题	参与者	备注
2019年8月	2019年中国—东盟(贵阳)“一带一路”文化旅游交流周举行招商推介会			贵阳市政协副主席钮力卿、东盟部分成员国及“一带一路”沿线国家、国内各省（区、市）及港澳台地区旅游和航空企业代表，文化与旅游行业内专家学者，国内重要文化旅游企业代表，贵阳市各区（市、县）分管领导及文化旅游部门负责人和贵阳市文化旅游企业负责人等250余人参与此次招商推介会	
2019年8月	中国——东盟（贵阳）“一带一路”文化旅游交流周	中国—东盟中心、贵阳市人民政府、贵州省文化和旅游厅共同主办	“融合发展，开放合作”	来自22个国家和地区的128家企业参展。	

续表

时间	内容	主办方	主题	参与者	备注
2019 年 8 月	印度尼西亚大学生中华文化体验营圆满收营	中国国家汉办组织、广西师范大学协同组织		参加本次中华文化体验营活动的人数总共为 41 人，其中包括 40 名学生和 1 名老师，他们都来自印度尼西亚玛琅国立大学孔子学院下属教学点——穆罕穆迪亚大学（University Muhammadiyah Malang）	
2019 年 9 月	2019 中国（广西）—东盟文化旅游周新闻发布会	广西壮族自治区人民政府主办		自治区文化和旅游厅副厅长胡晶波	
2019 年 9 月	中国—东盟海洋科技合作研讨会在广西北海启幕	中国外交部主办		来自缅甸、柬埔寨、新加坡、印度尼西亚、马来西亚、泰国、菲律宾的 35 名海洋管理、研究部门代表及我国政府、高校、科研院所、海洋科技企业的 260 余名代表参会	
2019 年 9 月	2019 年中国—东盟农业国际合作展	农业农村部对外经济合作中心和自治区农业农村厅共同主办		85 家区内优秀农业企业	

续表

时间	内容	主办方	主题	参与者	备注
2019年9月	中国—东盟科技联委会第十次会议顺利举行			科技部国际合作司二级巡视员李昕作为会议中方主席，与会议东盟方主席、菲律宾科技部代表罗薇娜·格瓦拉共同主持了会议	中国—东盟科技联委会于1994年成立，定期在中国和东盟国家轮流举办会议，截至2020年举行了10次会议
2019年9月	上海植物园成功举办“精灵之约”泰国文化展示与体验系列活动	上海植物园与泰国驻沪领事馆合作开展		来自世界各地的近百名园艺插花爱好者	
2019年9月	2019中国—东盟职业教育联展暨论坛在南宁开幕	由教育部和广西壮族自治区人民政府共同主办，广西教育厅具体承办	“交流互鉴 合作共赢 构建职教共同体”	中国教育部副部长翁铁慧、广西壮族自治区副主席黄俊华	
2019年9月	中国驻泰国使馆举行庆祝中华人民共和国成立70周年专题音乐会			中国驻泰国大使吕健，泰国政府、军队、商界、文化、科教等各界人士，多国驻泰使节及在泰中资机构，华侨华人、学生代表300余人出席	

续表

时间	内容	主办方	主题	参与者	备注
2019年9月	2019中国（广西）—东盟文化旅游周新闻发布会在广西南宁召开	自治区人民政府主办		自治区文化和旅游厅副厅长胡晶波等	
2019年9月	中国文化旅游之夜暨国庆70周年大型武术太极表演在文莱隆重举行	中国文化旅游部和驻文莱使馆共同举办、河南省文化旅游厅、中国对外文化演出集团承办，文中友好协会协办		文莱外交部无任所大使玛斯娜公主作为主宾莅临，公主先生、文莱首相府风俗礼仪局局长阿齐兹，文莱初级资源与旅游部部长阿里、文化青年体育部部长阿米鲁丁，政府有关部门常秘、副常秘，中国文化旅游部国际交流与合作局二级巡视员张西龙及文政府、军警、工商、文化、教育、新闻等各界人士以及驻文使节、华人和在文中资机构代表3000余人出席	

续表

时间	内容	主办方	主题	参与者	备注
2019年9月	东盟文化艺术创作季（第一季）成果展在集美开展	泰国东盟加六国贸易促进会主办		受邀参加的艺术家	
2019年9月	2019中国—东盟学生才艺晚会在南宁举行	中国—东盟中心、广西教育厅主办	“美美与共，精彩同行”	来自中国、老挝、缅甸、越南等国官员及各界嘉宾约1000人观看了演出	
2019年9月	2019中国—东盟文化旅游宣传推广大使总决赛暨颁奖典礼	广西中华文化促进会和亚太旅游联合会海上丝路专业委员会主办		广西中华文化促进会主席文明，亚太旅游联合会会长何光晔，中国中文卫视副台长、总编霍克，自治区人民政府原外商投资管理委员会办公室主任、金盾之光爱心志愿者协会总顾问（正厅）何锦雄，亚太旅游联合会副会长、亚太旅游联合会海上丝路专业委员会主任罗远军，国家关工委教育中心美育部副主任、亚太旅游联合会海上丝路专业委员会副主任邓素云等	

续表

时间	内容	主办方	主题	参与者	备注
2019 年 9 月	首届中国—东盟电视周开幕式暨中国—东盟影视金曲盛典	由国家广播电视总局、自治区人民政府、中国—东盟中心联合主办		老挝、马来西亚、缅甸、菲律宾、柬埔寨、泰国、印度尼西亚、越南等多个东盟国家嘉宾，国家广播电视总局相关负责人，兄弟省区市和东盟各国相关部门及影视文化界代表近 300 人出席开幕式	
2019 年 9 月	2019 中国—东盟文化旅游周开幕晚会			中国文化和旅游部副部长张旭、广西壮族自治区人民政府副主席李彬在南宁会见了东盟各国嘉宾代表及东盟秘书处、亚太旅游联合会等组织机构代表，并共同出席开幕晚会	

续表

时间	内容	主办方	主题	参与者	备注
2019年9月	四川国际文化旅游生活周暨老挝啤酒节	四川省文化和旅游厅、自贡市人民政府主办	活动设老挝啤酒节区域、老挝风情区域、画展区域、生活周区域四大区域，重点推出老挝之夜、恐龙电音节、荧光之夜等五大主题活动	老挝人民民主共和国新闻文化旅游部旅游宣传司司长孙马尼翁，省文化和旅游厅巡视员卢锋、市人大常委会主任谭豹，市委常委、宣传部长唐杰，市委常委、副市长杨智艳，区委书记张昭国及其他地市州文旅部门负责人等近300名领导干部、涉旅企业和中外嘉宾出席开幕式	
2019年9月	“重庆文化旅游周”在新加坡举行	重庆市市文化旅游委、新加坡中国文化中心共同举办	包括“重庆印象·美术作品展”“重庆印象·非遗作品展”和芭蕾舞剧《追寻香格里拉》专场演出3场活动		
2019年10月	“天人合和：中菲艺术文化交流活动”深圳开幕	中国银行携手中国日报、马尼拉大都会博物馆和中华文联共同主办	“天人合和”		

续表

时间	内容	主办方	主题	参与者	备注
2019 年 10 月	中国—东盟高校医学联盟成立大会在京召开	中国—东盟中心和北京大学医学部共同主办		教育部国际合作与交流司副司长方军，中国—东盟中心秘书长陈德海，北京大学常务副校长、医学部主任詹启敏出席会议并致辞。来自东盟 9 个国家 24 所高校和国内 21 所高校的院校长代表出席了此次会议	
2019 年 10 月	中国—东盟海洋北斗技术研讨会成功举办			中国工程院院士潘德炉、中国 21 世纪议程管理中心王文涛、天津大学校长助理张力新、泰国地理信息及太空技术研发署（GISTDA）Darunee Promchot 等	
2019 年 10 月	泰国华裔青少年“丝绸”寻根：感悟华夏八千年文明	中国侨联主办、甘肃省侨联承办		40 位泰国参营华裔青少年及领队	

续表

时间	内容	主办方	主题	参与者	备注
2019年10月	2019中国—东盟博览会旅游展投资合作推介会			桂林各县（市、区）旅游、投资（招商）促进部门的相关负责人，国内外旅游及相关行业企业代表	
2019年10月	泰国青少年海南寻根：“小青砖”要做中泰文化交流推动者	中国侨联主办		56名泰国华裔青少年	
2019年10月	“汉公主”遇见泰国公主——文化使者李玉刚世界巡演登陆曼谷			泰国公主诗琳通亲临现场观看了演出	
2019年10月	2019中国—东盟博览会旅游展			参展商约800家，专业观众2022名、300名境内外专业买家、境外买家200名	
2019年10月	“美丽中国·神奇宁夏”文化旅游推介会在马来西亚举行	宁夏回族自治区文化和旅游厅主办	“神奇宁夏全域美，文化旅游共前进”	宁夏回族自治区文旅厅副厅长万学道、马来西亚旅游促进局代表陈汉文副处长等	

续表

时间	内容	主办方	主题	参与者	备注
2019 年 10 月	“美丽中国·神奇宁夏”文化旅游东南亚市场宣传推介活动首站在新加坡拉开帷幕并成功举办	宁夏回族自治区文化和旅游厅主办	“文旅融合谱新篇，合作共赢谋发展”	宁夏中国国际旅行社与新加坡中欧航旅有限公司、宁夏新文化国际旅行社与新加坡 ECON-Holidays 等旅行社、宁夏光大国际旅行社和新加坡经典旅游公司等	
2019 年 10 月	宁夏文化旅游推介会在印度尼西亚精彩绽放	宁夏回族自治区文化和旅游厅	“美丽中国·神奇宁夏”	印尼旅游部副司长 Indera Dewantho、中国驻印尼大使馆代表陈敏、印尼旅游协会会长 Henny Hsyatie、宁夏文化和旅游厅副厅长万学道、宁夏农垦集团副总经理苟金萍、宁夏文化和旅游厅资源开发处处长王光华，以及沙湖、沙坡头、西夏陵、黄河楼、宁夏国旅等宁夏知名景区（景点）、旅游商代表，印尼各大实力旅行商、航空公司、新闻媒体代表等共计 80 余名嘉宾出席了此项活动	

续表

时间	内容	主办方	主题	参与者	备注
2019年10月	泰国华裔青少年“丝绸”寻根：感悟华夏八千年文明	中国侨联主办、甘肃省侨联承办		40位泰国参营华裔青少年及领队	
2019年10月	2019中国—东盟博览会旅游展投资合作推介会			桂林各县（市、区）旅游、投资（招商）促进部门的相关负责人，国内外旅游及相关行业企业代表	
2019年10月	“汉公主”遇见泰国公主——文化使者李玉刚世界巡演登陆曼谷			泰国公主诗琳通亲临现场观看了演出	
2019年11月	“丝路华章”文化展开幕式暨《中国东盟报道》文莱专刊首发式在文莱斯里巴加湾举办			中国驻文莱大使杨健、国务院新闻办公室副主任郭卫民	

续表

时间	内容	主办方	主题	参与者	备注
2019年11月	2019中国—东盟农业机械展	中国农业机械化协会、中国农业机械工业协会、中国农业机械流通协会主办		国内外180多家农机及农机零部件生产、销售、流通等相关企业	
2019年11月	中菲文化交流中心在厦门鼓浪屿揭牌			厦门市政协主席张健、菲律宾驻厦门总领事馆总领事付昕伟、菲律宾旅菲华侨工商联总会名誉会长周经伟等出席揭牌仪式	
2019年11月	第三期中国—东盟大讲坛聚焦丝路文化	广西壮族自治区社会科学界联合会主办、自治区社会科学界联合会主办，自治区东南亚经济与政治研究院、广西新华书店集团新华恒通物流有限公司共同承办	“丝路文化·新华礼约”	广西壮族自治区东南亚经济与政治研究院常务副院长李冬青、广西礼仪文化交流协会会长潘玲、广西新华书店集团新华恒通物流有限公司总经理黄瑞蕃以及广西新华书店集团约100人参与活动	
2019年11月	第二届中国—东盟大学生文化周启动	中国—东盟中心、海南省旅游和文化广电体育厅主办		来自中国、韩国和7个东盟国家的15支高校艺术团；泰国、马来西亚、菲律宾、柬埔寨、新加坡等东盟国家的驻华领事馆代表	

续表

时间	内容	主办方	主题	参与者	备注
2019 年 11 月	泰国东北高校举办“丝路杯”中国文化比赛	中国驻孔敬总领事馆主办		泰东北地区高校师生共 300 余人	
2019 年 11 月	中国传统文化生活艺术展走进马来西亚	吉隆坡中国文化中心、中国文化和旅游部中外文化交流中心联合主办		吉隆坡中国文化中心主任张杰鑫、马来西亚书艺协会顾问纪永辉	
2019 年 11 月	新加坡中国文化中心举办“丝路翰风”百位中国书法博士作品展	中国国家艺术基金赞助，北京师范大学启功书院、新加坡书法家协会主办	“丝路翰风”	中国文化中心主任肖江华，新加坡艺术总会、书法家协会会长陈声桂，新加坡美术总会会长梁振康，国际华人文化交流联合会总裁朱添寿，狮城篆刻书法协会副会长陈美娟，马来西亚艺协会会长黄瑞庆，印度尼西亚书法艺术协会会长饶韵芝，北京师范大学启功书院副院长于乐等 100 余位文化艺术机构代表及艺术爱好者共同出席	

续表

时间	内容	主办方	主题	参与者	备注
2019 年 11 月	中国—柬埔寨青年环保文化交流活动暨 2019 年澜沧江—湄公河“双城记”大型青年文化交流活动在广西北海举办		“同一片天空 同一个家园”	来自中国和柬埔寨的 200 多位青年代表参加了此次活动	
2019 年 11 月	“楚韵荆风”文化和旅游活动在曼谷中国文化中心举办	荆州市文化和旅游局组织	“楚韵荆风”	曼谷中国文化中心顾洪兴主任、泰国潮州会馆主席黄迨光、荆州市文化和旅游局副局长张大香、泰国出境旅游首席顾问李潮文	
2019 年 11 月	中国—东盟教育与文化传承研讨会	教育部人文社会科学重点研究基地西南大学西南民族教育与心理研究中心和广西民族大学联合主办		来自马来西亚、柬埔寨、美国、中国等国家的 60 多位知名专家学者	

续表

时间	内容	主办方	主题	参与者	备注
2019年12月	中新教育机构联合举办学前教育研讨会	中国宋庆龄青少年科技文化交流中心与新加坡华夏文化促进会共同主办		中国宋庆龄青少年科技文化交流中心副主任苏洪涛，第十一届、第十二届、第十三届全国政协委员、教育部学前教育工作委员会委员刘焱等	
2019年12月	东马来西亚第一所孔子学院揭牌			沙巴州教育及革新部助理部长莫哈默德·莫哈玛林、沙巴大学校长叶永兴教授、中国长沙理工大学党委书记付宏渊教授、中交疏浚集团党委副书记朱朝晖等	
2019年12月	“中国文化日”在马来西亚玛拉工艺大学举行	中国驻马来西亚大使馆和马来西亚玛拉工艺大学联合举办		中国驻马来西亚大使等	

续表

时间	内容	主办方	主题	参与者	备注
2020 年 1 月	“中国文莱文化旅游推介暨商务洽谈会”在文莱斯里巴加湾市成功举办	中国文化和旅游部、文莱初级资源与旅游部、中国驻文莱大使馆共同主办		中国文化和旅游部副部长张旭、文莱初级资源和旅游部副常任秘书瓦迪·本·哈吉·穆罕默德·阿里、中国驻文莱大使于红、中文两国重点文旅企事业单位近 50 家代表、百余人参加了活动	
2020 年 1 月	中国—东盟信息港鲲鹏生态创新中心揭牌			广西壮族自治区党委常委、自治区常务副主席秦如培，中国工程院院士倪光南等政府官员和学术专家 1500 多人出席会议	
2020 年 1 月	第 19 届东盟与中日韩旅游部长会议			中国政府文化和旅游代表团、东盟 10 个成员国及对话伙伴国中国、日本、韩国的旅游部长或其代表以及东盟秘书处代表。	

续表

时间	内容	主办方	主题	参与者	备注
2020 年 12 月	首届中国—东盟文化艺术周在广西桂林开幕	由中华人民共和国文化和旅游部、广西壮族自治区人民政府主办，广西壮族自治区党委宣传部、广西壮族自治区文化和旅游厅承办		文化和旅游部副部长张旭，自治区党委常委、宣传部部长范晓莉，自治区人大常委会副主任、市委书记赵乐秦，自治区副主席李彬，缅甸驻华大使苗丹佩，越南驻华大使范星梅，泰国驻华大使阿塔育·习萨目，中国—东盟中心秘书长陈德海，老挝驻南宁总领事维拉萨·宋蓬，泰国驻南宁总领事彬嘉玛·塔维她雅浓出席	

附录 3　中国与东盟人文交流机制汇总

时间	内容	发起方	参与者	备注
1991 年 7 月	中国时任外长钱其琛出席第 24 届东盟外长会议开幕式		中国与东盟各国	中国与东盟首次接触
1992 年 1 月	第四次东盟首脑会议正式提出建立东盟自由贸易区		中国与东盟各国	
1994 年	中国—东盟科技合作联委会正式成立		中国与东盟各国	定期在中国和东盟国家轮流举办会议
1996 年	中国成为东盟全面对话伙伴		中国与东盟各国	
1997 年 12 月	通过《面向 21 世纪的睦邻互信伙伴关系联合声明》		中国与东盟各国	
1997 年	中国—东盟领导人会议上发表《中华人民共和国与东盟国家首脑会晤联合声明》		中国与东盟各国	自 1997 年以来已举行 21 次
1997 年	打击跨国犯罪部长级会议		中国与东盟各国	自 1997 年起，每两年举行一次
1999 年 2 月	发表《中泰关于二十一世纪合作计划的联合声明》		中国、泰国	
1999 年 5 月	发表《中华人民共和国政府和马来西亚政府关于未来双边合作框架的联合声明》		中国、马来西亚	
1999 年 11 月	发表《东亚合作联合声明》		东盟与中日韩（10+3）	
2000 年 5 月	签署中华人民共和国和印度尼西亚共和国关于未来双边合作方向的联合声明		中国、印度尼西亚	

续表

时间	内容	发起方	参与者	备注
2000 年6月	签署《中华人民共和国和缅甸联邦关于未来双边关系合作框架文件的联合声明》		中国、缅甸	
2000 年11月	签署《中华人民共和国和柬埔寨王国关于双边合作框架的联合声明》		中国、柬埔寨	
2000 年12月	签署中越《关于新世纪全面合作的联合声明》		中国、越南	
2000 年	签署《中华人民共和国政府和新加坡共和国政府关于双边合作的联合声明》		中国、新加坡	
2000 年	签署《中华人民共和国和老挝人民民主共和国关于双边合作的联合声明》		中国、老挝	
2000 年	签署《东盟和中国禁毒行动计划》		中国与东盟各国	
2001 年3月	中国—东盟经济合作专家组在中国—东盟经济贸易合作联合委员会框架下正式成立		中国与东盟各国	
2001 年8月	中老缅泰四国签署禁毒合作《北京宣言》		中国、老挝、缅甸、泰国	
2001 年11月	中国与东盟各国签署《南海各方行为宣言》		中国与东盟各国	
2001 年	中国与东盟签署《反对恐怖主义联合行动宣言》		中国与东盟各国	
2002 年11月	中国同东盟签署《全面经济合作框架协议》		中国与东盟各国	
2002 年11月	中国同东盟国家签署《南海各方行为宣言》		中国与东盟各国	
2002 年11月	发表《中国与东盟关于非传统安全领域合作联合宣言》		中国与东盟各国	
2002 年	签署《中国—东盟自由贸易协定》		中国与东盟各国	

续表

时间	内容	发起方	参与者	备注
2002 年	中国同东盟签署《农业合作谅解备忘录》		中国与东盟各国	
2003 年 6 月	签署《中泰果蔬零关税协议》		中国、泰国	
2003 年 10 月	签署《面向和平与繁荣的战略伙伴关系联合宣言》		中国与东盟各国	
2003 年	中国正式加入《东南亚友好合作条约》		中国与东盟各国	
2003 年	中国和东盟正式启动了海关领域合作		中国与东盟各国	双方建立了定期署级磋商机制和专家级海关协调委员会磋商机制
2003 年	签署《中国—东盟信息通信技术合作谅解备忘录》		中国与东盟各国	
2003 年	发表《中国—东盟领导人关于非典型性肺炎问题特别会议联合声明》		中国与东盟各国	
2004 年 1 月	启动中国—东盟“早期收获”计划		中国与东盟各国	此计划是根据 2002 年 11 月中国同东盟签署《全面经济合作框架协议》而实施的
2004 年 9 月	发表中华人民共和国与文莱达鲁萨兰国联合公报		中国、文莱	
2004 年 9 月	发表中华人民共和国政府与菲律宾共和国政府联合新闻公报		中国、菲律宾	
2004 年 11 月	签署《中国—东盟全面经济合作框架协议货物贸易协议》		中国与东盟各国	

续表

时间	内容	发起方	参与者	备注
2004年11月	签署《落实中国—东盟面向和平与繁荣的战略伙伴关系联合宣言的行动计划（2005—2010）》		中国与东盟各国	
2004年11月	签署《中国—东盟交通合作谅解备忘录》		中国与东盟各国	
2004年11月	签订《货物贸易协议》		中国与东盟各国	
2004年11月	签订《争端解决机制协议》		中国与东盟各国	
2004年	中国—东盟协会成立		中国与东盟各国	
2004年	签署《关于非传统安全领域合作谅解备忘录》		中国与东盟各国	
2004年	签署《首次东盟与中日韩打击跨国犯罪部长级会议联合公报》		东盟各国与中国、日本、韩国	
2005年8月	签署《中国—东盟文化合作谅解备忘录》		中国与东盟各国	
2005年	签署《中国—东盟建立面向共同发展的信息通信领域伙伴关系的北京宣言》		中国与东盟各国	
2006年10月	签署《中国—东盟纪念峰会联合声明》		中国与东盟各国	
2006年	中越签署《关于扩大和深化双边经贸合作的协定》		中国、越南	
2007年1月	签署自贸区《服务贸易协议》		中国与东盟各国	
2007年5月	首次召开中国—东盟新闻部长会议		中国与东盟各国	标志着中国与东盟新闻合作机制的建立
2007年11月	签署《东南亚国家联盟宪章》		东盟成员国	

续表

时间	内容	发起方	参与者	备注
2007 年 11 月	签署《中国—东盟关于食品和农业合作的谅解备忘录》		中国与东盟各国	
2007 年	签署中国—东盟《关于加强卫生与植物卫生合作的谅解备忘录》		中国与东盟各国	
2008 年 4 月	在中国—东盟广播电视高峰论坛上通过并发表《北京声明》		中国与东盟各国	
2008 年 5 月	中国和越南发表联合声明		中国、越南	
2008 年 10 月	签署《中国与东盟新闻媒体合作谅解备忘录》		中国与东盟各国	
2008 年 10 月	签署《中国和新加坡自由贸易协定》		中国、新加坡	
2008 年 12 月	中国任命驻东盟大使（非常驻）	中国		
2008 年	中新签署《中华人民共和国政府和新加坡政府自由贸易协定》		中国、新加坡	
2008 年	建立年度海运磋商会议机制		中国与东盟各国	
2008 年	建立港口合作高官会机制		中国与东盟各国	
2009 年 8 月	签署《中国—东盟自由贸易区投资协议》		中国与东盟各国	
2009 年	签署《建立中国—东盟中心谅解备忘录》		中国与东盟各国	
2009 年	签署《中国—东盟知识产权领域合作谅解备忘录》		中国与东盟各国	
2009 年	签署《中国—东盟东部增长区经济合作框架》		中国同文莱、印度尼西亚、马来西亚、菲律宾	
2009 年	通过《中国—东盟金融合作与发展领袖论坛共同宣言》		中国与东盟各国	

续表

时间	内容	发起方	参与者	备注
2009 年	签署《中国—东盟区域航空运输协定》		中国与东盟各国	
2009 年	通过《中国—东盟环境保护合作战略（2009—2015）》		中国与东盟各国	
2009 年	签署《中国—东盟知识产权领域合作谅解备忘录》		中国与东盟各国	
2009 年	中泰老三国政府签署跨湄公河大桥项目融资协议		中国、泰国、老挝	
2009 年	签订《中国—东盟电信监管理事会关于网络安全问题的合作框架》		中国与东盟各国	
2009 年	签署中国—东盟政府间《关于加强标准、技术法规与合格评定领域合作的谅解备忘录》（TBT 备忘录）		中国与东盟各国	
2010 年 4 月	成立中国—东盟投资合作基金	中国	中国与东盟各国	
2010 年 8 月	通过《中国—东盟教育部长圆桌会议贵阳声明》		中国与东盟各国	
2010 年 10 月	签署《中国和东盟领导人关于可持续发展的联合声明》		中国与东盟各国	
2010 年 10 月	建立中国—东盟银行联合体		中国与东盟各国	
2010 年 10 月	中国在驻印度尼西亚使馆设立东盟事务办公室	中国	中国与东盟各国	
2010 年 11 月	中国与东盟正式签署《中国—东盟航空运输协定》及其第一议定书		中国与东盟各国	
2010 年	签署《落实中国—东盟面向和平与繁荣的战略伙伴关系联合宣言的行动计划（2011—2015）》		中国与东盟各国	

续表

时间	内容	发起方	参与者	备注
2010 年	中国—东盟自贸区全面建成		中国与东盟各国	
2010 年	签署《中国—东盟海事磋商机制谅解备忘录》		中国与东盟各国	
2010 年	通过《中华人民共和国与东南亚国家联盟全面经济合作框架协议》项下进出口货物原产地管理办法		中国与东盟各国	
2011 年 5 月	中缅发表《关于建立全面战略合作伙伴关系的联合声明》		中国、缅甸	
2011 年 7 月	中国与东盟国家就落实《南海各方行为宣言》后续行动指针达成一致		中国与东盟各国	
2011 年 10 月	中老缅泰在北京签署《湄公河流域执法安全合作会议联合声明》		中国、老挝、缅甸、泰国	
2011 年 11 月	签署《在全球国家共同体中的东盟共同体巴厘宣言》(《巴厘协调一致第三宣言》)		东盟各国	
2011 年 11 月	发表《东亚峰会互利关系原则宣言》		东盟 10 国、中国、日本、韩国、印度、澳大利亚、新西兰、俄罗斯、美国	
2011 年	发表《中国—东盟建立对话关系 20 周年纪念峰会联合声明》		中国与东盟各国	
2011 年	成立中国—东盟互联互通协调委员会		中国与东盟各国	
2011 年	第十四次中国—东盟领导人会议通过《泛北部湾经济合作可行性研究报告》		中国与东盟各国	
2011 年	中国—东盟中心正式成立		中国与东盟各国	

续表

时间	内容	发起方	参与者	备注
2011 年	在雅加达设立东盟事务办公室并将设立常驻东盟使团	中国	中国与东盟各国	
2011 年	环境保护部正式成立中国—东盟环境保护合作中心	中国	中国与东盟各国	
2011 年	组织中医保健东盟行活动	中国		
2011 年	设立中国—东盟合作基金和中国—东盟公共卫生合作基金		中国与东盟各国	
2012 年 11 月	签署《东盟人权宣言》		东盟各国	
2012 年	设立中国常驻东盟使团	中国		
2012 年	启动中国—东盟科技伙伴计划	中国	中国与东盟各国	设为中国—东盟科技合作年
2012 年	中国承诺提供 30 亿元人民币（约合 4.7436 亿美元）与东盟建立海上合作基金	中国	中国与东盟各国	
2012 年	通过的《RCEP 谈判指导原则和目标》		东盟 10 国和中国、日本、韩国、新西兰、澳大利亚、印度	
2013 年 4 月	发布《中华人民共和国和柬埔寨王国联合新闻公报》		中国、柬埔寨	
2013 年 5 月	发表中国与文莱发表联合新闻稿		中国、文莱	
2013 年 6 月	发表《中越联合声明》		中国、越南	
2013 年 6 月	发表中国—东盟外长会联合新闻稿		中国与东盟各国	
2013 年 10 月	李克强总理提出中国—东盟未来十年的“2 + 7 合作框架”	中国		
2013 年 10 月	中国—东盟发表建立战略伙伴关系 10 周年联合声明		中国与东盟各国	

续表

时间	内容	发起方	参与者	备注
2013 年	发表《第 16 次中国—东盟领导人会议暨纪念中国—东盟战略伙伴关系 10 周年联合声明》		中国与东盟各国	
2014 年 1 月	发表《中泰关系发展远景规划》		中国、泰国	
2014 年 8 月	宣布启动中国—东盟自贸区升级谈判		中国与东盟各国	
2014 年 11 月	发表《第十七次中国—东盟领导人会议主席声明》		中国与东盟各国	
2014 年 12 月	中泰签署泰国《建立人民币清算安排合作备忘录》		中国、泰国	
2014 年	中国—东盟共同制定了《中国—东盟文化合作行动计划》		中国与东盟各国	设为中国—东盟文化交流年
2015 年 3 月	中国发布《推动共建丝绸之路经济带和 21 世纪海上丝绸之路的愿景与行动》	中国		
2015 年 3 月	发表《中国和印度尼西亚关于加强两国全面战略伙伴关系的联合声明》		中国、印度尼西亚	
2015 年 11 月	签署《关于修订〈中国—东盟全面经济合作框架协议〉及项下部分协议的议定书》		中国与东盟各国	
2015 年 11 月	中国越南发表联合声明：扩大科技旅游等领域合作		中国、越南	
2015 年	制定《东盟社会文化共同体蓝图 2025》及通过《2025 年东盟经济共同体蓝图》		东盟各国	
2015 年	发表《中华人民共和国和新加坡共和国关于建立与时俱进的全方位合作伙伴关系的联合声明》		中国、新加坡	

续表

时间	内容	发起方	参与者	备注
2016 年 2 月	签署《中华人民共和国与东南亚国家联盟关于修订〈中国—东盟全面经济合作框架协议〉及项下部分协议的议定书》		中国与东盟各国	
2016 年 5 月	发表《中华人民共和国与老挝人民民主共和国联合声明》		中国、老挝	
2016 年 7 月	发表《中国和东盟国家外交部长关于全面有效落实〈南海各方行为宣言〉的联合声明》		中国与东盟各国	
2016 年 7 月	通过《中国和东盟国家外交部长关于全面有效落实〈南海各方行为宣言〉的联合声明》		中国与东盟各国	
2016 年 8 月	发布中华人民共和国和缅甸联邦共和国联合新闻稿		中国、缅甸	
2016 年 9 月	签署《中华人民共和国和老挝人民民主共和国关于编制共同推进“一带一路”建设合作规划纲要的谅解备忘录》		中国、老挝	
2016 年 9 月	发表《中国—东盟产能合作联合声明》		中国与东盟各国	
2016 年 9 月	发表《第 19 次中国—东盟领导人会议暨中国—东盟建立对话关系 25 周年纪念峰会联合声明》		中国与东盟各国	
2016 年 9 月	举行的东盟峰会通过了《东盟互联互通总体规划 2025》		中国与东盟各国	
2016 年 9 月	中国和东盟国家领导人审议通过了《中国与东盟国家关于在南海适用〈海上意外相遇规则〉的联合声明》		中国与东盟各国	

续表

时间	内容	发起方	参与者	备注
2016 年 9 月	签署《中华人民共和国和老挝人民民主共和国关于编制共同推进“一带一路”建设合作规划纲要的谅解备忘录》		中国、老挝	
2016 年 10 月	发表《中华人民共和国与菲律宾共和国联合声明》		中国、菲律宾	
2016 年	完成制定《中国—东盟信息通信共同发展伙伴关系行动计划（2017—2021）》		中国与东盟各国	
2016 年	通过《中国—东盟交通合作战略规划》和《中国—东盟交通运输科技合作发展战略》		中国与东盟各国	
2016 年	通过《中国—东盟环境合作战略（2016—2020 年）》		中国与东盟各国	
2016 年	发布《中国—东盟环境展望：共同迈向绿色发展》		中国与东盟各国	
2017 年 4 月	发表《中华人民共和国和缅甸联邦共和国联合新闻公报》		中国、缅甸	
2017 年 5 月	发布《中华人民共和国和柬埔寨王国联合新闻公报》		中国、柬埔寨	
2017 年 5 月	发布《推进“一带一路”贸易畅通合作倡议》	中国		
2017 年 8 月	确定为“中国—东盟旅游合作年”	中国	中国与东盟各国	
2017 年 8 月	将“信息媒体”增列为中国—东盟中心第六大重点工作领域		中国与东盟各国	
2017 年 11 月	第二十次中国—东盟（10+1）领导人会议上通过《中国—东盟关于进一步深化基础设施互联互通合作的联合声明》		中国与东盟各国	
2017 年 11 月	发表《中国—东盟关于全面加强有效反腐败合作联合声明》		中国与东盟各国	

续表

时间	内容	发起方	参与者	备注
2017 年 11 月	通过《中国—东盟旅游合作联合声明》		中国与东盟各国	
2017 年 11 月	通过《未来十年南海海岸和海洋环保宣言（2017—2027)》		中国与东盟各国	
2017 年 11 月	发表《中华人民共和国政府和菲律宾共和国政府联合声明》		中国、菲律宾	
2018 年 5 月	发表《中华人民共和国政府和印度尼西亚共和国政府联合声明》：双方将不断深化经贸重点领域合作		中国、印度尼西亚	
2018 年 8 月	发表《中华人民共和国政府和马来西亚政府联合声明》		中国、马来西亚	
2018 年 11 月	《中国—东盟自贸区升级议定书》生效并于 2019 年 1 月 1 日全面实施		中国与东盟各国	
2018 年 11 月	发表《中国—东盟战略伙伴关系 2030 年愿景》		中国与东盟各国	
2018 年 11 月	发表《中国—东盟科技创新合作联合声明》		中国与东盟各国	
2018 年 12 月	通过了 2019 年中国—东盟信息通信合作计划、第十四次中国—东盟电信高官会报告和中国—东盟信息通信合作联合声明及续签了《中国—东盟信息通信技术合作谅解备忘录》		中国与东盟各国	
2018 年 11 月	中国和东盟在新加坡通过《中国—东盟战略伙伴关系 2030 年愿景》		中国、新加坡	
2018 年	发表《中华人民共和国和新加坡共和国政府联合声明》		中国、新加坡	
2019 年 1 月	发布《中柬两国联合新闻公报》		中国、柬埔寨	

续表

时间	内容	发起方	参与者	备注
2019 年 3 月	发表中国驻菲律宾大使馆新闻发言人声明		中国、菲律宾	
2019 年 5 月	通过了《10+3 财金合作战略方向》愿景文件		东盟 10 国与中国、日本、韩国	
2019 年 11 月	发表《深化中国—东盟媒体交流合作的联合声明》及制定《中国—东盟视听传播合作五年行动计划》		中国与东盟各国	
2019 年 11 月	发表《区域全面经济伙伴关系协定》（RCEP）第三次领导人会议联合声明		东南亚国家联盟成员国和澳大利亚、中国、印度、日本、韩国和新西兰的国家元首 / 政府首脑	
2019 年	设为“中国—东盟媒体交流年”	中国	中国与东盟各国	
2020 年 1 月	发表《中华人民共和国和缅甸联邦共和国联合声明》		中国、缅甸	
2020 年 8 月	发表《区域全面经济伙伴关系协定》（RCEP）第 8 次部长级会议联合媒体声明		东南亚国家联盟（ASEAN）成员国和澳大利亚、中国、日本、韩国和新西兰	
2020 年 11 月	签署《区域全面经济伙伴关系协定》（RCEP）		东盟 10 国、中国、日本、韩国、澳大利亚、新西兰	
2020 年	中国—东盟中心和中国外文局签署了《战略合作备忘录》		中国外文局与中国—东盟中心	

参考文献

一、相关中文著述

（一）著作

《毛泽东外交文选》，中央文献出版社、世界知识出版社1994年版。

《周恩来外交文选》，中央文献出版社1990年版。

《邓小平外交思想学习纲要》，世界知识出版社2000年版。

《习近平谈治国理政》，外文出版社2014年版。

《党的二十大文件汇编》，党建读物出版社2022年版。

外交部政策研究室：《中国外交》，世界知识出版社2003年版。

阎学通、孙学峰：《国际关系研究使用方法》，人民出版社2001年版。

吴建民：《交流学讲章》，中国人民大学出版社2010年版。

吴建民：《吴建民谈外交》，中信出版社2015年版。

吴建民：《公共外交札记：把握世界的脉搏》，中国人民大学出版社2012年版。

赵启正、吴建民：《交流使人生更美好》，世界知识出版社2011年版。

赵启正：《中国人眼中的美国和美国人》，五洲传播出版社2005年版。

赵启正：《在同一世界——面对外国人的101题》，辽宁教育出版社2007年版。

赵启正主编：《公共外交战略》，学习出版社2014年版。

赵可金：《公共外交的理论与实践》，上海辞书出版社2007年版。

秦亚青主编：《文化与国际社会：建构主义国际关系理论研究》，世界知识出版社 2006 年版。

张骥，邢丽菊主编：《人文化成：中国与周边国家人文交流》，世界知识出版社 2018 年版。

李智：《文化外交——一种传播学的解读》，北京大学出版社 2006 年版。

古小松主编：《东南亚——历史、现状、前瞻》，中国出版集团、世界图书出版公司 2013 年版。

赵明龙等：《南海丝绸之路与东南亚民族经济文化交流研究》，广西人民出版社 2016 年版。

陈炎：《海上丝绸之路与中外交流》，北京大学出版社 1996 年版。

刘义杰：《中国古代海上丝绸之路》，海天出版社 2019 年版。

刘淼、胡舒扬：《沉船、瓷器与海上丝绸之路》，社会科学文献出版社 2016 年版。

姜义华主编：《中国与东南亚文化交流志》，上海人民出版社 2009 年版。

段渝主：《南方丝绸之路研究论集》，巴蜀书社 2008 年版。

熊昭明：《汉代合浦港考古与海上丝绸之路》，文物出版社 2000 年版。

熊照明、韦莉果：《广西古代海上丝绸之路》，广西科学技术出版社 2019 年版。

李未醉：《中外文化交流与华侨华人研究》，电子科技大学出版社 2014 年版。

冯承钧：《中国南洋交通史》，商务印书馆 2011 年版。

马丽蓉：《"一带一路"软环境建设与中国中东人文外交》，社会科学文献出版社 2016 年版。

李甫春等：《中国广西与周边国家民众文化之旅》，民族出版社 2012 年版。

邢悦：《文化如何影响对外政策——以美国为个案的研究》，北京大学出版社 2011 年版。

郭学堂主编：《国家关系学理论与实践》，时事出版社 2004 年版。

钱江：《邓小平与中美建交风云》，中共党史出版社 2005 年版。

杨闯主编：《外交学》，世界知识出版社 2010 年版。

刘明：《当代中国国家形象定位于传播》，外文出版社 2007 年版。

王杰等主编:《全球治理中的国际非政府组织》,北京大学出版社 2004 年版。

徐庆超:《崛起之困　后冷战时期的中国国家形象与公共外交》,新华出版社 2015 年版。

戴元光、金冠军主编:《传播学通论》,上海交通大学出版社 2000 年版。

丁磊:《国家形象及其对国家间行为的影响》,知识产权出版社 2010 年版。

段鹏:《国家形象建构中的传播策略》,中国传媒大学出版社 2007 年版。

高尚涛:《国际关系理论基础》,时事出版社 2009 年版。

郭可:《国际传播学导论》,复旦大学出版社 2004 年版。

韩方明主编:《公共外交概论》,北京大学出版社 2011 年版。

韩召颖:《输出美国:美国新闻署与美国公众外交》,天津人民出版社 2000 年版。

金正昆:《外交学》,中国人民大学出版社 2007 年版。

刘继南、何辉等:《镜像中国:世界主流媒体中的中国形象》,中国传媒大学出版社 2006 年版。

俞新天:《掌握国际关系密匙:文化、软实力与中国对外战略》,上海人民出版社 2010 年版。

俞新天等:《强大的无形力量——文化对当代国际关系的作用》,上海人民出版社 2007 年版。

杨共乐:《通向世界的丝绸之路》,北京师范大学出版社 2017 年版。

李期铿编:《春风吹又生:中美人文交流足迹》,安徽人民出版社 2015 年版。

张旭东:《东南亚的中国形象》,人民出版社 2010 年版。

韩方明主编:《中国与东南亚公共外交》,新华出版社 2012 年版。

许利平、韦民等:《中国与周边国家的人文交流》,时事出版社 2015 年版。

单波、肖珺主编:《文化冲突与跨文化传播》,社会科学文献出版社 2015 年版。

黄平、刘作奎主编:《中国和中东欧国家人文交流——过去、现状和前景》,中国社会科学出版社 2017 年版。

王晓玲、金都姬:《中韩人文交流——现状、意义与问题》,时事出版社 2015

年版。

韩冬临:《中外人文交流与国家形象构建》,中国社会科学出版社 2017 年版。

黄会林主编:《民心相通“一带一路”看中国外国青年影像计划》,北京师范大学出版社 2017 年版。

张一平:《南海古代史论稿》,南方出版社 2020 年版。

张一平:《主编海南历史文化大系历史卷》,海南出版社 2008 年版。

梁志明等:《东南亚古代史》,北京大学出版社 2013 年版。

许云樵:《南洋史》,世界书局 1961 年版。

黄铮、萧德浩:《中越边界历史资料选编》,社会科学文献出版社 1993 年版。

纪洪江:《国家治理视阈下中越边民通婚问题研究——以云南麻栗坡县马崩村为例》,四川大学出版社 2018 年版。

施展:《溢出:中国制造未来史》,中信出版社 2020 年版。

古小松:《越南国情与中越关系》,世界知识出版社 2008 年版。

马燕冰、黄莺编著:《列国志:菲律宾》,社会科学文献出版社 2007 年版。

陈雨露、李永辉:《中国公共外交研究报告》,时事出版社 2012 年版。

关世杰:《跨文化交流学:提高涉外交流能力的学问》,北京大学出版社 1995 年版。

孙英春:《跨文化传播学导论》,北京大学出版社 2008 年版。

吴白乙,刘维广:《结构性转型与中拉关系前景》,中国社会科学出版社 2019 年版。

刘琛:《改革开放以来中国形象的国际传播 从多元文化主义到软实力理论的中国反思与实践》,北京大学出版社 2000 年版。

庞中英、韩方明:《赢取中国心——外国对华公共外交案例研究》,新华出版社 2013 年版。

王晓玲、金都姬:《中韩人文交流——现状、意义与问题》,时事出版社 2015 年版。

陈国明:《跨文化交际学》,华东师范大学出版社 2009 年版。

张殿军:《和平发展论域中的中国文化外交研究》，中国社会科学出版社 2013 年版。

贺圣达:《东南亚文化发展史》，云南人民出版社 1996 年版。

贺圣达、李晨阳:《列国志：缅甸》，社会科学文献出版社 2009 年版。

孔远志:《中国印度尼西亚文化交流》，北京大学出版社 1999 年版。

王介南:《中外文化交流史》，山西人民出版社 2004 年版。

文庄:《中越关系两千年》，社会科学文献出版社 2013 年版。

古小松:《越南国情与中越关系》，世界知识出版社 2008 年版。

徐绍丽、利国、张训常:《越南》，社会科学文献出版社 2005 年版。

马燕冰、黄莺:《菲律宾》，社会科学文献出版社 2007 年版。

张加祥、俞培玲:《越南》，当代世界出版社 1998 年版。

（二）译著

Tan Ta Sen., *Cheng Ho and Islam in Southeast Asia*（郑和与东南亚伊斯兰），海洋出版社 2008 年版。

Judith N.Martin（马丁 · 朱迪斯），Thomas K. Nakayama（托马斯 · 那卡亚马），*Intercultural Communication in Contexts*（社会历史背景下的跨文化交际），外语教学与研究出版 2009 版

[美] 艾瑞克 · 克莱默（Eric Mark Krammer），刘杨，全球化语境下的跨文化传播 [M].（*Intercultural Communication in the Context of Globalization*），清华大学出版社 2015 年版。

斯坦利 · 巴兰、丹尼斯 · 戴维斯:《大众传播理论：基础、争鸣与未来》(3 版)，曹书乐译，清华大学出版社 2004 年版。

塞缪尔 · 亨廷顿:《文明的冲突与世界秩序的重建》，周琪等译，新华出版社 1998 年版。

金子将史、北野充主编:《公共外交："舆论时代" 的外交战略》，公共外交翻译组译，外语教学与研究出版社 2010 年版。

罗伯特·杰维斯:《国际政治中的知觉与错误知觉》,秦亚青译,世界知识出版社2003年版。

亚历山大·温特:《国际政治的社会理论》,秦亚青译,上海人民出版社2000年版。

汉斯·摩根索:《国家间政治:权力斗争与和平》,徐昕等译,北京大学出版社2006年版。

阿米塔·阿查亚:《建构安全共同体:东盟与地区秩序》,王正毅、冯怀信译,上海人民出版社2004年版。

杰夫·贝里奇编:《外交学经典选读:从柯门斯到瓦泰勒》,北京大学出版社2008年版。

杰夫·贝里奇:《外交理论与实践》,庞中英译,北京大学出版社2005年版。

约瑟夫·奈:《软实力》,马娟娟译,中信出版社2015年版。

埃里克·杰·多林:《美国和中国最初的相遇——航海时代奇异的中美关系史》,朱颖译,社会科学文献出版社2014年版。

诺曼·里奇:《大国外交——从第一次世界大战至今》,时殷弘译,中国人民大学出版社2015年版。

罗德里希·普塔克:《海上丝绸之路》,史敏岳译,后浪出版社2019年版。

路易斯·戴蒙德:《多轨外交:通向和平的多体系途径》,李永辉译,北京大学出版社2006年版。

亨利·基辛格:《大外交》,顾淑馨、林添贵译,海南出版社1998年版。

罗纳德·斯考伦、苏珊·王·斯考伦:《跨文化交际:话语分析法》,施家炜译,社会科学文献出版社1997年版。

查尔斯·库普乾:《化敌为友——持久和平之道》,宋伟等译,北京大学出版社2017年版。

艾瑞克·克莱默:《全球化语境下的跨文化传播》,刘杨译,清华大学出版社2015年版。

班固:《汉书》,颜师古译,中华书局2014年版。

爱德华·霍尔:《无声的语言》，何道宽译，北京大学出版社 2010 年版。

拉里·萨莫瓦尔等:《跨文化交际（第九版）》，董晓波编译，北京大学出版社 2012 年版。

斯坦利·巴兰、丹尼斯·戴维斯:《大众传播理论：基础、争鸣与未来（第 3 版）》，曹书乐译，清华大学出版社 2004 年版。

塞缪尔·亨廷顿:《文明的冲突与世界秩序的重建》，周琪、刘绯、张立平、王圆译，新华出版社 1998 年版。

John King Fairbank（费正清），Albert Feuerwerker（费维恺）:《The Cambridge History of China 剑桥中华民国史》，刘敬坤等译，中国社会科学出版社 1994 年版。

John King Fairbank（费正清），刘广京:《剑桥中国晚清史 1800—1911 年（上、下卷）》，中国社会科学院历史研究所编译室译，中国社会科学出版社 1985 年版。

Nicholas Tarling（尼古拉斯·塔林）主编:《剑桥东南亚史》，贺圣达等译，云南人民出版社 1999 年版。

Hans J. Morgenthan（汉斯·摩根索）:《*Politics Among Nations: The Struggle for Power and Peace*（国家间政治：权力斗争与和平（第七版））》，revised by Kenneth W. Thompson and W. David Cliton（肯尼思·汤普森 戴维·克林顿）修订，徐昕、郝望、李保平译，北京大学出版社 2013 年版。

Charles A. Kupchan（查尔斯·库普乾）:《化敌为友 持久和平之道（*How Enemies Become Friends: The sources of Stable Peace*）》，宋伟等译，北京大学出版社 2017 年版。

Joseph S. Nye, Jr（约瑟夫·奈）:《软实力》，马娟娟译，中信出版社 2015 年版。

James Lull（詹姆斯·罗尔）:《媒介、传播、文化——一个全球性的途径（Media, communication, Culture: A Global Approach）》，董洪川译，商务印书馆 2015 年版。

[英]Peter Frankopan（彼得·弗兰科潘）:《丝绸之路：一部全新的世界史（The Silk Roads）》，邵旭东、孙芳译，浙江大学出版社 2016 年版。

[美]Stephen M. Walt（斯蒂芬·沃尔特）:《*The Origins of Alliances*（联盟的起源）》，周丕启译，北京大学出版社 2007 年版。

[美]Louise Diamond（路易斯·戴蒙德）、John McDonald（约翰·麦克唐纳）：《多轨外交：通向和平的多体系途径（*Multi-Track Diplomacy:A System Aporoach to Peace*)》，李永辉等译，北京大学出版社 2006 年版。

[美]Richard Ned Lebow（理查德·内德·勒博）：《A Cultural Theory of International Relations（国际关系的文化理论)》，陈锴译，上海社会科学院出版社 2012 年版。

（三）期刊论文

杨洁篪：《努力开拓中国特色公共外交新局面》，《求是》2011 年第 2 期。

俞新天：《构建中国公共外交理论的思考》，《国际问题研究》2010 年第 6 期。

韩方明：《亲历新加坡与中国的公共外交活动》，《公共外交季刊》2013 年第 6 期。

赵可金：《关于中国公共外交学科建设的思考》，《清华大学学报（哲学社会科学版)》2013 年第 5 期。

赵可金：《“一带一路”民心相通的理论基础、实践框架和评估体系》，《当代世界》2019 年第 5 期。

赵可金：《人文外交：全球化时代的新外交形态》，《外交评论》2011 年第 12 期。

李志永：《公共外交相关概念辨析》，《外交评论》2009 年第 2 期。

高飞：《公共外交的界定、形成条件及其作用》，《外交评论》2005 年第 6 期。

郭树勇：《论大国成长中的国际形象》，《国际论坛》2005 年第 11 期。

翟坤等：《中国在东南亚的国家形象》，《东南亚纵横》2010 年第 11 期。

赵磊：《中国形象的复杂性及相关应对之策》，《对外传播》2010 年第 8 期。

张伟：《在国际舞台上讲好丝路故事》，《上海广播电视研究》2018 年第 1 期。

苏洁：《中国与东盟：互信之“梭”编织“经纬”》，《中国新闻周刊》2013 年第 10 期。

邢丽菊：《从传统文化角度解析中国周边外交新理念——以“亲、诚、惠、容”为中心》，《国际问题研究》2014 年第 3 期。

刘梦羽：《中英两国，老伙伴的新关系》，《中国报道》2015 年第 11 期。

段跃中：《汉语角：公共外交的窗口》，《公共外交季刊》2010 年第 5 期。

孙兴杰：《公共外交：理论基础与历史演进》，《中国与世界》2015 年第 7 期。

王亚军：《民心相通为“一带一路”固本强基》，《行政管理改革》2019 年第 3 期。

魏丹丹：《共筑相通“连心桥” 同绘发展“工笔画”——第二届“一带一路”国际合作高峰论坛民心相通论坛侧记》，《当代世界》2019 年第 5 期。

俞正樑：《双轮驱动 全球拓展——2013 年中国新外交》，《国际观察》2014 年第 3 期。

施雪琴：《华侨华人与中国在东南亚的公共外交：回顾与展望》，《创新》2013 年第 1 期。

王伟华：《信任构建与中国—南亚人文交流》，《东南亚南亚研究》2013 年第 11 期。

张成霞：《构建中国—东盟人文交流新格局——新世纪中国—东盟人文交流回顾与展望》，《东南亚纵横》2012 年第 11 期。

胡仁杰：《“一带一路”背景下中国企业海外利益保护策略研究》，《时代经贸》2020 年第 5 期。

韦莉娜、唐锡海：《中国与东盟文化交流现状及存在问题研究》，《南宁职业技术学院学报》2012 年第 7 期。

李娅菲：《“中国形象”的历史与变更探析》，《云南师范大学学报（哲学社会科学版）》2010 年第 3 期。

周英：《日本对东南亚的公共外交：资源、行动和结果》，《东南亚研究》2019 年第 1 期。

蔡鹏鸿：《为构筑海上丝绸之路搭建平台：前景与挑战》，《当代世界》2014 年第 4 期。

雷芳：《新世纪以来中国公共外交研究综述》，《重庆交通大学学报（社会科学版）》2011 年第 4 期。

莫盛凯：《中国公共外交之理论与实践刍议》，《外交评论》2013 年第 4 期。

曹云华：《论亚洲文明对话视域下的中国—东盟人文交流》，《对外传播》2019

年第 4 期。

贺圣达：《海上丝绸之路与中国的对外文化交流——以中国与东南亚的文化交流为例》，《东南亚南亚研究》2016 年第 2 期。

梁志明：《东亚文化的基本特征与传播过程中的双向互动性》，《东南亚研究》2006 年第 6 期。

梁立基：《从中国传统文化和历史的角度看中国—东盟战略伙伴关系》，《东南亚研究》2008 年第 6 期。

李化树：《中国—东盟高等教育共同体：价值向度、社会挑战及行动设计》，《教育与教学研究》2020 年第 2 期。

吴艺琳：《“一带一路”背景下四川广电对外传播能力建设》，《西部广播电视》2019 年第 22 期。

覃彤：《对外传播新思路——以广西电视台针对周边国家开展外宣工作为例》，《现代传播（中国传媒大学学报）》2013 年第 2 期。

侯自强、高著华：《走向正常的中越文化交流》，《对外传播》2012 年第 9 期。

何红梅：《南宁—东盟文学交流现状》，《企业科技与发展》2014 年第 6 期。

陈学璞：《广西发展文化博览产业的思考》，《广西教育学院学报》2012 年第 4 期。

沈铭辉、李天国：《后疫情时代的国际秩序与东亚区域合作》，《当代世界》2020 年第 8 期。

海南省佛教协会：《海南省的佛教文化建设》，《法音》2016 年第 4 期。

李湖江：《中国与东盟佛教文化交流探索》，《法音》2015 年第 6 期。

许俊豪：《中国—东盟服务贸易：仍在等待“丰收季”》，《中国—东盟博览》2020 年第 1 期。

董振国、吴小康：《桂果逆袭之路》，《农家之友》2018 年第 8 期。

覃晚萍：《中越跨国婚姻纠纷问题探析》，《广西社会科学》2015 年第 2 期。

黎敏：《中国—东盟自由贸易区建成 10 周年：为世界汇聚更多开放能量》，《中国—东盟博览》2020 年第 1 期。

许俊豪：《中国—东盟货物贸易：步履扎实，稳稳向前》，《中国—东盟博览》

2020 年第 1 期。

蒋玉莲:《影响中国—东盟文化交流与合作的因素及对策分析》,《广西大学学报(哲学社会科学版)》2006 年第 5 期。

唐小松、刘建华:《试析美国对越南公共外交》,《现代国际关系》2018 年第 12 期。

朱陆民、阳海飞:《中越南海争端升级的原因及其对中越关系的影响》,《衡阳师范学院学报》2015 年第 5 期。

马想斌:《每个留学生都是外交一份子》,《留学》2016 年第 9 期。

由凯宇:《日本对东盟国家的青年公共外交及其启示》,《公共外交季刊》2019 年第 6 期。

李晨阳:《中国—东盟命运共同体建设的整体思路》,《中国社会科学报》2020 年第 7 期。

庄礼伟:《中国式“人文交流”能否有效实现“民心相通”?》,《东南亚研究》2017 年第 6 期。

刘延东:《深化高等教育合作,开创亚洲人文交流新局面》,《世界教育信息》2010 年第 12 期。

学诚:《加强国家文化软实力建设》,《中国宗教》2008 年第 3 期。

吕东升:《新中国发展史上第三个重要里程碑——关于第十七届五中全会的学习报告》,《政策》2010 年第 12 期。

朱耀先:《试论提高国家文化软实力与推进文化强国建设》,《中国浦东干部学院学报》2012 年第 2 期。

包雪琳、刘昶:《试论公共外交的针对性和人文指向——以美、英、法驻华使馆的“微博外交”为例》,《现代传播》2012 年第 6 期。

蔡鹏鸿:《为构筑海上丝绸之路搭建平台:前景与挑战》,《当代世界》2014 年第 4 期。

王伟华:《信任构建与中国—南亚人文交流》,《东南亚南亚研究》2013 年第 11 期。

吴潜涛:《〈新时代公民道德建设实施纲要〉的鲜明特征》,《伦理学研究》2020年第1期。

施雪琴:《华侨华人与中国在东南亚的公共外交:回顾与展望》,《创新》2013年第1期。

张国祚:《谈谈"软实力"在中国的发展》,《思想政治工作研究》2014年第6期。

姜玉梅:《民族伟大复兴关键时期提升国家文化软实力的经验与借鉴——基于"讲好中国故事"的视角》,《前沿》2015年第3期。

杨洁篪:《努力开拓中国特色公共外交新局面》,《求是》2011年第2期。

赵明龙:《人文交流:海上丝绸之路建设不可或缺的内容》,《东南亚纵横》2014年第11期。

成汉平、宁威:《"大变局"视野下中国—东盟关系中的问题、挑战与对策》,《云南大学学报(社会科学版)》2020年第1期。

林涵:《东博社力做中国—东盟媒体合作典范》,《中国-东盟博览(政经版)》2019年第2期。

张斌:《建设更为紧密的中国—东盟命运共同体:广西的使命与服务》,《东南亚纵横》2023年第3期。

张斌:《"三联通"构建更为紧密的中国—东盟命运共同体》,《当代广西》2023年第8期。

David C. L. Lim(戴维·利姆),"Glimpses of Freedom: Independent Cinema in Southeast Asia. Studies on Southeast Asia", *Pacific Affairs*, Vol.86, No.2(February 2013).

Renato Cruz De Castro,"China's Belt and Road Initiative(BRI)and the Duterte Administration's Appeasement Policy: Examining the Connection Between the Two National Strategies", *East Asia, An International Quarterly*, Vol.36, No.3(March 2019).

Ding Sheng,"Diaspora's Homeland: Modern China in the Age of Global Migration", *China Quarterly*, Vol.50, No.1(February 2019).

Edward P. Djerejian(爱德华·杰雷吉安),"No talks, no peace", *New York Times*, Vol.146(1997).

Albert William Levi, "Philosophy as Social Expression", *Philosophy and Rhetoric*, Vol.10, No.1（January 1974）.

（四）学位论文

李德芳:《全球化时代的公共外交》，博士学位论文，山东大学，2009 年。

高鸣:《上合组织框架下的人文交流研究》，硕士学位论文，复旦大学，2013 年。

李天惠:《美国跨国公司公共外交及其对中国的启示》，硕士学位论文，国际关系学院，2013 年。

范天超:《中国公共外交特使制度初探》，硕士学位论文，复旦大学，2014 年。

王海腾:《中国对美公共外交研究》，博士学位论文，中共中央党校，2014 年。

（五）报纸文章

李克强:《在第十六次中国—东盟（10+1）领导人会议上的讲话》，《人民日报》2013 年 10 月 10 日。

李克强:《在第二十二次中国—东盟领导人会议上的讲话》，《人民日报》2019 年 11 月 4 日。

李克强:《在澜沧江—湄公河合作第三次领导人会议上的讲话》，《人民日报》2020 年 8 月 25 日。

庞中英:《小议"公众外交"》，《中国社会科学报》2010 年 7 月 29 日。

阎学通:《非典检验中国对外关系》，《环球时报》2003 年 5 月 23 日。

赵启正:《中企在"一带一路"建设中要做好公共外交》，《中国经济时报》2019 年 5 月 9 日。

张小兰:《一段不能遗忘的历史岁月——记新中国早期中越文化交流》，《文化报》2009 年 10 月 28 日。

黄健:《海上丝路新航行》，《广西政协报》2015 年 3 月 21 日。

杨讴等:《第三届中国—东盟媒体合作高层研讨会在南宁召开》，《人民日报》2007 年 9 月 29 日。

刘慧:《“一带一路”推进形成旅游合作新机制》,《中国经济时报》2019 年 8 月 16 日。

龙巍:《中国—东盟港口城市合作网络再添九名新成员》,《中国水运报》2019 年 9 月 23 日。

王绍芬:《去年昆明机场旅客吞吐量同比增长 2.1%》,《昆明日报》2020 年 1 月 15 日。

王志鹏、周长洋:《打造通往东盟便捷通达的南宁航空大通道》,《南宁日报》2019 年 9 月 16 日。

胡光磊:《大步赶潮开新篇,开放创新结硕果》,《南宁日报》2020 年 9 月 1 日。

《澜沧江—湄公河合作第三次领导人会议万象宣言》,《人民日报》2020 年 8 月 25 日。

《中国(广西)自由贸易试验区总体方案》,《广西日报》2019 年 8 月 27 日。

赵启正:《中企在“一带一路”建设中要做好公共外交》,《中国经济时报》2019 年 5 月 9 日。

(六)网络来源

张云飞:《中国—东盟文化交流年闭幕》,2014 年 12 月 17 日,见 https://world.huanqiu.com/article/9CaKrnJG28p。

庞革平:《中国—东盟残疾人论坛:为残疾人事务搭建重要对话与交流平台》,2015 年 8 月 27 日,见 http://world.people.com.cn/n/2015/0827/c1002-27525399.html。

《习近平访美之旅:系列人情味浓厚言行展现亲和力》2012 年 02 月 18 日,见 http://www.chinanews.com/gn/2012/02-18/3679308.shtml。

钟建珊:《共建文化交流平台 中国—东盟携手开拓文化产业合作》,2017 年 4 月 16 日,见 http://www.chinanews.com/cj/2017/04-16/8200715.shtml。

钟建珊:《广西与东盟开展全方位体育合作》,2016 年 10 月 29 日,见 http://www.chinanews.com/ty/2016/10-29/8047177.shtml。

杜尚泽:《中国—东盟命运共同体——记习近平访问印尼和马来西亚》,2013 年

10 月 7 日，见 http://www.gov.cn/ldhd/2013-10/07/content_2501358.htm。

利雪娟：《2016 中国—东盟（南宁）戏曲演唱会南宁举办》，2016 年 9 月 21 日，见 http://culture.gxnews.com.cn/staticpages/20160921/newgx57e1ee45-15441923.shtml。

朱晓玲、黄俏华：《南宁上演中国—东盟戏曲演唱会　名家票友同台飙戏》，2016 年 9 月 20 日，见 http://gx.people.com.cn/n2/2016/0920/c179430-29033318.html。

《中国共产党贵州省第十二次代表大会报告关键词解读——社会类　中国—东盟教育交流周》，2017 年 10 月 17 日，见 http://news.gog.cn/system/2017/10/17/016169669.shtml。

覃柳丹：《广西与东盟教育合作渐入佳境》，2011 年 11 月 16 日，见 http://www.gxnews.com.cn/staticpages/20111116/newgx4ec2e62f-4336560.shtml。

杨秀萍：《中国—东盟命运共同体建设》，2019 年 9 月 17 日，见 https://opinion.huanqiu.com/article/9CaKrnKmSKG。

外交部：《中国—东盟合作：1991—2011》（全文），2011 年 11 月 15 日，见 http://www.gov.cn/gzdt/2011-11/15/content_1993964.htm。

《东盟也爱“还珠”“甄嬛”中国东盟影视产业合作前景广阔但仍需提速》，2014 年 9 月 14 日，见 https://www.whjlw.com/2014/09/15/19867.html。

张云飞：《“感知中国”缅甸行唱响胞波情》，2014 年 4 月 6 日，见 http://world.people.com.cn/n/2014/0406/c157278-24837504.html。

邓昶：《中国—东盟电视论坛今天在南宁举行》，2009 年 10 月 24 日，见 http://news.sina.com.cn/o/2009-10-24/222816494130s.shtml。

任芊：《中国—东盟媒体交流年闭幕式在泰国曼谷举行》，2019 年 12 月 24 日，见 http://www.gov.cn/xinwen/2019-12/24/content_5463422.htm。

《国家广电总局：开启中国—东盟媒体交流新篇章》，2019 年 9 月 19 日，见 https://baijiahao.baidu.com/s?id=1645108277049912107&wfr=spider&for=pc。

暨佩娟：《传播中国文化的泰国使者——记泰国诗琳通公主译作〈她的城〉泰文版首发仪式》，2013 年 3 月 29 日，见 http://world.people.com.cn/n/2013/0329/c1002-20956036.html。

《新闻出版署：支持中国出版企业同东盟合作》，2011 年 10 月 22 日，见 https://www.chinanews.com/cul/2011/10–22/3407228.shtml。

王文英：《广西和泛北国家共秀美景　合作交流稳步推进》，2011 年 10 月 2 日，见 http://sub.gxnews.com.cn/staticpages/20111002/newgx4e882d06–4195576.shtml。

马朝林：《观点中国：携手打造东亚卫生健康共同体》，2020 年 4 月 18 日，见 http://cn.chinagate.cn/news/2020–04/18/content_75947967.htm。

梁爽：《2014 年中国—东盟关系继续深化》，2014 年 12 月 31 日，见 https://world.huanqiu.com/article/9CaKrnJGkRv。

建设中国—东盟命运共同体研讨会暨中国—东盟思想库网络启动大会在京召开》，2014 年 7 月 5 日，见 http://www.xinhuanet.com//world/2014–07/05/m_126713818.htm?prolongation=1。

贺靛婧：《走进新时代的广西凭祥：祖国南疆边境上一颗冉冉升起的新星》，2019 年 12 月 14 日，见 http://www.sznews.com/news/content/mb/2019–12/14/content_22703635.htm。

莫迪、黄聪：《凭祥跨境旅游风生水起　友谊关口岸年出入境旅客首破 200 万人次》，2018 年 12 月 20 日，见 http://www.gxzf.gov.cn/gxydm/dmly/t1221054.shtml。

《西部陆海新通道海铁联运北部湾港到发班列突破 2000 列》，2019 年 12 月 6 日，见 http://ex.chinadaily.com.cn/exchange/partners/82/rss/channel/cn/columns/j3u3t6/stories/WS5dea1060a31099ab995f0179.html。

程思：《2019 年中国—东盟博览会旅游展新闻发布会在京举办》，2019 年 8 月 15 日，见 http://ex.chinadaily.com.cn/exchange/partners/80/rss/channel/cn/columns/o87wjf/stories/WS5d54f6fea31099ab995d9a92.html。

田明：《让旅游成为中国与东盟国家合作的“新支柱”》，2017 年 3 月 16 日，见 http://www.asean-china-center.org/travel/lyzx/2017–03/1167.html。

周音：《2019 年中国入出境旅游总人数 3 亿人次　同比增长 3.1%》，2020 年 3 月 10 日，见 http://www.chinanews.com/cj/2020/03–10/9120457.shtml。

《越中友谊万古长青》，2020 年 1 月 21 日，见 https://zh.vietnamplus.vn/%E8%B

6%8A%E4%B8%AD%E5%8F%8B%E8%B0%8A%E4%B8%87%E5%8F%A4%E9%95%BF%E9%9D%92/107842.amp。

《商务部：中国与东盟进入经贸合作的黄金期》，2020 年 9 月 27 日，见 http://www.xinhuanet.com/fortune/2020–09/27/c_1126549551.htm。

广西壮族自治区商务厅合作处：《图解：2019 年 1—12 月广西对外投资合作情况》，2020 年 2 月 1 日，见 http://swt.gxzf.gov.cn/swsj/dwhzsj/t1441819.shtml。

陈德海：《秘书长致辞》，见 http://www.asean-china-center.org/about/us.html。

林昊：《新华国际时评：中国—东盟合作逆势走出新高度》，2020 年 9 月 9 日，见 http://www.xinhuanet.com/world/2020–09/09/c_1126473530.htm。

林孔仕：《以“一带一路”为支点　习近平“三招”破解世界经济难题》，2017 年 5 月 10 日，见 http://www.cac.gov.cn/2017–05/10/c_1120946623.htm。

潘强等：《“一带一路”引领中国—东盟构建更加紧密的命运共同体》，2018 年 9 月 14 日，见 https://baijiahao.baidu.com/s?id=1611581376661910496&wfr=spider&for=pc。

《西部陆海新通道总体规划》，2019 年 9 月 5 日，见 https://www.ndrc.gov.cn/xxgk/zcfb/ghwb/201908/W020190905497971758888.pdf。

《中国（云南）自由贸易试验区总体方案获国务院批复　昆明 76 平方公里片区划为自由贸易试验区》，2019 年 8 月 27 日，见 http://invest.km.gov.cn/c/2019–08–27/3098101.shtml。

韩成圆：《云南自贸试验区引领外贸高速增长　去年 3 片区进出口总额占全省总额的 72%》，2020 年 3 月 25 日，见 http://yn.yunnan.cn/system/2020/03/25/030626241.shtml。

赵承等：《彩云长在有新天——党的十九大以来以习近平同志为核心的党中央关心推进宣传思想工作纪实》，2020 年 1 月 2 日，见 https://baijiahao.baidu.com/s?id=1654615706699245473&wfr=spider&for=pc。

《中共中央印发〈中国共产党宣传工作条例〉》，2019 年 8 月 31 日，见 http://www.gov.cn/zhengce/2019–08/31/content_5426158.htm。

黄日涵、倪春丽：《越南对中国“一带一路”的态度解析》，2018 年 11 月 9 日，见 http://www.rmhb.com.cn/zt/ydyl/201811/t20181109_800147664.html。

《背景资料：中国—东盟关系（10+1）》，2017 年 11 月 2 日，见 http://www.gov.cn/zhuanti/2017-11/02/content_5238971.htm。

外交部：落实中国—东盟面向和平与繁荣的战略伙伴关系联合宣言的行动计划（2021—2025），2022 年 9 月 22 日，见 https://www.mfa.gov.cn/web/wjb_673085/zzjg_673183/yzs_673193/dqzz_673197/dnygjlm_673199/zywj_673211/202011/t20201112_7605657.shtml。

二、相关的英文著述

（一）著作

Iris Chang, *The Chinese in America:a Narrative History*, Penguin Books, 2004.

Jan Melissen（ed.）, *The New Public Diplomacy: Soft Power in International Relations*, New York:Palgrave Macmilian,2005.

G. R. Berridge（ed.）, *Diplomatic Classics:Selected Texts from Commynes to Vattel*, University of Leicester, Palgrave Macmillan, 2004.

James W. Neuliep, *Intercultural Communication, A Contextual Approach*, St. Norbert College, 2015.

B. Baddikian, *The Media Monopoly*, Boston: Beacon Press, 1997.

Yoon. Kyong, *Digital Mediascapes of Transnational Korea Youth Culture*，London：Taylor & Francis Group，2019 .

Lockwood, Jane, McCarthy, Hayley., *Contact Us! Coursebook with Audio CD: Call Center English Skills*, Cambridge: Cambridge University Press, 2010.

Sugata Bose., *Peasant Labour and Colonial Capital:Rural Bengal since 1770*, Cambridge: Cambridge University Press, 2007.

Nicholas Tarling., *Imperialism in Southeast Asia*, London: Taylor & Francis Ltd,

2004.

Pierre-Yves Manguin., *Early Interactions between South and Southeast Asia: Reflections on Cross-culture Exchange*（南亚与东南亚早期互动：跨文化交流的思考），Singapore: Iseas-Yusof Ishak Institute, 2011.

Dali L. Yang（杨大力），Litao Zhao（赵立涛）主编，*China's Reforms At 30: Challenges and Prospects*, Singapore: World Scientific Publishing Company，2009.

Kathleen M. Adams., *Indonesia: History, Heritage, Culture, Michigan*: Association for Asian Studies Press, 2019.

Stella Ting-Toomey, Felipe Korzenny, edited., *Cross-Cultural Interpersonal Communication*, Newbury Park, CA: Sage Publications, 1991.

Sean MacBride., *Many Voices, One World: Communication and Society, Today and Tomorrow*, London: Kogan Page, 1980.

James Pamment., *New Public Diplomacy in the 21st Century: A Comparative Study of Policy and Practice*, London: Rouledge, 2013.

Melissen J. , *The New Public Diplomacy: Between Theory and Practice. In: The new public diplomacy: soft power in international relations*, London: Palgrave Macmillan, 2007.

Donovan R. Walling., *Rethinking how art is taught: a critical convergence*, Thousand Oaks, CA: Corwin Press, 2000.

（二）期刊论文

Alieen S. P. Baviera,"China's Relations with Southeast Aasia:Political Security and Economic Interest", *Philippine APEC Study Center Network Disscussion Paper*, No.99–17.

Shaun Breslin,"The Politics of Chinese Trade and the Asian Financial Crisis: Questioning the Wisdom of Export-led Growth", *Third World Quarterly*, Vol.20, No.6（1999）.

后　记

本书历经 8 年终于付梓。回想起无数个日以继夜电脑前的伏案耕耘和废寝忘食地劳作，倍感唏嘘。此书能得以顺利出版，何其荣幸和欣慰，希望它的出版能对我国人文交流有所助力。本书在撰写和出版的过程中，得到了各方热心人士的大力支持。本书以国家社科基金项目（一般项目）《21 世纪海上丝绸之路建设背景下中国—东盟公共外交视域人文交流研究 》（结项证书号 21210663）的研究成果为基础、拓展深化而成。为此，首先感谢课题组的全体成员：黄革、魏玲、赵明龙几位本领域资深研究者对本研究给予了相当到位的支持和帮助；林涵、杨乐芳、凌春丽年轻好学，分别从各自的角度助力课题研究。特别感激外交学院各位专家的信任和全程支持。特别鸣谢国家新闻出版总署及广西宣传部各位领导对本书顺利出版给予的指导和帮助。感谢责编曹春老师为此书操心奔波、确保了本书的顺利出版。

毋庸置疑，本课题在基础研究、实地考察、问卷设计、案例选取等方面仍存在一定的局限性，这必将在一定程度上制约了本研究的深度及广度。报告不甚完善及不够妥当之处，敬祈前辈和同行指正，以帮助改进和再思考，并在此基础上有所创新，共同把研究引向新的境地和高地。

一、研究内容有待进一步完善

（一）新时代要求之理论框架，尚待改进完善

“人类命运共同体”背景下，公共外交在我国国际关系中的作用逐渐凸

显、人文交流也日益受到国家层面的重视，充分证明了我国在外交方面开始逐步重视社会公民在国际战略和对外关系中的作用和地位。目前学界对何为公共外交未达成共识，公共外交理论体系尚未建立，如何评估公共外交与人文交流的关系是本研究的一个难点，如何构建公共外交框架下人文交流模式和路径又是另一个难题。本书综合运用国际关系学、民族学、社会学、历史学、管理学、哲学等多学科视角，梳理了公共外交与人文交流之间的共同之处与差别，探讨了其共同的使命和目标，丰富和充实了公共外交与人文交流的内涵和外延，在理论视角上有所创新。本书在分析了新时代公共外交的主要特点、公共外交在中国—东盟国际关系中的新时代使命的基础上，提出了新时代面向东盟的公共外交对人文交流的要求，尝试构建了公共外交视域下的人文交流的理论框架，为建构中国特色的公共外交战略框架和构建中国人文交流模式提供探讨。笔者对中国—东盟人文交流的研究尚在起步阶段，对公共外交和跨文化交流理论理解还存在一定的认知距离。此外本书涉及国际关系学、社会学、管理学等多学科多领域，体系庞杂，挑战性大；加之时间的原因，对资料和相关理论还需要进一步消化和领悟。在论证的过程中，笔者深深地感受到学识和能力的欠缺，对公共外交和人文交流的内涵外延的理解还不够成熟，研究还不够深入透彻，需要进一步深入学习和与同行探讨。因此，只能初次尝试构建这个理论框架，希望这一论证能为下一步的研究起到奠基的作用，也为其他感兴趣的研究者起到抛砖引玉的作用；同时，真切祈望能得到前辈和同行的点拨和指正。

（二）“五度”评价体系，有待深入探索

目前，我国学界范围内暂时没有大家公认的公共外交和人文交流效果评估体系。公共外交与人文交流的投入与成效难以量化且见效慢，对近期利益与长远利益的界定、人文交流的隐形效果和长期效果的识别、评估的具体技术操作等都增加了评估的难度。笔者在理论和现实相结合的基础上，结合具体指标进行分析，提出了面向东盟的新时期公共外交的评估效果可

从东盟民众的“中国认知”（认知度）、对中国（人）的好感度、对中国形象的认可度、对中国政策的了解度和对中国的信任度等五个维度进行分析，探索了公共外交视域下的人文交流效果的评估要素、具体指标，尝试构建了公共外交视域下人文交流效果的评价体系。此评价体系是一次有意义的初次探索，提出了一种解决问题的方案和理论，拓展和丰富了国际交流与合作方面的相关研究，为人文交流研究提供独特观察与学理探析。评价体系本身，应该是一个长期的稳定的指标标准，而东盟民众对我国的“中国认知”（认知度）、对中国（人）的好感度、对中国形象的认可度、对中国政策的了解度和对中国的信任度等都可能在较短的时间内发生变化，因此评价体系指标要素本身，是否可以作为一个恒定和统一标准，有待下一步的研究深入探索。

二、研究方法可以更先进化和更精准化

（一）进一步细化国别或领域研究

东盟作为东南亚 10 个国家的区域联盟，各国文化有其相似和相近的要素。同时，这 10 个国家主要分布在中南半岛和马来群岛，受东亚文化与南亚文化的影响，加上历史上受不同文明的殖民等因素的影响，每个国家又各有其独特的文化特征，具体到国策、宗教信仰、文化理念、思维方式、价值观、世界观和生活方式等都有所区别。本书内容涉及海上丝绸之路、文化交流史、东南亚华人华侨、东南亚文化、东南亚民族研究、外交政策等。将东盟 10 个国家作为一个整体对其进行研究、将中国对东盟人文交流的政策建议作为一个整体对象进行研究，本身就存在一定的遗憾和缺陷，其科学性和合理性都将面临一定的挑战。如果可能，下一步的研究应在两个方向继续深入：一是研究可以细化到东盟的每个国家或某一个具体国家；二是研究可以从某个具体的领域或者路径进行解剖。

（二）可考虑舆情监测或数据模型法

本书立足统筹兼顾的研究理念，既重视中国与东盟人文交流的历史与现实，也重视实证分析与政策研究；既有历史追溯与个案剖析，也有基于现状的比较分析。本书主要立足于文献整理和社会调查（观察体验、访谈和问卷）的数据进行分析，总体来讲，这些数据基本能够为我们所需信息的收集和分析提供保障。随着研究的不断深入，语言障碍和实地调研不足的现实成为制约研究进一步深入的瓶颈。本书研究对象涉及东盟 10 个国家之多，东盟各国文字本身差异比较大，其语言信息收集范围较广，全面资料搜集起来有一定难度。笔者在 2017 年至 2019 年分别到东盟的菲律宾、柬埔寨和缅甸进行田野调查；2019 年开始发放并回收纸质问卷。纸质问卷主要以英语、缅甸语和越南语进行发放，共回收有效问卷 336 份。这些问卷受访对象涉面比较宽广，有学者、大（中）学生、服务从业人员、小店铺经营者、从事对外贸易人员等。这部分的数据信息来源，涉及这些国家的各个阶层，他们反馈的观点信息，从数据获取的角度来讲，更为全面和理想；尤其是其普通民众反馈的信息，更有参考价值。2020 年受新冠疫情影响，在无奈之下，访谈和问卷只能改用网络问卷的方式进行。将问卷分别翻译成越南语、缅甸语、汉语和英语语言，依托问卷网和 WPS 文档两套系统，制作成不同的问卷链接，主要通过东盟社的海外分支机构、从事对外汉语教学工作者，以及从事相关研究的友人的关系网进行传递。截至 2020 年 5 月底，课题组共回收电子问卷 233 份。从问卷回收的数据来看，电子版问卷受访者主要来自越南、马来西亚、泰国、新加坡和柬埔寨等国家。理性地讲，这部分问卷在一定程度上对受访者自动作了选择：来自东盟各国的受访者至少要有使用网络资源的便利性，且其本人要有参与帮助完成问卷的个人愿意；如果不是接收到网络或关系的推荐，他本人极有可能就是对中国事务的密切关注者，或其本人就已经是与中国或中国人有一定的熟识度和了解度。因此，这部分问卷受访者的问卷答题选择，未必能够真实地反映东盟民众普遍的意向和意见。

此外，由于时间紧迫和条件所限，我们只选择了四种类型的语言进行网上问卷，这便无形中把一些国家的民众排除在可受访的范围之外了，致使访谈问卷受众的取样不够理想。今后与此相关的研究，应该尽量避免使用不同的问卷系统、采取不同的统计方式，而问卷语言也应该尽量全覆盖，尽量使受访国的民众分布、社会阶层分布更全面。进一步的研究可以从两个方面进行深化：一是可考虑借助舆情监测这类研究方法。通过对杂志、报刊、广播电视和互联网等大众传媒的监测进行分析，便可覆盖到尽可能多的东盟国家及其国内不同的地区或社会阶层，也可以帮助我们更快速更高效地分析出中国与东盟国家人文交流的各种舆情，从而能更好、更全面地分析中国对东盟人文交流的效果。二是可考虑建立相关数据模型。通过构建模型的精细化分析，更精准地判断中国与东盟国家人文交流的社会效果，为进一步决策提供更到位的咨询参考和社会研究。

责任编辑：曹　春

图书在版编目（CIP）数据

公共外交视域下的中国—东盟人文交流研究 / 张斌 著 . — 北京：
人民出版社，2023.8
ISBN 978 - 7 - 01 - 025893 - 5

I. ①公…　II. ①张…　III. ①中外关系 - 文化交流 - 研究 - 中国、
东南亚国家联盟　IV. ① G125 ② G133.05

中国国家版本馆 CIP 数据核字（2023）第 153098 号

公共外交视域下的中国—东盟人文交流研究
GONGGONG WAIJIAO SHIYU XIA DE ZHONGGUO DONGMENG RENWEN JIAOLIU YANJIU

张 斌　著

人民出版社 出版发行
（100706　北京市东城区隆福寺街 99 号）

北京汇林印务有限公司印刷　新华书店经销

2023 年 8 月第 1 版　2023 年 8 月北京第 1 次印刷
开本：710 毫米 ×1000 毫米 1/16　印张：20.5
字数：287 千字

ISBN 978 - 7 - 01 - 025893 - 5　定价：88.00 元

邮购地址 100706　北京市东城区隆福寺街 99 号
人民东方图书销售中心　电话（010）65250042　65289539